U0505979

《蒙古字韵》音系及相关文献研究

宋洪民 ／ 著

上海古籍出版社

本书为国家社科基金项目"元代八思巴字的推行情况及其与汉语韵书的相互影响研究"（编号：13BYY101）资助成果

目　录

绪　　论

一、八思巴字与《蒙古字韵》研究概况

八思巴字是元世祖忽必烈命国师八思巴创制的一种拼音文字，作为国书，有元一代，八思巴字广泛应用于官方文件。这是现存的碑刻、印章、牌符、钱币等各种文物所证明了的。同时，学校教育也专设蒙古字学以培育人才，还编写了八思巴字汉语韵书《蒙古字韵》。这些文献作为元代语言研究的珍贵资料，吸引着众多学者。这些学者的研究主要集中在以下方面。

1. 国外情况

A. 尼·鲍培对八思巴字文字体系一般理论进行研究。

B. 龙果夫从八思巴字标音探究古汉语音系。

C. 不少学者对《蒙古字韵》及相关韵书进行了研究，如：

日本：服部四郎、桥本万太郎、中野美代子、花登正宏、尾崎雄二郎；

美国：沈钟伟、柯蔚南；

韩国：王玉枝等。

2. 国内情况

A. 八思巴字文献材料的整理研究。如罗常培、蔡美彪、照那斯图、罗·乌兰和宋洪民等。他们对传世的八思巴字汉语文献进行了全面的整理研究，为学术界提供了可以信赖的材料。

B. 语言学方面的研究。照那斯图对八思巴字的文字类型与文

字性质进行了有益的探索,罗常培在八思巴字与汉语音韵的互动研究上开了先河。

C.《蒙古字韵》及相关韵书的研究。如杨耐思、宁忌浮、照那斯图、李立成、蒋冀骋、王硕荃、陈鑫海等。台湾地区有郑再发、杨征祥、李添富等。

D. 元代八思巴字的推行与元代社会相关情况的研究。这方面少有专门论著,不过不少专家都涉及了这方面的问题。如陈庆英(2007)、许凡(1987)、姚大力(1986)、李子君(2008)、申万里(2007)等分别从科举制度、人才选拔、科举与音韵学、教育制度等方面涉及了与八思巴字相关的问题。

二、研究材料与方法

上述学者的研究都在相应领域内取得了丰硕的成果,总体来看,过去重视不够、今后有待加强的有以下几个方面。

(一)研究材料

以往学者们对《蒙古字韵》关注较多,应该注意的是,对八思巴字译写汉语的实际应用文献(圣旨碑刻等)的系统整理研究也于近几年展开,但对《蒙古字韵》与相关文献的关系还研究得不够。

(二)研究视角和方法

以往的研究都过分相信八思巴字标音的真实性,认为表音文字的标音一定是反映实际语音的,这形成了一种固有研究思路。但杨耐思先生早就指出,《蒙古字韵》的编者更重视韵书和韵图的分类,我们则进一步发现,其声韵分合格局与等韵门法密切相关。为了摆脱固有的研究思路,回到杨耐思先生指出的正确轨道上来,我们不再把《蒙古字韵》音系看作是铁板一块,而是从音系异质论的视角来研究《蒙古字韵》的拼写形式及其语音系统,来审视八思巴字正字法(拼写规则),指出其拼写形式所受的各种影响,如"字母韵""等韵门法""交互音"和蒙、汉语言接触等,找出隐藏在背后的语言学上的及八思巴字拼写规则上的制约因素。

再就是,我们还想尽量运用学科交叉的方法,改变以往不同学科的研究者各行其是的局面,以往语言学、历史学、教育学的学者在八思巴字(或说蒙古字学)的研究上交流不足,应该尽快解决各个学科各自为战的不利局面,尽快使八思巴字学科成为一门多学科交叉的综合学科,还其历史的本来面目。反过来,这种综合研究也会反哺各种专门研究,如八思巴字音韵学与历史学、教育学及科举制度实现交叉研究,会使我们对音韵学发展与社会的关系,即该学科在社会合力大背景下的动态发展有一个更全面、更科学的把握。

三、研究目的和意义

总体上看,研究八思巴字推行情况及其与汉语韵书的相互影响具有重要的意义。在历史学上,可以使我们对蒙元政府的治理有一个更为深入的认识,其成果可以为其他学科提供借鉴。在音韵学上,《蒙古字韵》的研究特别是该书音系异质论的提出则可以对以往元代语音史的研究成果起到一定的补充和完善作用,从而为建构更为系统、全面的汉语语音史作出应有的贡献。

四、主要内容和重要观点

1. 本研究首次提出《蒙古字韵》音系是异质的,是层累生成的这一结论,或称为《蒙古字韵》音系的多源性、多层次性。同时,作为《蒙古字韵》音系来源的《七音韵》包含有四个层次。

首先,《七音韵》韵图本身包含两个层次:一是表层的七音三十六母、四等的韵图排列格局,这是守旧因素;二是深层的真正代表当时北方官话语音系统的字母韵,这是革新因素,也是其主体。

另外两个层次分别是:三是《七音韵》书中附有的"等韵门

法",这也是守旧因素;四是书中附有的"交互音",这反映了北方官话语音系统声母的新变化,是革新因素。

这些因素后来都被糅合进了《蒙古字韵》这同一部书中,使其呈现出了新、旧杂糅的怪异格局(当然,《字韵》编写时也受到了蒙古语音系的影响)。比如,虽然有些研究者坚持认为该书的表音真实性,但正如杨耐思先生指出,《蒙古字韵》的编者更重视韵书和韵图的分类。我们进一步揭示出其声韵分合格局与等韵门法密切相关:牙喉音的严别四等反映了"音和"门法的要求,喻分三、四则体现了"喻下凭切"的原则,齿音、舌音因遵循"正音凭切"而有"崇"、"重"之别,齿头音"仙、先"、"萧、宵"各自混并三、四等与"振救"一门密不可分,唇音则涉及了"轻重交互"、"通广"、"侷狭"等门法。

总而言之,《七音韵》派生出的《蒙古字韵》音系包含以下组成部分:

A.《七音韵》字母韵是《蒙古字韵》音系的框架基础。

B. 韵图七音四等的纵横格局是其重要参照。

C. 等韵门法是其始终遵循的韵部分合准则。

D. "交互音"是表现声母演变的重要依据。

2. 我们研究发现,《蒙古字韵》拼写受到了蒙古语音系的影响,这是元代语言接触的典型表现。

元代汉语受到了蒙古语很大的影响,形成了很有特色的"蒙式汉语"。这在元代汉语的语音、词汇、语法各方面都有不同程度的体现。而语音上的影响更集中地体现于《蒙古字韵》一书中,蒙语音系是其拼写原则的重要制约因素,诸如匣母一分为二是由于受到了蒙古语中辅音和谐原则的制约,而汉语中的复合元音被拼作单元音也是由于蒙古语中缺乏后响复合元音所致;另外,认为《蒙古字韵》里 ėi、ėiŋ 韵中的字母 ė 非腭化标记(如杨耐思先生所说),而是受到了蒙古语元音阴、阳两性对立范畴的影响(八思巴字母 ė 作阴性元音的标志）。

3.《蒙古字韵》对《韵会》《通考》的影响是其在韵书传承中重要地位的映射。

既然《蒙古字韵》的地位如此崇高，那对其在韵图、韵书传承史上地位的研究就显得非常重要。杨耐思、宁忌浮主张，《蒙古字韵》与《古今韵会举要》及韵表《七音三十六母通考》音系都来源于《七音韵》。沈钟伟则认为《七音韵》是按照《蒙古字韵》制作的。理由是《通考》中有些错误只和八思巴字字形有关，无法从汉字字形上找到出错的理由。我们认为，《七音韵》作为三书源头的地位不应改变，只是《韵会》及《通考》编写时既参考了《七音韵》，也参考了《蒙古字韵》。《七音韵》的字母韵是其音系的主体，是革新。此外，书中应该还附有守旧的"等韵门法"。《蒙古字韵》编写时受到了这二种因素影响，同时也有蒙古语音系的影响和八思巴字拼写规则的制约，从而出现了不少特殊拼写。

4. 在宁忌浮先生研究基础上结合自己的研究结论，以此为基础全面构拟历史文献《七音韵》韵图。

5. 从蒙、汉、语言接触的角度来研究某些现象，提出了一些新的看法。如认为匣母一分为二就是由于受到了蒙古语中辅音和谐原则的制约，而汉语中的复合元音被拼作单元音也是由于蒙古语中缺乏后响复合元音从而使拼写龃龉不合所致；另外，认为《蒙古字韵》里 ėi、ėiŋ 韵中的字母 ė 是区别韵类标记，而非腭化标记（如杨耐思先生所说），这是拼写规则的制定者受到了蒙古语元音阴、阳两性对立范畴的影响，将八思巴字母 ė 作了阴性元音的标志来使用。

6. 在研究方法上，本研究有以下创新或特色：

（1）归纳与演绎并重。本研究针对不同的研究对象、基于不同的研究目的而采用了不同的研究方法。整理文献资料时自然按照传统进行全面整理和系统归纳，但在分析研究《蒙古字韵》音系的异质性成分及构拟历史文献《七音韵》韵图时，因为文献不足，就要发挥演绎法的优势进行合理的推断。

（2）自觉运用音系离析法（音系异质论）来审视历史文献《蒙古字韵》与《七音韵》。首次提出《蒙古字韵》音系是异质的，是层累生成的这一观点，指出其音系的多源性、多层次性。凭借他人（宁忌浮等）和自己的研究结论来构拟历史文献《七音韵》韵图。

（3）通过与科举考试发展历史、中国教育史的交叉研究，来探讨八思巴字的推行情况及其在当时国家政治生活中的地位。

（4）从蒙、汉语言接触的角度来研究某些现象，系统探讨八思巴字正字法（即拼写规则），运用这些规则来分析《蒙古字韵》中的八思巴字拼写，对各种拼写形式特别是那些一向被认为较为特殊的拼写形式认真研究，从拼写规则上找出其所以这样拼写的依据，从而找到隐藏在拼写形式背后的真实的语音构成。

五、学术价值

首先，我们的研究方法对今后的研究有一定的启示作用。我们摆脱了过分相信八思巴字标音真实性的固有思路，而是从音系异质论的视角来审视八思巴字正字法（拼写规则），来研究《蒙古字韵》的拼写形式并进一步探讨其整个音系，指出其拼写形式所受的各种影响，如"字母韵"、"等韵门法"、"交互音"和蒙、汉语言接触等，找出隐藏在背后的语言学上的及八思巴字拼写规则上的制约因素。

其次，我们构拟历史文献《七音韵》韵图的做法也可以为音韵史研究者提供一点研究思路。

第一章　《蒙古字韵》的文献来源

第一节　用八思巴字标音的汉语韵书
——《蒙古字韵》

一、关于《蒙古字韵》性质的争论

《蒙古字韵》是我国元代用八思巴字译写汉语的一部韵书,该书正文上冠八思巴字字头,下列所译写的汉字,全面而系统地反映了八思巴字拼写汉语的语音面貌,是八思巴字汉语文献中最重要的一种(照那斯图、杨耐思《蒙古字韵校本》"内容提要")。对《蒙古字韵》音系性质与地位的研究无疑关涉到整个元代语音史的研究。而目前关于其性质,大致有这样几种说法:

首先是《四库全书总目》的说法,认为该书是"文移案牍通行备检之本也"。

其次是蔡美彪先生的看法。蔡先生的说法其实是对《四库全书总目》说法的质疑。蔡先生还援引了日本学者中野美代子的观点,认为《蒙古字韵》是供汉人识读八思巴字的通行备检之本,并不是蒙古翰林院应用的范本。因供一般汉人查阅,遂依通行的《古今韵会》编录,并不完全反映官话(Mandarin)的实际读音。所以,现存元代八思巴字译汉语的文献,八思巴字译音往往与《字韵》不同(蔡美彪1994)。

　　第三是郑再发先生的看法。他说《蒙古字韵》是教科书,是官方制定的学习汉语八思巴字译音的规范(郑再发1965)。

　　郑先生与《四库提要》的说法比较一致,但问题是,目前并没有直接的证据证明《蒙古字韵》的编纂是为了给元代的译音用作标准的。这也许是蔡美彪先生拒不承认《四库全书总目》说法的一个原因,不过,蔡先生断言现存元代八思巴字译汉语的文献,八思巴字译音往往与《字韵》不同,这似乎也是印象式的结论,因为蔡先生文中并没有交代对哪些文献做过详细的调查。

二、用八思巴字汉语文献证《蒙古字韵》是元代官方译音标准

　　为了澄清这一问题,我们对现存八思巴字汉语文献进行了全面整理研究,并将之与《蒙古字韵》进行了全面对比,以观察二者拼写的异同,从而确立《蒙古字韵》的地位。我们研究的八思巴字汉语文献共有:一、圣旨35,二、令旨2,三、玉册1,四、中书省牒3,五、碑额12,六、年款5,计58份。详细目录参"第四章　元代八思巴字碑刻等文献中 ʧ'ê 多拼作 -ɣ-ịa 现象的考察"或宋洪民(2014、2016)。我们将八思巴字文献用字情况与《蒙古字韵》作比较的结果是[①]:

　　不计缺失部分:八思巴字头412个,字次5136−97;汉字896个;

　　与《蒙古字韵》不合用例占全部用例的比率:97/5136≈1.87%;

　　计缺失部分:八思巴字头431个,字次5205−97;汉字919个;

　　与《蒙古字韵》不合用例占全部用例的比率:97/5205≈1.86%。

　　从以上比较可以看出,八思巴字实际应用文献与《蒙古字韵》在

---

① 这里的统计数据据宋洪民《八思巴字资料与蒙古字韵》(商务印书馆2016年版),该数据与宋洪民《从八思巴字文献材料看〈蒙古字韵〉的性质与地位》(《语文研究》2014年4期)一文不完全吻合,其原因是资料中文字有些看不清楚,为慎重起见,我们对碑刻中的音节又进行了仔细辨认,两次工作中用例的去取会有细微调整,所以造成了差异。特此说明。

字头拼写上相符程度非常之高，拼写形式不一致的还占不到百分之二。因此，我们可以初步得出这样的结论，即《蒙古字韵》所代表的八思巴字拼写系统确实可以看作是元代八思巴字译写汉语的规范和依据。换言之，《四库全书总目》的说法还是可靠的，我们可以说《蒙古字韵》是"文移案牍通行备检之本"。

退一步讲，即使因为没有直接证据不好说《蒙古字韵》的编纂是为了给元代的译音用作标准的，但因为碑刻材料与《蒙古字韵》拼写高度一致，至少可以说《蒙古字韵》是官方译音标准的体现，这是毫无问题的。

三、《蒙古字韵》性质的进一步讨论

（一）自然拼合难以全面贯彻使得当初文献写定必须依据韵书规范

八思巴字是拼音文字，作为拼音文字，其追求的最高理想应该是完全的自然拼合，即掌握了八思巴字母之后，据实际语音拼合就行。

但因为八思巴字字母脱胎于藏文，大多数与藏文字母相同或相似，少数新造的字母也以相应的藏文字母为基础（照那斯图1980）。八思巴字的这种创作背景就决定了它与藏语文的密切关系，无论是书写形式还是字母与音素的对应关系上，都深深打上了藏语文的烙印，如元音[a]都用零形式来表示就是明显的证据。再就是从性质上说，八思巴字首先应该说是一种蒙古文，它首先用来拼写蒙古语，形成了一种新的蒙古民族文字，而后才用来拼写元帝国境内的各个民族的语言（照那斯图、杨耐思1984；杨耐思1997）。所以八思巴字与藏文、蒙古文的关系更密切，其相互适应性更强，而当以后其功能扩大到译写一切语言包括汉语时就会有些龃龉。

由于凿圆枘方，所以自然拼合只能是一种理想状态，真实情况下应该是从全局出发作系统的考虑，虽然有一些语音成分或音节可以完全按照语音学的原则由自然拼合生成，但有一些则因为需要协调语音成分相互之间或实际语音与书写符号之间的关系，被迫遵守一些特殊规则，不能按自然拼合原则来生成。如源自藏文甚至可追溯至梵文辅音文字体系的元音［a］的零形式表示法就是典型的特殊规则制约下产生的现象。这其间人为的因素较多，这样就更不能依靠临时的自然拼合了，使得按韵书熟记拼写形式成为必要，所以要在汉语中推行八思巴字就必须提前编定韵书。

（二）从韵书编纂上看《蒙古字韵》音系的性质与地位

从对《新刊韵略》的继承看，《蒙古字韵》是官方与文人都可接受的，应该代表了官方的译写规范。

宁忌浮先生在《古今韵会举要及相关韵书》中令人信服地论证了《蒙古字韵》源于《新刊韵略》，无论是收字还是韵字的排列顺序均表现出了极大的一致性。从史料记载来看，蒙元政权早就征服了北中国，《新刊韵略》作为金代的功令著作，向来为官方和士子们所推重，而《蒙古字韵》以此为蓝本，可见其编制是经过官方最起码是文人的普遍支持与认可的。而且如上文所谈到的，那些复杂的拼写规则都是经过语言学者们认真讨论、研究的结果，不是一人之力所能胜任。正因如此，所以其编写应该与《切韵》相似，即几位权威学者认真商讨，反复斟酌，最后才"吾辈数人，定则定矣"。更重要的是，从拼写规则的一致性和复杂性来看，当时只能编写出一部八思巴字汉语韵书，那就是《蒙古字韵》（当然也可以叫《蒙古韵略》，但其本质上还是一部）。如果说差不多同一时代编两部书，而又分别贯彻了两套规则，这是不可想象的，这已由我们整理的材料所证明。至于说在规则一致的情况下再去编两部书，也大可不必，用官方与文人都能认可与接受的《新刊韵略》为蓝本就是最好的选择（详见下文），没必要再改弦更张。所以我们只能说，即使《蒙古字韵》之前流行的八思巴字韵书叫《蒙古韵略》或《蒙古韵》，甚至是《蒙古字韵略》，我们仍然认为它与后来的《蒙古字韵》本质上是同一部书，我们可以将二书的关系定为同一部书在不同时代的不同版本。《古今韵会举要》所据《蒙古韵略》是较早的版本,而我们今天所见的《蒙古字韵》写本则是较晚的本子。

如此制定的韵书,其语音性质会如何呢？如果说到《字韵》的语音性质,我们则同意罗常培、杨耐思诸先生的看法,即为官话读书音。再就是下文我们马上要谈到的,《字韵》编纂时,南方尚为南宋所有,说元朝统一前写作《蒙古字韵》用南方话作基础音系,这是很难想象的,更何况是与南方政权为敌的情况下。基于此,我们认为,从语音性质上说,《蒙古字韵》反映了北方官话(或者说官话读书音),不会有意识地吸收南方话的成分。

据研究,1269年八思巴字颁布后,当年就有八思巴字汉语圣旨颁发,也建立了学校(罗常培、蔡美彪1959/2004,Poppe 1957)。1272年命汉官员的年轻子弟学习八思巴字,所以圣旨均以八思巴字书写,到了1275年就开始设立八思巴字专门部门(萧素英2008)。而我们上文已经谈到,无韵书则八思巴字在汉语中无法推行。照那斯图先生(2004)据八思巴字碑刻(1275年)及官印(1273年)进行研究后指出:"作为八思巴字汉语的标准或依据的蒙古字的韵书可能与八思巴字颁布同时产生,即便晚也相差不远。"而《古今韵会举要》成书时间是1297年,比《字韵》晚二十多年,所以从编写时间上看,不会是《字韵》照抄《韵会》,也就是说,《字韵》的编写不可能受到《韵会》的影响,至于后来朱宗文校订《字韵》时以《韵会》作为参照,那就另当别论了。

下面再从史实角度作一梳理。当时国内的局势,据《元史》载,至元九年(1272),元军尚在攻打襄阳。至元十年,下襄樊。十一年,取鄂州。十二年,攻下建康后,元军三路攻临安。十三年正月,谢太后请降,元军俘获宋帝、谢太后北上。从战局上看,1276年之前,江南半壁江山尚在南宋治下,那统一了北方的蒙元政权是否会采取南方的敌国之音作为编写八思巴字韵书《蒙古字韵》的语音基础呢？
我们认为，可能性不大。当然，如果当时的中国北方通行的不是汉语
而是少数民族语言，那要编写汉语韵书当然要宗南方语音。但事实
是，辽金时期，汉语不仅未被外族语同化，而且一直是强势语言，即使
在辽金腹地也是如此。何九盈先生找到了一则"铁证"（《汉语三论》
页173），那就是宋著作郎许亢宗使金时所著《行程录》，其中记载了
黄龙府（今吉林农安县）的民族用语情况：

> 　当契丹强盛时，虏获异国人则迁徙、杂处于此……凡聚会
> 处，诸国人语言不能相通晓，则各为汉语以证，方能辨之。是知
> 中国被服先王之礼仪，而夷狄亦以华言为证也。

既然如此，那用北方汉语作基础写作汉语韵书也是完全有条件
的。而且元朝统一之后，南方、北方汉语之间依然存在着彼疆尔界，
据李子君（2008），元代"汉人、南人用韵规范存在南北差异"。同时
不容忽视的是，北方汉语一直在地位上占有优势。如周德清在《中
原音韵自序》中说："惟我圣朝兴自北方，五十余年，言语之间，必以
中原之音为正；鼓舞歌颂，治世之音，始自太保刘公、牧庵姚公、疏斋
卢公辈，自成一家，今之所编，得非其意乎？彼之沈约不忍弱者，私意
也，且一方之语，虽渠之南朝亦不可行，况四海乎？予生当混一之盛
时，耻为亡国搬戏之呼吸，以中原为则，而又取四海同音而编之，实天
下之公论也。"而且他直接指责："自隋至宋，国有中原，才爵如约者
何限？惜无有以辨约之韵乃闽、浙之音，而制中原之韵者。呜呼！年
年依样画葫芦耳！南宋都杭，吴兴与切邻，故其戏文如《乐昌分镜》
等类，唱念呼吸，皆如约韵——昔陈之后庭花曲，未必无此声也——
总亡国之音，奚足为明世法！"周德清立场如此坚定，如此崇北抑南，
所以在写作韵书的实践中"周德清不但未将自己的方言搀入《中原

音韵》,反而把他们当作正语的对象"(宁继福1990)。可见,身为南方人的周德清写作韵书尚不肯以南方语音为标准,那么说元朝统一前写作《蒙古字韵》用南方话作基础音系,这是很难想象的。基于此,我们认为,《字韵》的编写不可能因袭《韵会》,倒是后者可能以《字韵》为蓝本来编著。如果说到《字韵》的语音性质,我们则同意罗常培、杨耐思诸先生的看法,即为官话读书音,不过应该是北方官话而不是南音。柯蔚南(Coblin. W. South, 2007)认为《字韵》音系可看作是泛通语或泛官话,这与我们的看法比较接近,只是我们又进一步主张应该是北方官话。

第二节 从八思巴字蒙古语文献看 《蒙古字韵》标音

《蒙古字韵》用八思巴字标音,是元代的一部重要汉语韵书,对该书的深入研究无疑会推动整个元代语音系统的研究。缘于此,不少学者对其语音性质、成书年代及其与同时代韵书的关系进行了较为全面的研究。关于其成书年代,是目前学者们关注的焦点之一,先看两个方家的论述。

宁忌浮先生《古今韵会举要及相关韵书》认为"《蒙古字韵》即《蒙古韵略》",并对其成书时间作出一种推断,他说:"八思巴字颁行时间是至元六年(1269),《蒙古韵略》书名最早见于《古今韵会举要》,刘辰翁作《古今韵会序》的时间是至元二十九年(1292),公元1269—1292年就是《蒙古韵略》或《蒙古字韵》的成书时间。"

照那斯图先生(2004)指出:"最早的八思巴字汉语碑是至元十二年(1275)二月的《龙门神禹庙圣旨碑》(陕西韩城)。还有比这早两年即1273年的官印两方……从这些实物文字的书写特征和正字法看,成熟程度颇高,由此可知,八思巴字汉语的出现,作为八思巴字汉语的标准或依据的蒙古字的韵书可能与八思巴字的颁布同时产生,即便晚也相差不远。"

两位先生的说法一据相关文献记载,一据实物资料,都可谓有理有据,从而让我们又向这部韵书迈进了一步,使得这部书的真实面目越来越清晰。我们同意照先生的看法,即针对汉语的蒙古字的韵书从八思巴字的颁布时开始,应该就已经开始编写,其书写规范早就为八思巴字汉语的书写所遵循,而从八思巴字蒙古语文献的情况来看,这种规范的集中体现——《蒙古字韵》为代表的蒙古字的韵书1275年已经产生,到1280年则进行了大力推广,从而使得所有用到八思巴字汉语的场合在书写规范上都发生了一个重要转折。这种转变不但在八思巴字汉语文献中有充分的表现,而且在八思巴字蒙古语文献中也有很好的体现,即其中的汉语借词在八思巴字标音上有不同的书写形式,大致是1280年之后的与《蒙古字韵》吻合程度相当高,此前的则呈现出较多的不合规范的书写形式。

为了更加有助于问题的解决,我们不仅将八思巴字汉语文献作为依据,同时还将目光放到了八思巴字蒙古语文献中[材料据照那斯图《八思巴字和蒙古语文献Ⅱ文献汇集》(1991),日本东京外国语大学アシア・アフリカ言语文化研究所(东京外国语大学亚非语言文化研究所)。另据呼格吉勒图、萨如拉编著《八思巴字蒙古语文献汇编》],我们将其中出现的汉语词进行了全面的搜集,对其拼写特点进行了认真研究。今述如下(限于篇幅,除了直接用于说明问题的材料详细举例外,其他就在行文中以叙述方式交代或示例):

材料1:《安西王忙哥剌鼠年令旨》(1276)

A. 与《蒙古字韵》①八思巴字拼写不同的:

---

① 为行文方便,《蒙古字韵》多省作《字韵》。如影响表达则不省。

先ꡛꡠꡋ sen①（出现 3 次，分别在第 6 行、第 13 行、第 17 行）

观ꡂꡟꡠꡋ gu̇en（在第 15 行）、姜 giaŋ（在第 12 行，《蒙古字韵》作 gėn，《蒙古字韵校本》认为二者可自由交替，所以本文 ė、ia 异写的不作详细分析。下同）

B. 与《蒙古字韵》八思巴字拼写相同的②：

皇 γoŋ 子 dzhi 安·an 西 si 王 'ṳaŋ（第 3 行）、尧 yew 庙 mew、后 yiw 土庙 mew、禹 yėu 王 'ṳaŋ 庙 mew、真 džin 人 žin（这几个词都在第 12 行）、京 giŋ 兆 tšew 府 hṳu（第 22 行）

材料 2：《薛禅皇帝牛年圣旨》（1277—1289）（1）

A. 与《蒙古字韵》八思巴字拼写不同的：先ꡛꡠꡋ sen（第 8 行）

B. 与《蒙古字韵》八思巴字拼写相同的：生 šhiŋ（第 8 行）、太 taj 原 'ṳen 府 hṳu、石 ši 壁 bi 寺 zhi、安·an 僧 shiŋ 录 lėu（这几个词都在第 12 行）

（以下"先"字元音开始由 eꡙ 变为 ėꡙ，有的交替出现）

材料 3：《薛禅皇帝龙年圣旨》（1280）

A. 与《蒙古字韵》八思巴字拼写不同的：

店ꡙꡟꡠꡏ dėm（23 行）、典（解~库）ꡙꡟꡠꡋ dėn（23 行）、陕 šėn（14 行。应为 -m 尾。店、典、陕皆与《字韵》不同，后者中都为 e）、提 t'i（14 行、37 行）、川 tšėon（15 行。《字韵》标音 tš'ṳen，声母相同，韵母不同，只有"卷"等字才作 gėon）、解 gėj（22 行。"解"《字韵》标音 gṳaj，校本作 giaj）

B. 与《蒙古字韵》八思巴字拼写相同的：先（~生）ꡛꡠꡋ sėn 生（先~）šhiŋ 出现 10 次（第 8 行、15 行、26 行、27 行二次、29 行、30 行、31 行、33 行、36 行）、提 ti（16 行、28 行）、点 dem（14 行、16 行、28 行、37 行）、李 li 道 taw 谦 k'ėm（14 行）、西 si 蜀 šėu 四 shi 川（15 行。"川"字见上）、宫

---

① 本文的转写体系如无特别说明皆据《蒙古字韵校本》，如所据材料与《蒙古字韵校本》在转写体系上有所不同，则以《蒙古字韵校本》为准，将材料标音改写。

② 与《蒙古字韵》八思巴字拼写相同的词语相对较多，所以大部分收录，对重复的则不一一收录。

gėuŋ 观　ᢸᢇᢁᢉ gon（17行、19行、21行）

材料4:《阿难答秦王马年令旨》(1282)

A. 与《蒙古字韵》八思巴字拼写不同的：先（~生）sen（16行）、店 dėm（15行）

B. 与《蒙古字韵》八思巴字拼写相同的：先 sėn 生 šhiŋ（第7行、13行）、 阿'a 难 nan 答 da 秦 tsin 王 'ŋaŋ（第3行）、 安·an 西 si 府 hụu（11行）、修 siw 真 džin 观 gon（11行）、华 hụa 阳 jaŋ 谷 yėu（11行）东岳 yaw 庙 mew（12行）、提 ti 点 dem（12行）、提 ti 举 gėu 昝知坚 gėn 赵 tšew 道 taw 从（13行）、观（宫~）gon（14行）、解 giaj 典 den 库 k'u（15行）

材料5:《薛禅皇帝牛年圣旨》(1277—1289)(2)

汉语词的拼写都与《蒙古字韵》八思巴字拼写相同，如：先 sėn 生 šhiŋ（第10行）

材料6:《薛禅皇帝牛年圣旨》(1277—1289)(3)

汉语词的拼写都与《蒙古字韵》八思巴字拼写相同，如：先 sėn 生 šhiŋ（10行、15行）、华严 ŋem 海 haj 水 šue 泉 tsụėn 寺 shi（21行）

材料7:《完者笃皇帝马年圣旨》(1294)

汉语词的拼写都与《蒙古字韵》八思巴字拼写相同，如：先 sėn 生 šhiŋ（第6行）、大都（8行）、蓟州（8行）、平谷县 hụėn 瑞平山（第9行）、兴隆寺净严 ŋem 都老华严寺太长老兴觉（9行）、店 dem（11行）

材料8:《完者笃皇帝狗年圣旨》(1298)

汉语词的拼写都与《蒙古字韵》八思巴字拼写相同，如：先 sėn 生 šhiŋ、严 ŋem、店 dem 典 den、禅 šen

材料9:《完者笃皇帝牛年圣旨》(1301)[①]

材料10:《小薛大王兔年令旨》(1303)

材料11:《海山怀宁王蛇年令旨》(1305)

---

① 自材料9—36，其中汉语词的拼写基本都与《蒙古字韵》相一致，例外很少，限于篇幅，不再一一列举。仅列出材料名以备查检。

材料12:《曲律皇帝鸡年圣旨》(1309)

材料13:《普颜笃皇帝鼠年圣旨》(1312)

材料14:《普颜笃皇帝牛年圣旨》(1313)

材料15、16、17、18:《普颜笃皇帝虎年圣旨》(1314)(1)(2)(3)(4)

材料19、20:《普颜笃皇帝南华寺圣旨》(1312—1317?)(1)(2)

材料21:《普颜笃皇帝马年圣旨》(1318)

材料22:《答吉皇太后猴年懿旨》(1320)

材料23:《答吉皇太后鸡年懿旨》(1321)

材料24:《帝师公哥罗鸡年法旨》(1321)

材料25:《格坚皇帝猪年圣旨》(1323)

材料26、27:《也孙铁木儿皇帝鼠年圣旨》(1324)(1)(2)

材料28:《也孙铁木儿皇帝龙年圣旨》(1328)

材料29:《妥欢帖睦尔皇帝猪年圣旨》(1335)

材料30:《妥欢帖睦尔皇帝鼠年圣旨》(1336)

材料31:《妥欢帖睦尔皇帝马年圣旨》(1342)

材料32:《妥欢帖睦尔皇帝羊年圣旨》(1343)

材料33:《居庸关石刻》(1342—1345)

材料34:《妥欢帖睦尔皇帝鸡年圣旨》(1345)

材料35:《妥欢帖睦尔皇帝兔年圣旨》(1351)

材料36:《妥欢帖睦尔皇帝虎年圣旨》(1362)

材料37:《妥欢帖睦尔皇帝猴年圣旨》(1368)

由以上材料我们可以看出,自材料4以下,与《蒙古字韵》标音体系有别的几近于零,而材料1—3则与此形成了反差。如材料1—2中"先ꡛꡠꡋ sen"的拼合,就与《蒙古字韵》大不相同(后者作ꡛꡦꡋ sèn)。而"先"字在八思巴字圣旨中出现频率相当高,因为好多圣旨或令旨、懿旨等都是针对道士、道观而说的,所以其中多出现"先生们(当时称呼道士的用语)"、"宫观"等词语。正因如此,所以拼写者对这些常用词语的拼写应该是非常关注也比较熟悉的。恰恰就是"先"字,出现三次(见材料)拼写全都用的是与《蒙古字韵》相异的写法,无独有偶,"观 𖼷𖼷 gučn"字拼写也与《字韵》不合(后者作 𖼷𖼷 gon)。面对这种现象我们只能得出这样的结论:当时以《蒙古字韵》为代表的规范文本所代表的书写系统影响还不够大,还没有对所有的书写实践形成足够的约束力。

材料3中尽管还有不少与《字韵》拼写有异的例子,但其中有一个最为显著的变化,那就是"先"字(还有"观")与《字韵》拼写相一致起来了。更为突出的是,"先"字出现了10次,无一例外拼作"先 𖼷𖼷 sčn",与《字韵》相合。与此相映成趣的是,"观 𖼷𖼷 gon"的拼合也接受了《字韵》的规范。我们为什么这么看重这些字的拼写变化以及另外一些字又为何与《字韵》拼写有那么大的差异呢? 这一切都需要从八思巴字产生之前的回鹘式蒙古文谈起。早在回鹘式蒙古文文献中,就已有汉语词出现。如:

材料A:《忽必烈汗鸡儿年回鹘式蒙古文圣旨》(1261)(见《河南登封少林寺出土的回鹘式蒙古文和八思巴字圣旨碑考释》,《民族语文》1993年第5期、第6期,1994年第1期,与照那斯图合作,道布执笔。又收入《道布文集》199—237页。**材料B**出处同此)

先 sing 生 sing、宣抚司 sünfus、

店 dem、解典库 geidenküü、少(~林长老)šau、坛主 tan ju、姬庵主 güam ju、圣(~安长老)sing、灯(金~长老)ding

材料B:《忽必烈汗龙儿年回鹘式蒙古文圣旨》(1268)

先 sing 生 sing、解典库 geidinküü、肃(~长老)suui

店 dim/dem(道布注:碑文上写成 dim 了,应为 dem)

从这两种材料我们可以看出,像"先"、"店"、"典"等字中的复合元音"iɛ"在回鹘式蒙古文一般用单元音"i"或"e"来译写。为什么会这样呢? 其原因是当时的蒙古语中缺少汉语中所具有的后响复

合元音。据照那斯图先生（2007）研究，八思巴字所反映出的元代蒙古语的复合元音共有如下几个：ai、ei、ėe、oi、'üe、ue、ua。没有"iɛ"，那如何来译写这一成分呢？最终的解决办法就是用一个语音相近的单元音来替代。看回鹘式蒙古文的元音系统：

```
        i                        u(ü)
              e            o(ö)
                    a
```

从元音舌位高低来看，e正好处在"i"与"ɛ"之间，是比较理想的选择。接下来的问题是看e在汉语中有没有独立使用，即有无韵母是e或en的字，如果有，那就会与 iɛ、iɛn 写作 e、en 相冲突。看元代汉语语音情况：

下面我们将杨耐思《中原音韵音系》中的《中原音韵韵母表》转录过来，作为元代汉语元音系统的代表（为了便于说明问题，将原韵部次序打乱按语音组合规律重排）：

a ia	ua ai iai uai	au iau	an ian uan	aŋ iaŋ uaŋ	am iam
家麻	皆来	萧豪	寒山	江阳	监咸
o io uo			on		
歌戈			桓欢		
iɛ		iɛu iuɛ	iɛn iuɛn		iɛm
车遮		萧豪 车遮	先天		廉纤
		əu iəu	ən uən iən iuən	əŋ iəŋ uəŋ iuəŋ	əm iəm
		尤侯	真文	庚青	侵寻
	ei uei				
	齐微				
i					
齐微					
ï					
支思					
u iu				uŋ iuŋ	
鱼模				东钟	

由韵母表我们可以看出,iɛ、ien写作e、en不会引起冲突,这就解决了一个难题。

那到八思巴字创制并推行之后情况会怎样呢? 则需要考察八思巴字的元音系统。为了更便于说明问题,我们将八思巴字所从出的藏文以及回鹘式蒙古文、八思巴字蒙古语等的元音系统一并拿来作比较(按元音舌位图的一般格式排列,为方便起见用转写形式):

藏文		八思巴字		回鹘式蒙古文		八思巴字蒙古语	
i	u	i	u	i	u(ü)	i(e₂)	u(ü)
e	o	e(ė)o		e	o(ö)	ė(e₁)	o(ö)
［a］		［a］		a		a	
辅音 j、w		i̯、u̯(半元音,只作介音)					

说明:［a］表示a在该文字系统中用零形式来表示,( )中的音素是与相应音素相近或有某种关联而附寄于此的。

注: 这几种语言文字资料来源为:《中国大百科全书·语言文字卷》;江荻《藏语语音史研究》;照那斯图《论八思巴字》,《蒙古文和八思巴字元音字母的字素分析》,《八思巴字蒙古语文献的语音系统》;照那斯图、杨耐思《八思巴字研究》;喻世长《〈蒙古秘史〉中圆唇元音的汉字表示法》;杨耐思《中原音韵音系》;道布《回鹘式蒙古文研究概况》

从以上几种语文的元音系统我们可以看出八思巴字所表现出的元音系统构型与藏文和蒙古文一致,都是三角构型(蒙古文中表现元音和谐与对立的音与元音系统三角构型说不冲突),其根本上是互相适应的。可见创立八思巴字时创立者的眼光就盯在所参照的藏文与要拼写的蒙古语文上,即关注的都是元音系统三角构型的语言,因为八思巴字首先应该说是一种蒙古文,它首先是用来拼写蒙古语的,而后才用来拼写元帝国境内的各个民族的语言,所以八思巴字与藏文、蒙古文的相互适应性更强,而与以后其功能扩大到译写一切语言时所涉及的汉语及他民族语言在拼写时可能会产生一些龃龉。这儿马上就遇到了困难,在回鹘式蒙古文中偶尔出现几个汉语词时,用音近相代的做法如上文所说iɛ、ien写作e、en是可以的,这是一种未对汉语音系作通盘考虑的松散对应,而要用八思巴字译写所有整个汉语系统,那就需要对汉语音系作全面系统的审视了。也就是要在两个系统之间建立一种较为稳固的联系，而且系统内部不能引发冲突。现在的问题是，汉语中旧有的从中古汉语继承下来的三、四等韵特别是重纽三、四等的对立还不同程度地存在着，如何让这种区分在八思巴字的书写系统中得以实现，是目前最棘手的问题。一个 e 如何表示两个 iɛ（对重纽的音值暂不作讨论）呢？于是，一个解决问题的路子出现了。那就是从藏文及八思巴文的介音 i̯、u̯ 中衍生出一个 ė 来[1]，用来译写重纽中的一类（粗略地说）。当这一标准确定下来之后，高频词如"先"字大家非常关注，所以记得准，这也就是材料 3 中"先"字出现 10 次却未出现不合《蒙古字韵》拼写规范的用例的原因，尽管传统习惯是拼作 sen，而新的规范是拼作 sėn。与此形成鲜明对比的是材料 3 中"店 dèm（23 行）、典(解~库) dèn（23 行）"等字则都拼得不合规范，出现了对新符号"ė"的误用，这可以看作是对新符号把握不准且对其所辖字尚不甚清楚所带来的问题。为进一步弄清楚 ė、e 的使用情况，下面我们看一下《蒙古字韵韵母表》（据《蒙古字韵校本》转写系统整理）：

(a)	(ia)	ua	aj	iaj	uaj	aw	(iaw)	uaw	an	(ian)	uan	aŋ	haŋ	uaŋ	am	iam
麻			佳			萧			寒			阳			覃	
ė						ėw			ėn			ėŋ		uėŋ		
麻						萧			寒			阳		(晓母)		
ė		ué				ėw		uéw	ėn		uén				ėm	
麻						萧			先						覃	
(e)		ue				ew			en	èen					em	èem
麻						萧			先						覃	
		ue	éue													
		支														
		éue														
		支(晓1)														
o		uo				ow			on	èon		oŋ				
歌						尤(奉)			寒	先		阳(匣)				

---

[1] 该提法 2009 年受教于照那斯图先生。

i ėi ųi ij		iw ėiw	in ėin ųin	iŋ ėiŋ	im ėim
支	(佳)	尤	真	庚	侵
hi	hij	hiw	hin	hiŋ	him
支	(佳)	尤	真	庚	侵
u ėu		uw	un ėun	uŋ ėuŋ ųuŋ	
鱼		尤	真	东 东庚 庚(影)	

从表上可以看出，靠 e 与 ė 来区分的复合韵母为数不少，二者的对立随处可见，可见其重要性。可以说，这种字面上书写符号的区分是必不可少的。这是八思巴字拼写汉语必须完成的任务。正因如此，所以我们须把"先"等字拼写实践中的 e 到 ė 的变化看作一个重要的标志，特别是材料 3 中先(～生)🔲 sėn 出现 10 次，与前此材料中 🔲 sen 的拼写形成鲜明对比，这就更有说服力，更应引起我们的注意，更应将此看作是八思巴字拼写汉语过程中的一个重要的转折点。所以我们将材料 3 写定的时代 1280 年看成是《蒙古字韵》为代表的蒙古字的韵书成书并大力推行的下限（当然，韵书所蕴含的书写规范的全面深入贯彻应是一个漫长的过程，1280 年之后的文献如材料 4 中就依然有错误存在即可说明这一点）。

另外，材料 1 中"观"拼作"🔲 guėn"，而在材料 3 中出现三次都是采用的与《蒙古字韵》相合的"🔲 gon"的拼写形式，这也可反映出当时韵书规范推行的力度之大范围之广。

接下来的问题是，八思巴字汉语文献反映的情况与八思巴字蒙古语文献是否吻合？先看下边的材料（取自罗常培、蔡美彪编著《八思巴字与元代汉语》增订本）：

材料 I：《龙门神禹庙圣旨碑》（1275）（增订本页 35）

A. 与《蒙古字韵》八思巴字拼写不同的：尧 🔲 jėw（《蒙古字韵》拼作"🔲 jew"）。

B. 与《蒙古字韵》八思巴字拼写相同的：若扰 žew、庙 mew、赵

tšew 照 džew 善 šen、姜 gėŋ、官 gon 管 gon、皇 yoŋ、光 guaŋ、县 huėn

材料 II：《京兆路重阳万寿宫圣旨碑》（一截为 1277、一截为 1280）（增订本页 36）

与《蒙古字韵》八思巴字拼写全同，如：教 gėw、谦 k'ėm、兼 kėm、点 dem、陕 šen、川 tš 'ụėn

如上文所说，我们认为《蒙古字韵》为代表的蒙古字的韵书 1275 年已经产生，到 1280 年则进行了大力推广，从而使得所有用到八思巴字汉语的场合在书写规范上都发生了一个重要转折。这一结论我们是从大量的文献用例中总结出来的，接下来我们就可以尝试运用这一结论来审视个别文献，从其中汉语借词的八思巴字拼写形式来推断其写定的年代。因为年代不确定的是个别文献，我们这是运用从大量文献中总结出的规律来审视个别文献，是从一般到个别，不是循环论证。我们要探讨的是三份"牛年圣旨"。

在传世的八思巴字蒙古语文献中有三份《薛禅皇帝牛年圣旨》（1277—1289），其写定时代不好确定，所以学界一般标记为 1277—1289，将其时间界定在两个牛年之间。为研究方便，我们把全文内容及转写对照录如下 [材料据照那斯图《八思巴字和蒙古语文献 II 文献汇集》，日本东京外国语大学アシア・アフリカ言语文化研究所（东京外国语大学亚非语言文化研究所）；另据呼格吉勒图、萨如拉编著《八思巴字蒙古语文献汇编》，内蒙古教育出版社 2004 年]：

《薛禅皇帝牛年圣旨》(1277—1289)(1)

注：八思巴字转写方面汉语与蒙古语有所不同，如蒙古界将Ɩ写作 ė、ㄥ作 e，如照那斯图 1991、呼格吉勒图等 2004，而汉语界则遵照那斯图、杨耐思《蒙古字韵校本》八思巴字拼写汉语的习惯，将 e 改为 ė，即Ɩ写作 e、ㄥ作 ė。再如ㄧ汉语界转写为 dž，蒙语界则转写为 j。我们使用何种语言的材料，在转写时就遵从该语言的转写习惯，不强求一致，特此说明（另，转写时前 a 和后 ɑ 我们不作严格区分）。

(1)　ꡏꡡꡃ ꡂ　ꡊꡠꡐꡘꡞ ꡗꡞꡋ　ꡀꡝꡟ ꡅꡠꡟꡊꡟꡘ
　　mo₃ŋ-g　dė₃-ri₁-yi₁n　k'u₂- čeu₂-du₁r

moŋga   dėŋri-yin   k'üč'ü-dür
长生天   气力里

（2）〔Phags-pa script〕
yė$_3$-ke   su   ǰ-li$_1$- yi$_1$n   ·i$_1$-h·en- du$_2$r
yėke   su   ǰali- yin   ihēn- dür
大   福荫   护助 里

（3）〔Phags-pa script〕
q·n   ǰr-li$_1$q   m-nu$_2$
qān   ǰarliq   manu
皇帝   圣旨

（4）〔Phags-pa script〕
č'e-ri$_1$-·u$_2$-du$_2$n   no$_1$-yd-d   č'e-ri$_1$g   h-r-n
č'eri·üd-ün   noyad-da   č'erig   haran-a
管军的官人每根底   军人每根底

（5）〔Phags-pa script〕
b-l-q-du$_2$n   d-ru$_2$-qs-d   no$_1$-yd-d   yo$_3$r-
balaqad-un   daruqas-da   noyad-da   yor-
城子达鲁花赤官人每根底

（6）〔Phags-pa script〕
č'i$_1$- qu$_2$n   y-bu$_2$-qu$_2$n   ė$_2$l-č'i$_1$-ne   d·u$_2$l-q-qu$_2$ė$_3$
č'iqun   yabuqun   ėlč'in-e   dūlqaquė
往来的使臣每根底   宣谕的

（7）〔Phags-pa script〕
ǰr-li$_1$q
ǰarliq
圣旨

（8）〔Phags-pa script〕
ǰi$_1$ŋ-gi$_3$s   q-nu$_2$ b   q·-nu$_2$ b   ǰr-li$_1$q - du$_2$r   do$_1$-yi$_1$d   ė$_2$r- k'e-·u$_2$d
ǰiŋgis   qan-u   ba   qān-u   ba   ǰarliq - dur   doyid   ėrk'e-üd
成吉思   皇帝   （窝阔台）皇帝   圣旨 里   和尚每   也里可温每

sė$_3$n-shi$_1$-ŋu$_2$ŋ〈d〉   dš –md   '-li$_1$-b
sėnshiŋuŋ〈d〉   dašmad   aliba
先生每（指道士）   答失蛮每   不拣什么

（9）〔Phags-pa script〕
'-l-b   qu$_2$b-č'i$_1$-ri$_1$ 'eu$_2$- lu$_2$ 'eu$_2$- ǰen   dė$_3$ŋ-ri$_1$-yi$_1$ ǰl-b-ri$_1$-ǰu$_2$
alba   qubč'iri   ülü   üǰen   dėŋri-yi   ǰalbariǰu
差发   休交当者   拜天

h$_1$i$_1$-ru$_2$-·er   'eo$_1$-gu$_2$n   '-t'u$_2$-qyi$_1$
hirü·er   ögün   at'uqyi
祝寿者

（10）〔Phags-pa script〕
g·ek'-deg-sed   '-ǰu$_2$-·u$_2$ė$_3$ ė$_2$-du$_2$-·e   ber   beo$_1$-·e-su$_2$ u-ri$_1$-d-nu$_2$

gēkˈdegsed　　aǰu·uě　　ědü·e　　ber　bö·esü　　uridan-u

么道　有来　　　　　　如今呵

（11）

ǰr-li₁-qu₁n　yo₁-su₂-ˈr　ˈ-li₁-b　ˈl-b　qu₂b-čˈi₁-ri₁　ˈeu₂-lu₂　ˈeu₂-ǰen

ǰarliq-un　yosu·ar　aliba　alba　qubčˈiri　ülü　üjen

依着在圣旨里　　　　不拣什么差发休当

dè₃ŋ-ri₁-yi₁　ǰl-b-ri₁-

dèŋri-yi　ǰalbari-

拜天

（12）

ǰu₂　h₁i₁-ru₂-ˈer　ˈeo₁-gu₂n　ˈ-tˈu₂-qyi₁　gˈen

ǰu　hirü·er　ögün　atˈuqai　gēn

祝　寿　　者么道

tˈy　ˈven　h₁vu₂- dur bu₂-kˈu₂n　ši₁-bi₁-zhi₁-du₂r　ˈ-qu₂n　·n -sh₁i₁ŋ-

tˈay　ˈven　fu-dur　bükün　ši-bi-zhi-dur　aqun　an -shiŋ-

太原府　　　里　　　石壁寺　　有的　安僧

（13）

leu₂-d　b- ri₁ - ǰu₂　y-bu₂-· yi₁

leu-da　bariǰu　yabu·ai

录　根底　执把

（14）

ǰr-li₁-q　ˈeo₃g-beě₃　è₂-de-nu₂　seu₂- mes- du₂r　ge-yi₁d- du₂r

ǰarliq　ögbeě　éden-ü　sümes-dür　geyid-dür

圣旨与了也　　　　这寺院房子里

ˈ-nu₂　è₂l-čˈi₁n　bu₂-e b-·u₂- tˈu₂-qyi₁　u-l·

anu　élčˈin　bu　ba·uˈuqai　ulā

使臣休 安下者　　　　　铺马

（15）

ši₁-·u₂-su₂　bu₂　ba-ri₁- tˈu₂-qyi₁　tsˈ·ŋ tˈm-q　bu₂ ˈeo₃g- tˈu₂- geě₃

ši·üsü　bu　bari　tˈuqai　tsˈaŋ tˈamqa bu　ögtˈugeě

祇应休要者　　　税粮休纳者

q-ǰr　u-su₂n　bq tˈe　gi₁r-med y-

qaǰar　usun　baq tˈegirmed ya-

地土园林水碾

（16）

·u₂d　kˈe-ǰ 〈d〉 i₁ ·- nu₂　bu₂-li₁- ǰu₂　tˈ-tˈ- ǰu₂　bu₂ ˈb- tˈu₂-qyi₁

·ud　kˈeǰ 〈d〉-i anu　buliǰu　tˈa·ǰu　bu abtˈuqai

不拣什么物件他每的　　　休夺要者么道

ė₂-de b-s　do₁-yi₁d
ėde　basa doyid
更这和尚每

(17) jr-li₁-q　t'u₂　g·e-ǰu₂　yo₁-su₂　'eu₂-ge-·u₂ė₃　'eu₂ė₃-les
jarliqt'u　gēǰü　yosu　üge·üė　üėles
圣旨与了也

bu₂ 'eu₂ė₃-led-du₂-geė₃　'eu₂ė₃-le-du₂-·e-su₂　'eu₂-lu₂
bu　üėleddügeė　üėledü·esü　ülü
没体例的勾当休做做呵

(18) ·u　'-yu₂ -qu₂　mu₂n
·ü　ayuqu　mun
他每不怕那什么

(19) jr-li₁q　m-nu₂　h₁eu₂-k'er　ǰi₁l　q-bu₂-ru₂n　t'e-ri₁-·u₂n
jarliq　manu　hük'er　ǰil　qabur-un　t'eri·ün
圣旨了也　　　　　　牛儿年　　　正

z-r-yi₁n　qo₁-ri₁n　t'-bu₂-n
zara-yin　qorin　t'abun-a
月　　二十五日

(20) ty- du₂-d
taydu-da
大都

(21) bu₂-gu₂ė₃-du₂r
bügüė-dür
有时分

(22) bi₁-č'i₁-beė₃
bič'ibeė
写来

《薛禅皇帝牛年圣旨》(1277—1289)(2)

(1) mo₃ŋ-g　dė₃ŋ-ri₁-yi₁n　k'u₂-č'u₂n-du₂r
monga　deŋri-yin　k'üč'ün-dür
长生天　　气力里

（2） yė$_3$-ke　su$_2$　ǰ-li$_1$- yi$_1$n　·i$_1$-h$_1$-en- du$_2$r
　　yėke　su　ǰali- yin　ihēn- dür
　　大　福荫　　护助 里

（3） q·n　ǰr-li$_1$q　m-nu$_2$
　　qān　ǰarliq　manu
　　皇帝　圣旨

（4） č'e-ri$_1$-·u$_2$-du-n　no$_1$-yd-d
　　č'eri·üd-ün　noyad-da
　　管军的官人每根底

（5） č'e-ri$_1$g　h-r-n b-l-q-
　　č'erig　haran-a balaqa-
　　军人每根底城子

（6） du$_2$n　d-ru$_2$-qs-d　no$_1$-yd-d
　　d-un　daruqas-da　noyad-da
　　　达鲁花赤官人每根底

（7） yo$_3$r-č'i$_1$- qu$_2$n　y-bu$_2$-qu$_2$n　ė$_2$l-č'i$_1$-ne　d·u$_2$l-q-qu$_2$（ė$_1$）
　　yorč'iqun　yabuqun　ėlč'in-e　dūlqaqu（ė）
　　往来的使臣每根底　　宣谕的

（8） ǰr-li$_1$q
　　ǰarliq
　　圣旨

（9） ji$_1$ŋ-gi$_1$s　q-nu$_2$ b　　q-nu$_2$ b　ǰr-li$_1$q-du$_2$r　do$_1$-yi$_1$d　ėr-k'e-·u$_2$d
　　jïngis　qan-u ba　　qān-u ba　ǰarliq-dur　doyid　ėrk'e-·üd
　　成吉思　皇帝　（窝阔台）皇帝　圣旨 里　和尚每　也里可温每

（10） sen-ši$_1$-ŋu$_2$d　'-li$_1$-b　'l-b　qu$_2$b-č'i$_1$-ri$_1$　'eu$_2$-lu$_2$　'eu$_2$-ǰen
　　senšiŋud　aliba　alba　qubč'iri　ülü　üjen
　　先生每（指道士）　不拣什么差发　休交当者

（11） dė$_3$ŋ-ri$_1$-yi$_1$　ǰl-b-ri$_1$-ju$_2$　h$_1$-l-ru$_2$-er　'eo$_1$-gu$_2$n　-'t'u$_2$-qyi$_1$　g·ek'-
　　dèŋri-yi　ǰalbariju　hirü·er　ögün　at'uqyi　gēk'-
　　　拜天　　祝寿者

（12） deg-sed　'-ǰu$_2$-·u$_2$ė$_1$　ė$_2$-du$_2$-·e ber　beo$_1$-·e-su$_2$　u-ri$_1$-d-nu$_2$
　　degsed　aǰu·uė　ėdü·e ber　bö·esü　uridan-u
　　么道 有来　　如今呵

（13）ᠮᠣᠩᢒᠣᠯ ᠪᠢᠴᠢᠭ   ᠵᠠᠷᠯᠢᠭ

ĵr-li₁-qu₂n　　yo₁-su₂-·r　　'-li₁-b　　'l-b　　qu₂b-č'i₁-ri₁　　'eu₂- lu₂　　'eu₂-
ĵarliq-un　　yosu·ar　　aliba　　alba　　qubč'iri　　ülü　　ü-
依着在圣旨里　　　　　　不拣什么差发休当

（14）ᠮᠣᠩᢒᠣᠯ ᠪᠢᠴᠢᠭ （ĵ8）

ĵen　dė₃ŋ-ri₁-yi₁　　ĵl-b-ri₁-ĵu₂　　h₁i₁-ru₂-·er　　'eo₁-gu₂n　　'-t'u₂-q（yi₁）
ĵen　dėŋri-yi　　ĵalbari- ĵu　　hirü·er　　ögün　　at'uq（ai）
　　拜天　　　　祝　寿　　　者

（15）ᠮᠣᠩᢒᠣᠯ ᠪᠢᠴᠢᠭ

g-en　ru₂ŋ-du₂r　bu₂-k'u₂n　　lh-r₁ĵė₁　　sė₁ŋ-gh₁ė₁-db-l　　b-ri₁-ĵu₂
gēn　ruŋ-dur　bük'ün　　lharĵė　　sėŋghėdbal-a　　bari-ĵu
么道　向在 Ruŋ 的　　拉洁·僧贝格　　　收执

（16）ᠵᠢ ᠪᠢᠴᠢᠭ

y-bu₂-·yi₁
yabu·ai
执把

（17）ᠮᠣᠩᢒᠣᠯ ᠪᠢᠴᠢᠭ （ᠳ）

ĵr-li₁-q　'eo₃g-beė₃　i-m-d　q-ri₁-y-t'n　seu₂- me- du₂r　　ge-yi₁（d）
ĵarliq　　ögbeė　ima-da　qariyat'an　süme-dür　　geyi（d）
圣旨有了也　　　　　　这寺院房子里

（18）ᠳᠦᠷ ᠪᠢᠴᠢᠭ

du₂r　i-nu₂　ė₂l-č'i₁n　bu₂-e b-·u₂- t'u₂-qyi₁　u-l　　ši₁-·u₂-su₂
dür　inu　ėlč'in　bu　ba·ut'uqai　ulā　ši·üsü
使臣休 安下者　　　　　　铺马 祗应

（19）ᠪᠢᠴᠢᠭ

bu₂　ba-ri₁- t'u₂-qyi₁　ts'ŋ t'm-q　bu₂ 'eo₃g- t'u₂- geė₃　seu₂- me-
bu　bari　t'uqai　ts'aŋ t'amqa bu　ögt'ugeė　süme-
休要者　　　　　　地税、商税休纳者

（20）ᠳᠧ ᠪᠢᠴᠢᠭ

de　q-ri₁-y-t'n q-ĵr　u-su₂n　bq t'e　gi₁r –med y-·u₂d
de　qariyat'an qaĵar　usun　baq t'egirmed ya-·ud
地土园林水碾

（21）ᠺᢉᢉ 〈ᠳᠢ〉

k'e-ĵ 〈di〉i₁　i- nu₂　bu₂-li₁-ĵu₂　t'-t'- ĵu₂　bu₂ 'b- t'u₂-qyi₁　ė₂-ne
k'eĵ 〈di〉-i　inu　buliĵu　t'at'aĵu　bu abt'uqai　ėne
不拣什么物件他每的　　　休夺要者么道　　更这

（22）ᠪᠢᠴᠢᠭ

b-s　lh-r₁ĵė₁　sė₁ŋ-gh₁ė₁-dbl
basa lharĵė　sėŋghėdbal
　　拉洁·僧贝格

（23）ᠮᠣᠩᢒᠣᠯ ᠪᠢᠴᠢᠭ

ĵr-li₁-q　t'u₂ g-e-ĵu₂　yo₁-su₂　'eu₂-ge-·u₂ė₃　'eu₂ė₃-les　bu₂
ĵarliqt'u　gēĵü　yosu　üge-üė　üėles　bu
圣旨与了也

（24）ʼeu₂ê₃-led- tʼu₂-geê₃　　ʼeu₂ê₃-le-du₂-ʼe-su₂　　ʼeu₂-lu₂ ʼu

　　　üeledʼügeê　　　　　　üeledü·esü　　　　　　　ülü　　·ü

　　　没体例的勾当休做做呵

（25）ʼ-yu₂ -qu₂　mu₂n

　　　ayuqu　　mun

　　　他每不怕那什么

（26）ǰr-li₁q　m-nu₂　h₁eu₂-kʼer　ǰi₁l　q-bu₂-ru₂n　tʼe-ri₁-ʼu₂n　z-r-

　　　ǰarliq　manu　hükʼer　ǰil　qabur-un　tʼeri·ün　zara-

　　　圣旨了也　　　　　　牛儿年　　正月

（27）yi₁n qu₂ -čʼi₁-n　ty-

　　　yin qulčʼin-a　tay

　　　三十日　　　大

（28）du₂-d　bu₂-gu₂ê₃-

　　　du-da　bügüê-

　　　都　　有时分

（21）du₂r　bi₁-čʼi₁-beê₃

　　　dür biščʼibeê

　　　写来

《薛禅皇帝牛年圣旨》(1277—1289)(3)

（1）mo₃ŋ-g　dê₃ŋ-ri₁-yi₁n　kʼu₂- čʼeu₂n-du₂r

　　　moŋga　dêŋri-yin　kʼüčʼün-dür

　　　长生天　　　气力里

（2）yê₃-ke　su₂　ǰ-li₁- yi₁n　·i₁-h·en-du₂r

　　　yêke　su　ǰali- yin　ihēn- dür

　　　大　福荫　护助　里

（3）qʼn　ǰr-li₁(q)　m-nu₂

　　　qān　ǰarli(q)　manu

　　　皇帝　圣旨

（4）b-l-q-du₂n　shi₁l-d·e-du₂n　d-

　　　balaqad-un　šildēd -ün　da-

　　　向城镇　　　　达-

（5）ᠠ ᠠ ᠠ ᠠ ᠠ ᠠ ᠠ
ru$_2$-qs-d　　no$_1$-yd-d　yo$_3$r-　č'i$_1$- qu$_2$n
ruqas-da　noyad-da　yor- č'iqun
鲁花赤官人每根底

（6）ᠠ ᠠ ᠠ ᠠ ᠠ ᠠ ᠠ
y-bu$_2$-qu$_2$n　　ė$_2$l-č'i$_1$-ne　　č'e-ri$_1$-
yabuqun　　ėlč'in-e　　č'eri
往来的使臣每根底

（7）ᠠ ᠠ ᠠ ᠠ ᠠ ᠠ ᠠ ᠠ ᠠ ᠠ ᠠ
·u$_2$-du$_2$n　　no$_1$-yd-d　č'e-ri$_1$g　h-r-n　d·u$_2$-l-q-qu$_2$ė$_3$
·üd-ün　noyad-da　č'erig　haran-a　dūlqaquė
管军的官人每根底 军人每根底　　　宣谕的

（8）ᠠ ᠠ
ǰr-li$_1$q
ǰarliq
圣旨

（9）ᠠ ᠠ ᠠ ᠠ ᠠ　ᠠ ᠠ ᠠ ᠠ ᠠ ᠠ ᠠ ᠠ
ǰi$_1$ŋ-gi$_3$s　q·nu$_2$　b　　q·nu$_2$　b　ǰr-li$_1$q - du$_2$r　do$_1$-yi$_1$d　ė$_2$r-
ǰiŋgis　qān-u　ba　　qān-u ba　ǰarliq - dur　doyid　ėr-
成吉思　皇帝　　（窝阔台）皇帝　　圣旨　里　和尚每　也里

（10）ᠠ ᠠ ᠠ ᠠ　ᠠ ᠠ ᠠ ᠠ ᠠ ᠠ ᠠ ᠠ
k'e·u$_2$d　sen-šhi$_1$-ŋu$_2$d　　ťš-md　ts·ŋ ťm-q-d-·č' bu$_2$-ši$_1$
k'e·üd　senšhiŋud　　ťašmad　ts·aŋ ťamqad-āč'a　bu ši
可温每　先生每（指道士）　答失蛮每　商税

（11）ᠠ ᠠ ᠠ ᠠ　ᠠ ᠠ ᠠ ᠠ ᠠ ᠠ ᠠ
'-li$_1$-b 'l-b　qu$_2$b-č'i$_1$-ri$_1$　'eu$_2$- lu$_2$　'eu$_2$-ǰen　dė$_3$ŋ-ri$_1$-yi$_1$
aliba alba　qubč'iri　　ülü　üǰen　dėŋri-yi
不拣什么差发　休交当者　　　（拜）天

（12）ᠠ ᠠ ᠠ ᠠ
ǰl-b-ri$_1$-ǰu$_2$
ǰalbariǰu
拜（天）

（13）ᠠ ᠠ ᠠ ᠠ ᠠ　ᠠ ᠠ ᠠ ᠠ ᠠ ᠠ ᠠ ᠠ ᠠ
bi$_1$-d-n　h$_1$i$_1$-ru$_2$-·er　'eo$_1$-gu$_2$n　'-ťu$_2$-qyi$_1$　g·ek'-deg-sed　'-
bidan-a　hirü·er　　ögün　aťuqyi　　gēk'degsed　　a-
祝寿者　　　　　　　　　么道

（14）ᠠ ᠠ ᠠ ᠠ ᠠ ᠠ ᠠ ᠠ ᠠ ᠠ ᠠ ᠠ
ǰu$_2$-·u$_2$　ė$_2$-du$_2$-·e　ber　beo$_1$-·e-su$_2$　u-ri$_1$-d-nu$_2$
ǰu·u　ėdü·e　ber　bö·esü　uridan-u
有来　　　　如今呵

（15）ᠠ ᠠ ᠠ ᠠ ᠠ ᠠ ᠠ ᠠ ᠠ ᠠ ᠠ
ǰr-li$_1$/q/-qu$_2$n　yo$_1$-su$_2$-·r　do$_1$-yi$_1$d　ė$_2$r- k'e·u$_2$d　sen-šhi$_1$-ŋu$_2$d

ǰarli/q/q-un   yosu·ar   doyid   ėr- k'e-·üd   senšhiŋud
依着在圣旨里   和尚每 也里可温每 先生每（指道士）

(16) [八思巴文]
t'š –md ts'ŋ t'm-q-d·- č̌ bu$_2$- ši$_1$ '-li$_1$-b 'l-b qu$_2$b-č̌'i-ri$_1$
t'ašmad ts'aŋ t'amqad-āč̌'a bu ši aliba alba qubč̌'iri
答失蛮每 商税   不拣什么差发

(17)
'eu$_2$- lu$_2$ 'eu$_2$- ǰen
ülü   üǰen
休当

(18)
ši$_1$-ge-mo$_1$-ni$_1$-yi$_1$n   meo$_3$r   bu$_2$- ši$_1$ 'eu$_2$- lu$_2$ bo$_3$l-qn dè$_3$ŋ-ri$_1$-yi$_1$
šigemoni-yin mör buši ülü bolqan dėŋri-yi
遵守释迦牟尼 教义   上天

(19)
ǰl-b-ri$_1$- ǰu$_2$
ǰalbari- ǰu
祷告

(20)
bi$_1$-d-n h$_1$i$_1$-ru$_2$- er 'eo$_1$-gu$_2$n '-t'u$_2$-qyi$_1$ g·en gei$_1$ŋ- ǰi$_1$w$_1$-
bidan-a hirü· er ögün at'uqai gēn geiŋ- ǰiw-
祝 寿   者么道   泾州

(21)
dur bu$_2$-k'u$_2$n h$_1$v-ŋè$_3$m-h$_1$y-šu$_2$ė$_3$-tsven-šn-shi ne-re-t'⟨e⟩ n
dur bük'ün hva-ŋėm-hay-šuė-tsven-šan-shi neret'a ⟨e⟩ n
华严海水泉山寺   为头的

(22)
su$_2$- mes- du$_2$r '-qu$_2$n dzè$_3$n （…） u$_2$q-bl t'e-ri$_1$-u$_2$-t'⟨e⟩ n do$_1$-yi$_1$d
sümes-dür aqun dzėn （…） uqbal t'eri·üt'a ⟨e⟩ n doyid
tsen……uG bal（为首的）   和尚每

(23)
d b-ri$_1$-ǰu$_2$ y-bu$_2$- yi$_1$
da bariǰu yabu·ai
收执的

(24)
ǰr-li$_1$-q 'eo$_3$g-bee$_3$ ė$_2$-de-nu$_2$ su$_2$- mes- du$_2$r ge-yi$_1$d- du$_2$r '-nu$_2$ è$_2$l-
ǰarliq ögbeė ėden-ü sümes-dür geyid-dür anu ėl-
圣旨与了也   这寺院房子里

(25)
č̌'i$_1$n bu$_2$-e b-·u$_2$- t'u$_2$-qyi$_1$ u-l⟨·⟩ ši$_1$-·u$_2$-su$_2$ bu$_2$ ba-ri$_1$-·u$_2$- t'u$_2$-qyi$_1$
č̌'in bu ba·uʔuqai ulā ši·üsü bu bari ·ü t'uqai
使臣休 安下者   铺马   祇应休要者

(26) q-jr　　u-su₂n　t'e gi₁r –med　y- u₂d k'e ' - nu₂　bu₂-li₁ –ju₂　t'-t'-
qajar usun　t'egirmed　ya- ud k'e anu　buliju　　t'at'a-
地土园林水碾

(27) ju₂　　bu₂　'b- t'u₂-qyi₁　ė₂-de b-s　do₁-yi₁d
ju　bu abt'uqai　ėde basa doyid
休夺要者么道　　　更这和尚每

(28) jr-li₁-q　t'n　g-e-ju₂　yo₁-su₂　'eu₂-ge- u₂ė₃　'eu₂ė₃-les　bu₂ 'eu₂ė₃-
jarliqt'an　gējü　yosu　üge·üė　üėles　bu üė-
圣旨与了也　　　　　没体例的勾当

(29) le⟨d⟩- t'u₂-geė₃　'eu₂ė₃-le-du₂- e-su₂　　'eu₂-lu₂　 u ' -yu₂ -qu₂n　mu₂n
le⟨d⟩ t'ügeė　üėledü·esü　　　ülü　ü ayuqun　mun
休做做呵　　　　　　他每不怕那什么

(30) jr-li₁q　　m-nu₂　h₁eu₂- ger　ji₁l　ju₂-nu₂　he- č'u₂s
jarliq　manu　hüger　jil　jun-u　hečüs
圣旨了也　　　　　牛儿年　　六

(31) z-r-yi₁n　qu₂r-bn　ši₁-
zara-yin　qurban　ši-
月　　　三日

(32) ne-d　šŋ- du₂-d　bu₂-
ne-da šaŋdu-da　bü-
上都

(33) gu₂ė₃-du₂r　bi₁-č'i₁-beė₃
güė-dür bič'ibeė
有时分　写来

　　哈斯巴根教授在2009年于昆明举行的第16届人类学民族学世界大会（ICAES 2009）·"八思巴字及其渊源、演化和影响"专题会议上提交了论文《忽必烈汗牛年圣旨的颁发年代》，认为出现"除地税、商税之处"语句的第三份牛年圣旨颁发于1277年，其他两份则颁发于下一个牛年即1289年。我们则拟从文献材料比勘的角度谈一点自己的看法。也就是将其同时代的文献材料放在一起，从其中汉语词的拼写形式及变化上来捕捉一些有用的信息，借此推断其写定年代。

由上文所举八思巴字蒙古语材料我们知道,自材料4以下,与《蒙古字韵》标音体系有别的几近于零,而材料1—3则与此形成了反差。如材料1—2中"先sen"的拼合,就与《蒙古字韵》大不相同。而"先"字在八思巴字圣旨中出现频率相当高,恰恰就是"先"字,出现三次(见材料)拼写全都用的是与《蒙古字韵》相异的写法。面对这种现象我们只能得出这样的结论:当时以《蒙古字韵》为代表的规范文本尚未最终定形,或说其书写系统影响还不够大,还没有对所有的书写实践形成足够的约束力。

总之,我们须把"先"等字拼写实践中的e到ė的变化看作一个重要的标志,特别是材料3中先(~生)sėn出现10次,与前此材料中sen的拼写形成鲜明对比,这就更有说服力,更应引起我们的注意,更应将此看作是八思巴字拼写汉语过程中的一个重要的转折点。所以我们将材料3写定的时代1280年看成是《蒙古字韵》为代表的蒙古字的韵书成书并大力推行的下限(当然,韵书所蕴含的书写规范的全面深入贯彻应是一个漫长的过程,1280年之后的文献如材料4中就依然有错误存在即可说明这一点)。

正是在这个意义上,我们重新来审视三份《薛禅皇帝牛年圣旨》(1277—1289),认为它们的写定年代并不相同:

材料2:《薛禅皇帝牛年圣旨》(1277—1289)(1)

A. 与《蒙古字韵》八思巴字拼写不同的:先sen(第8行)

B. 与《蒙古字韵》八思巴字拼写相同的:生šhiŋ(第8行)、太taj原ʼɥen府ḫuu、石ši壁bi寺zhi、安·an僧shiŋ录lėu(这几个词都在第12行)

以下"先"字元音开始由折头e变为方头ė,有的交替出现:

材料5:《薛禅皇帝牛年圣旨》(1277—1289)(2)

汉语词的拼写都与《蒙古字韵》八思巴字拼写相同,如:先sėn生šhiŋ(第10行)

材料6:《薛禅皇帝牛年圣旨》(1277—1289)(3)

汉语词的拼写都与《蒙古字韵》八思巴字拼写相同,如:先 sên 生 šhiŋ(10行、15行)、华严 ŋem 海 haj 水 šue 泉 tsụên 寺 shi(21行)

从三份材料中汉语词的拼写形式看,它们在正字法方面都很少有问题出现。只有第一份材料中"先 sen"的拼写与《字韵》不符,而后两份没有出现不符《字韵》的情况,基于此,我们认为,后两份材料即**材料**5:《薛禅皇帝牛年圣旨》(1277—1289)(2)和**材料**6:《薛禅皇帝牛年圣旨》(1277—1289)(3)的写定年代极有可能是后一个牛年,就是1289年,而不大可能是前一个牛年1277年,因为1280年之前的材料错误较多。同理,因为第一份材料中常用词"先 sen"的拼写与《字韵》不符,所以这份材料出自第一个牛年1277年的可能性较大。

第三节　《蒙古字韵》的文献来源

众所周知,《蒙古字韵》与《古今韵会举要》及《礼部韵略七音三十六母通考》的音系都来源于早佚的音韵学著作《七音韵》(杨耐思1989;又见杨耐思1997:144。另见宁忌浮《〈古今韵会举要〉及相关韵书》页7)。只要是《蒙古字韵》、《七音韵》与传统韵图一致的地方,就是前二者对传统的因袭,这或许反映的是滞后于语言变化的守旧,抑或是反映了实际语言中尚未发生变化的实际情形,反正都不是及时反映新的语言变化的革新内容。在利用这部分标音材料时,就要非常慎重,不要轻易将其作为元代当时真实语言状况来立论,特别是不要因其用表音文字来标音就对其真实性深信不疑、不加辨别。如《蒙古字韵》中"谋"等字标为轻唇就不可信据,其重纽格局也非常可疑。

由此看来,要想真正搞清楚《蒙古字韵》的性质,就得解开《七音韵》之谜。因为《七音韵》已佚，其内容今人无缘得见，只有宁忌浮先生据《蒙古字韵》加以推测复原。宁忌浮《〈古今韵会举要〉及相关韵书》(页11—12)对韵图分类进行了讨论，并对《七音韵》在韵图史上的地位给出了准确的描述。我们据以列成下表(《七音韵》属C2.2类)：

类别及分类标准	具 体 名 称		出　　处
A 按地域分类	A1 南派		赵荫棠《等韵源流》页56
	A2 北派		
B 按列字所据韵书分类	B1 广韵系韵图		《鲁国尧自选集》页96
	B2 集韵系韵图		
C 按三十六字母次第分类	C1 帮母唇音为首		宁忌浮《〈古今韵会举要〉及相关韵书》页11—12
	C2 见母牙音为首	C2.1 按23行排列	
		C2.2 按36行排列	

另，宁忌浮(1997)和忌浮(2007)都提出《蒙古字韵》源于《新刊韵略》，应从韵书传承关系去解读《蒙古字韵》代表的八思巴字拼写系统。

为讨论问题的需要，我们再对源于《七音韵》的韵书《蒙古字韵》与《古今韵会举要》及《五音集韵》等在韵书传承上的地位进行一下梳理。看宁忌浮《〈古今韵会举要〉及相关韵书》(页41)列出的韵书传承图：

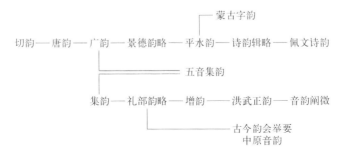

　　宁忌浮《〈古今韵会举要〉及相关韵书》(页40)指出:"这里所说的韵书传承,指的是编纂材料、编纂体例上的传承。有传承关系的韵书,其语音结构往往不相同,甚至迥异,如《蒙古字韵》与《平水韵》。无直接传承关系的韵书,其语音结构未必不同,如《集韵》与《广韵》。"《蒙古字韵》与《平水韵》在语音结构上并非毫无关联,如忌浮《重读〈论龙果夫《八思巴字和古官话》〉》(页49)就谈到:"《蒙古字韵》也称《蒙古韵略》……它的蓝本是《平水韵》即王文郁的《新刊韵略》。《新刊韵略》的106韵被合并为15个四声相承的韵部,入声韵派入阴声韵变成入声调,声母无大变动,全浊声母系统保留。《韵略》与《新刊韵略》的传承关系,从小韵的分并、韵字的数目及其排列次第看得十分清楚。"文中示意图:

　　　　　《新刊韵略》——《韵略》——《蒙古字韵》

不过,归根结底,《蒙古字韵》与《古今韵会举要》及《七音三十六母通考》的音系都是来源于《七音韵》(杨耐思1989;又见杨耐思1997,页144。另见宁忌浮《〈古今韵会举要〉及相关韵书》页7)。

　　如上文所说,《蒙古字韵》有韵书与韵图两个来源,而在传统音韵学领域内,韵书、韵图与等韵门法三者之间的关系是密不可分的,所以要探讨《蒙古字韵》与《七音韵》,等韵门法也是很难绕开的。更主要的原因是,我们确实发现了《蒙古字韵》与等韵门法的密切关系(见后文《等韵门法与〈蒙古字韵〉》章节)。同时,因为《七音韵》已佚,我们对《蒙古字韵》与等韵门法关系的探讨,也有助于对《七音韵》内容的推断,同时我们的工作也可以对宁忌浮先生的复原工作加以检验。可以说,等韵门法在《蒙古字韵》与《七音韵》的研究中占有举足轻重的地位。

　　李新魁《汉语等韵学》(页125)中说:"等韵门法的产生,是为说明从韵图拼切反切的读音而肇端的,它的总目的,可以说是根据韵书的反切和韵图的列字来说明韵书与韵图之间各个字音的关系,特别是着重说明等列出入(表现为介音的出入)的情况的。这种等列上的出入,固然有韵图本身制作上的问题,也有韵书反切方面的问题,不能要韵图一个方面专任其咎。"等韵门法本来是解释"说明韵书与韵图之间各个字音的关系,特别是着重说明等列出入(表现为介音的出入)的情况的",从时间上说代表的是过去的语音格局,但《蒙古字韵》制作者误读了等韵门法,以恪守等韵门法为旨归,以此作为韵类分合的依据,从时间上说《蒙古字韵》应该代表当时的语音情形,这儿却是以古为今了。正因为他们以古为今,把解释过去语音格局的韵图列字的规律错误地当作了制定代表当下语音的韵书的依据,所以我们将之称为对"等韵门法"的"误读"。之所以这样说,是因为《蒙古字韵》中的有些现象不是完全源自《七音韵》,而是来自早期的等韵门法(见下节"崇""重"的讨论)。

　　李新魁《等韵门法研究》(《李新魁语言学论集》,中华书局1994)认为:"韵图的编纂目的,既然主要是在于展开韵书的语音系统、阐明韵书的反切,那么,反切所表示的字音在韵图中所处的地位(列于哪一等)就成为韵图显现反切如何拼读成音的关键因素。而中古韵书《切韵》和《广韵》等均有存古性质,它们所收录的魏晋以来的旧反切有许多立法未善的地方。"(页237)"也必须指出,由于韵图的编纂有一个固定的格式,有一个框框,而且,它们编制的年代又与韵书出现的时间有一定的距离,韵书所收录的反切有的来自古代的反切,不能做到整齐划一,因此,某一种韵书的语音系统反映在韵图中就往往出现一些不相适应的地方。"(页236)"比如喻母,在韵书的反切中,实际上是分为两类,反切上字并不相同,但三十六字母中只立一个喻母,结果,韵图就只好把喻母的两类反切所管的字,一类列于三等地位,一类列于四等地位,统称之为喻母。而实质上,喻三和喻四从韵的角度来说是一样的,都属于三等韵,但声母却是不同的两类。如果按韵分类,应属同等之字,不该分列于三等和四等。"(页236)等韵门法"是阐明如何掌握和认识反切在韵图中的等列位置、如何识别反切上下字在拼切过程中所出现的等列之间的矛盾……各项门法所讨论的,除音和这个基本原则的门例外,其他各门无非是在说明当切语上下字的等列有矛盾时,韵图的归等是'凭韵'还是'凭切',也就是根据切下字还是切上字为列等的标准。从有关的门法看来,韵图对这个问题加以处理的基本精神是'凭切'"(页265—266)。

从李新魁先生的论述我们明确了韵书、韵图、等韵门法三者之间的关系,而《蒙古字韵》则有韵书与韵图两个来源,特别是《七音韵》更是其音系的主要源头,但可惜《七音韵》已佚。我们探讨《蒙古字韵》与等韵门法的关系,以此推断《七音韵》的内容,并进一步明确《蒙古字韵》的音系性质。这种关系可以用下面的示意图来表示:

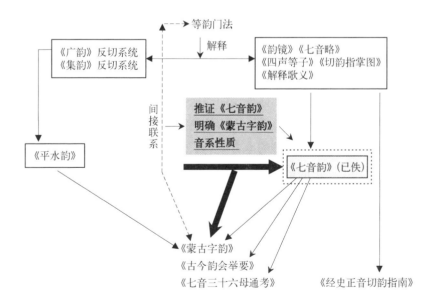

第二章 蒙汉语言接触背景下 《蒙古字韵》某些语音 现象的分析

第一节 见组声母的 j 化说与 《蒙古字韵》中 ė 的性质

一、中古音研究中的腭化说

在中古音的研究史上，有一个人人熟知的现象，那就是反切系联的结果证明《广韵》的见溪疑晓匣 5 个声母的反切上字实际上各为两类。关于这两个声类区别的本质，沙昂克最早建议用腭化和非腭化来解释。这个建议后来经过高本汉的修正，成为如下的模式：

见一	见二	见三	见四	晓一	晓二	晓三	晓四
k	k	kj	k	h	h	hj	h

1939 年，陆志韦发表《三四等及所谓"喻化"》，对高本汉发起批评。此前，陆氏在《证广韵五十一声类》中用数理统计的方法，得出《广韵》有 51 声类的结论，即高氏不分单纯与 j 化的精、清、从、心四母也应分为两组。1941 年赵元任作《中古汉语的语音区别》，指出：一、二、四等有用三等做反切上字的，三等也有用一、二、四等做反切

上字的,其间无严格的区别。总体上看,高氏所谓单纯跟 j 化的声母出现的机会是互补的,其区别不是辨字的。这种现象可用介音和谐说来解释,即反切下字与反切上字的介音有求同的趋势,只是各声类的求同程度不同而已。1956 年,李荣《切韵音系》也指出,j 化说在方言里没有依据。这样,经过许多学者的讨论,虽然高本汉直到 1954 年仍然坚持旧说(参高氏《中上古汉语音韵纲要》),认为 kia 的 k 跟 kuŋ 的 k 有细微的差异,但是从音位学理论看,这两种 k 不过是同一个音位的不同的条件变体而已,因此取消 j 化说是势在必行的。

二、近代音研究中的腭化说

　　无独有偶,在近代音的研究中,围绕着八思巴字标音也出现了腭化说。1930 年,龙果夫在《八思巴字与古官话》中指出,在八思巴字对音中,k 组声母在 i 之前有带 ė 与不带 ė 的区别,他把这种现象解释为 k 组声母有 j 化与不 j 化的区别。龙氏此说是受了高本汉的影响的。1936 年,赵荫棠的《中原音韵研究》引了明朝的《韵略易通》、元代的《古今韵会举要》等韵书中的材料及元朝吴澄的观点,来证明声母的腭化。

　　陆志韦首先做出回应。对于见系声母的腭化说,陆志韦在《释中原音韵》中提出:"见溪群三等在今国语早已腭化,ki→tɕi,然而有的官话方言还保存 ki 等音(例如胶东话),在闽粤话更不用说了。金尼阁所记的山西官话方言里'机'等字还是 ki。在《五方元音》属于'金'不属于'竹'。所以《中原音韵》的见溪群三等很不宜乎作 tɕi 等,或是作 c 等。"

　　杨耐思先生在《八思巴字对音——读龙果夫〈八思巴字与古官话〉后》一文中对龙氏进行了批驳,指出《蒙古字韵》里 ėi、ėiŋ 韵有纯舌根声母字,也有所谓 j 化舌根声母字。因此 ė 不能说是区别是否 j 化的标志,j 化说本身已经被证实是错误的。与此相应,杨先生认为

《字韵》中的合、匣、影、幺、鱼、喻诸母的分立都是由于后接韵母的韵头洪、细造成的，不形成音位上的对立，都应分别两两合并，从而八思巴字拼写中的35声母也就减少为32个（杨耐思《近代汉语音论》页66、185、186，杨耐思2004《八思巴字汉语译写中的一个特例》）。可见，杨先生对元代腭化说是持否定态度的，而且他的合、匣合并做法也表明他不同意元代擦音先行腭化的观点[①]。

宁忌浮先生在《〈古今韵会举要〉及相关韵书》（页27—35）中提出 tɕ 类声母从 k 类分化出来的观点。王硕荃《古今韵会举要辨证》（页74）也认为 ė 是显示腭化的。针对这种说法，麦耘（2005）进行了反驳，与麦说相近的还有秦晔（2006：66）。而宁先生在其早年著作《中原音韵表稿》中也是认为元代见系声母不腭化的，这与杨耐思《中原音韵音系》、李新魁《中原音韵音系研究》保持了一致，当时可谓是北音学研究上的共识。

三、关于罗常培的"腭化"命题

在汉语语音史上，只要一提到腭化问题，大家马上会举出罗常培《唐五代西北方音》和邵荣芬《敦煌俗文学中的别字异文和唐五代西北方音》两部权威学者的大作以为铁案。其实大家往往略过不提的是，二位大学者自己从来都认为他们自己的研究材料不足以作为腭化的证据。下面分别看一下他们的论述。

罗常培《唐五代西北方音》（页144）："精、清、从、心、邪的四等跟见、溪、群、晓、匣的三四等，在我所引的六种现代西北方音里都受 i 介音的腭化作用而变成舌面前音［tɕ］、［tɕʻ］、［ɕ］。这种现象在《开蒙要训》的注音里已然有以从注澄、以照注从、以彻注清、以清注穿、以审注心，以邪注禅及以晓注心诸例，可见从那时候起它们已然

---

① 宁忌浮《〈古今韵会举要〉及相关韵书》（页35）提出元代擦音先行腭化的观点。

露了腭化的痕迹了。至于藏译汉音对于这两类声母虽然任意地附以 y-音，然而不单彼此不相杂厕，而且同 c、c‘、ç 也截然不混。其中只在《大乘中宗见解》里有一个穿母的‘称’字写作‘k‘yiń’；这一定因为‘k‘y’的读音同 c‘［tɕ‘］相近然后才会相混。从这个仅有的暗示，我们便可以推想在《大乘中宗见解》的时代见组声母的三四等也开始有腭化的趋势了。所以‘齿头音’的四等跟‘牙音’的三四等在唐代西北方音至多不过受了［j］化（yodicized），一定还没有到腭化（palatalized）的程度，但是从五代起已然开始有类似近代西北方音的演变了。”在同书页 22 罗先生却这样说：“《大乘中宗见解》里有一个‘称’字对音作‘k‘yiń’；这是由于藏文‘ka ya ta’的读音跟 c‘ 相近的缘故，不过汉语‘牙音’的三四等是否从那时候就有腭化的倾向，还不能根据这一个例子决定的。”罗先生说得再清楚不过，“‘称’字对音作‘k‘yiń’”，那个注音是藏文的，是因为“藏文‘ka ya ta’的读音跟 c‘ 相近的缘故”，所以才这样对音。根本不是用“汉语‘牙音’的三四等”字来注音，所以“汉语‘牙音’的三四等”是否腭化只能间接推断，从而罗先生才无奈地说：“不过汉语‘牙音’的三四等是否从那时候就有腭化的倾向，还不能根据这一个例子决定的。”“腭化的倾向”“已然露了腭化的痕迹”，这是我们最希望看到的，却是极不确定的，很可能是假象。与此形成鲜明对比的是，我们研究者不希望看到的情形罗先生却说得那么肯定、斩钉截铁，“‘齿头音’的四等跟‘牙音’的三四等在唐代西北方音至多不过受了［j］化（yodicized），一定还没有到腭化（palatalized）的程度”。

邵荣芬《敦煌俗文学中的别字异文和唐五代西北方音》一文讨论了“精系、知组同见系相代的一些例子”，但从文献角度看，“这些例子大部分显然是不可靠的”。或某字“误作”某字，或“有问题”。“这样一来，我们当然不能凭一两个例子就断言当时见系字已经颚化。何况直到十六、十七世纪我们也没有发现见等真正颚化的方言，就更不能鲁莽了。"(《邵荣芬音韵学论集》页299—300)邵先生这里不想大张旗鼓地谈腭化,不是因为如我们今天的研究者所理解的那样因为例子少就错过了发现重要演变规律的机会,而是因为这些例子在文献上靠不住,用它们来作结论是很危险的。

王力先生在《汉语史稿》中将tɕ、tɕʻ、ɕ的产生定在十八世纪以前,到《汉语语音史》中又根据历史文献进行了更为细致的研究,得出了元代未发生见系腭化,明代腭化可能已经开始的结论。重温一下王先生的说法:

清代后期有二十三个声母,是增加了[tɕ, tɕʻ, ɕ]三个声母,这三个新声母并不是原来表示照系的[tɕ, tɕʻ, ɕ],而是从见系[k, kʻ, x]分化出来的。见系开合口字仍读[k, kʻ, x],齐撮口字则变为[tɕ, tɕʻ, ɕ]。

清乾隆年间无名氏《团音正考》说:"试取三十字母审之,隶见溪群晓匣五母者属团,隶精清从心邪五母者属尖。"由此看来,似乎清初见系已经分化出[tɕ, tɕʻ, ɕ]。明隆庆间本《韵略易通》说:"见溪若无精清取,审心不见晓匣跟。"由此看来,似乎明隆庆年间(1567—1572)见系已经分化出来[tɕ, tɕʻ, ɕ]。但是《五方元音》以"京坚根干"同隶见母,显然见系在清代前期还没有分化为[k, kʻ, x]、[tɕ, tɕʻ, ɕ]两套。可以设想,见系的分化在方言里先走一步,在北京话里则是清代后期的事情。

王先生论断有理有据,高屋建瓴,故而学界多承用王先生之说,且不乏挖掘新材料从其他角度与其呼应者,如张鸿魁《金瓶梅语音研究》等。更为重要的是,北音学的研究者都与王先生观点相互支撑。王先生说腭化在明代产生,北音研究者则以元代无腭化与之呼应。但与此形成鲜明对照的是,赵荫棠《中原音韵研究》认为元代已产生tɕ、tɕʻ、ɕ。日本尾崎雄二郎《大英博物馆蒙古字韵札记》(1962)和花登正宏《蒙古字韵札记》(1979)都认为元代《蒙古字韵》有见系

腭化的反映。王硕荃《古今韵会举要辨证》(页74)也认为ė是显示
腭化的。另外还有不少方言学者也在应和。其实,据《蒙古字韵》立
论者,杨耐思先生反驳龙果夫的文章已足以驳倒他们,另外,麦耘的
文章也可参看。

四、历史文献不支持将腭化提前

如上文所说,我们中国的历史文献不支持将腭化提前,这在王力
先生《汉语史稿》的论述中已说得非常清楚,不赘。

另外,国外文献中反映的汉语声母腭化情形也支持王先生的观
点。如李得春《韩文与中国音韵》(页129—134)进行了很详尽的论
述。李先生指出,韩国文献《千字文》、《百家姓》和《华音正俗变异》
显示,北方话的腭化到19世纪末才全面完成。而1765年刊行的《朴
通事新释谚解》,只有少数见晓组字腭化,仅过几年就问世的《汉清文
鉴》中除"萱"、"眩"、"轩"、"隙"等个别字外却没有发现腭化的见晓
组字。1795年刊行汉语文《重刊老乞大》后,翻译并注音其书的《重
刊老乞大谚解》中多数的见晓组字尚未腭化。李著举例并提供了统计
数字:

《朴通事新释谚解》所收见晓组字共197个,其中腭化的37个
字,占18.78%。

[k> tɕ]:

鸡饥积既记计急给[tɕi]　　家[tɕia]

江(姜讲)[tɕiaŋ]　　教觉叫较[tɕiao]

荆京镜[tɕiŋ]　　旧[tɕiu]　　劫[tɕiɣ]

[k'> tɕ']:

碁骑旗起岂气契器[tɕ'i]

强[tɕ'iaŋ]　　荞桥[tɕ'iao]　　去曲[tɕ'iui]

［x>ɕ］:

许虚［ɕĭui>ɕy］

《重刊老乞大谚解》所收见晓组字共159个，其中腭化的45个字，占28.30%。

x组:

腭化的:［ɕi］喜　［tɕʻĭui］许虚

没有腭化的:［xi］稀吸戏　［xiŋ］行杏幸兴

［xĭa］下瞎夏匣　［xĭaŋ］香向项巷响

［xĭɤn］闲咸馅限现弦县嫌　［xĭɤi］械

［xĭo］学　［xiao］晓效　［xĭuiaŋ］况

［xĭuŋ］胸兄　［xĭuĭɤ］靴　［xĭuĭɤn］眩

［xiu］休　［xĭɤ］歇

k组:

腭化的:［tɕi］记给急既儿稽计鸡饥　［tɕiŋ］京荆粳镜

［tɕĭa］家傢嘉　［tɕĭaŋ］讲缰江姜

［tɕĭao］觉教较搅叫　［tɕĭɤ］挈　［tɕiu］旧

［tɕʻĭuiɤ］蹶

没有腭化的:［ki］吉及极纪己季系麀

［kin］斤紧筋谨近金今襟禁妗

［kiŋ］经竞竟　［kĭa］加价假甲

［kĭan］间铜　［kĭao］交胶浇

［kĭɤn］见坚建件拣检鉴减监

［kĭɤi］皆解界芥　［kĭɤ］羯结

［kĭu］橘句　［kai］街　［kĭo］脚角

［kĭui］矩驹据　［kĭuĭɤn］绢眷

［kiu］九救久舅

kʻ组:

腭化的:［tɕʻi］吃骑棋起器欺岂气　　［tɕʻĭui］去衢

［tɕʻĭaŋ］强　［tɕʻĭao］桥　［tɕʻiu］求
没有腭化的：［kʻi］其弃契乞　［kʻin］勤　［kʻĭa］恰
［kʻĭaŋ］腔　［kʻɤ］却　［kʻĭɤ］茄
［kʻĭɤn］谦牵欠嵌　［kʻĭun］群
［kʻĭuĭɤn］劝　［kʻĭŋ］庆
［kʻĭuĭɤ］缺瘸

如上所示，《朴通事新释谚解》、《重刊老乞大谚解》中多数的见晓组字尚未腭化。但到19世纪后半叶的《华音正俗变异》，134个见晓组字全部已腭化。举几例：

x组：
［xĭɤn→ɕĭɤn］贤闲悬县
［xĭŋ→ɕĭŋ］形兴刑幸邢行
k组：
［kĭɤn→tɕĭan］简剑建鉴见
kʻ组：
［kʻĭŋ→tɕʻĭŋ］庆卿轻倾
在《重刊老乞大谚解》中尚未腭化到《华音正俗变异》腭化的见晓组字有如下一些：

汉　字	《重刊老乞大谚解》 （声母）	《华音正俗变异》 （声母）
行幸兴夏项闲县弦学效兄	x	ɕ
吉及极纪已季谨近经竟竟假交见坚建解矩九驹据鉴结芥	k	tɕ（或tɕʻ）
渠其却群劝庆谦	kʻ	tɕʻ（或tɕ）

另外，在《千字文》、《百家姓》正文中也有其他见晓组字。这些字中，除"甲""欣""羌"等字以外，其他字全部腭化。看下表：

	汉　字	音韵地位	对音转写
已腭化	角	江开二入觉见	tçiao
	阶	蟹开二平皆见	tçĭvi→tçĭe
	钜	遇开三上语群	tçui→tçy
	巨	遇开三上语群	tçui→tçy
	计	蟹开四去霁见	tçi
	璩	遇开三平鱼见	tçĭui→tçy
	曁	止开三去至群	tçi
	给	深开三入缉见	tçi
	既	止开三去未见	tçi
	金	深开三平侵见	tçin
	去	遇开三去御溪	tç'ui→tç'y
	箕	止开三平之见	tç'i
	器	止开三去至溪	tç'i
	祁	止开三平脂群	tç'i
	虚	遇开三平鱼晓	çui→çy
	下	假开二上马匣	çia
	向	宕开三去漾晓	çiaŋ
	咸	咸开二平咸匣	çiɤn
未腭化	羌	宕开三平阳溪	kaŋ
	甲	咸开二入狎见	kĭa
	欣	臻开三平欣晓	xin

　　几种对音材料所显示的语音情况告诉我们,在《朴通事新释谚解》《汉清文鉴》时期(即18世纪中叶),见晓组字的腭化还处于开始阶段,到了《重刊老乞大谚解》时期(即18世纪末19世纪初),腭化有所增加,但还是只占见晓组字的少数,仍处于过渡阶段。

　　到了19世纪中叶以后,见晓组字基本上腭化,但尚未全部完成。因为我们发现《千字文》《百家姓》正文中有几个见晓组字如"甲""欣""羌"等尚未腭化。另外,跟《华音正俗变异》同时期的《华语类钞》对音资料中也可以发现有些见晓组字仍没有腭化。如:

笕［kĭɣn］　　缰［kaŋ］　　菊［kui］　　谲［kuɣi］
掐［kʻĭa］　　蚯［kʻɘu］　　阙［kuɣ］　　蟹［xai］

　　王力先生在《汉语史稿》(上册第124页,1980年新一版)中说:"在18世纪以前,不但齐撮呼的见溪群匣已经变了 tɕ, tɕʻ, ɕ,连精清从心邪也变为了 tɕ, tɕʻ, ɕ 了。"杨剑桥(1996:82)认为腭化始于16世纪,而到18世纪腭化已经全面完成。此处对音资料则显示腭化的完成是在19世纪中叶以后,但尚未全部完成。这也从侧面证明,要将腭化时间提前是得不到文献支持的。

五、《蒙古字韵》中的 ė 类韵与腭化音类不对应

　　自龙果夫以来,以八思巴字拼写中的 ė 作为腭化标记的学者不乏其人①。现在宁忌浮(1997、2012)、王硕荃(《古今韵会举要辨证》页74)诸先生又重倡此说。那在八思巴字拼写中 ė 出现于哪些语音条

---

① 不过,早期的龙果夫是把有 ė 出现的二等与四等韵的牙音声母看作纯舌根声母,而把没有 ė 的三等韵的牙音声母看作 j 化声母。后来的宁、诸先生则正好相反,认为有 ė 出现的二等与四等韵的牙音声母首先腭化。但这两种看法的最大共同点是:ė 是区分腭化与否的标志。

件下呢？看下表：

	八　寒				十　萧			
	见	溪	疑	影	见	溪	疑	影
一等	gan 干	k'an 看	ŋan 岸	·an 安	gaw 高	k'aw 考	ŋaw 敖	·aw 鏖
二等			jan 颜	jan 殷			jaw 謷嗷	jaw 坳
	gén 间	k'èn 悭			gèw 交	k'èw 敲		
三等	gen 建		ŋen 言	·èn 焉	gew 骄		ŋew 鸮	·ew 妖
四等	gén 坚	k'èn 牵	jen 妍	jèn 烟	gèw 骁	k'èw 窍	jew 尧	jèw 要

由表中可以看到，ė出现于二等与四等韵中，换言之，见组声母在二、四等韵前其腭化较之三等韵的为快。那这在实际语言中能否得到印证呢？回答是否定的。无论是历史文献还是现实方言都不支持这种腭化模式。分析如下：

A. 有关四等韵的研究成果与《蒙古字韵》不符

不少学者据南方方言研究后提出，中古以前的四等韵是没有介音的，其介音是中古之后演化的结果。这已得到了学界的广泛认可。正是在此基础上，杨耐思先生《近代汉语"京、经"等韵类分合考》一文中对《蒙古字韵》中ė的性质做出了如下描述：

> ė 这个字母是八思巴字里的一个特殊的字母……甲类 B 型韵类 ė i，ėue，ėiŋ，ėiw……这里的 ė 不作为代表一个元音而是作为一种区分标志……作为区分标志，这个 ė 是用来标志四等的……四等韵由原来没有后来滋生出来的前腭介音跟三等韵原

有的前腭介音还没有类化，彼此还保存着音质上的差别，这个ė
就是用来显示这种差别的……

在这个意义上说，是三等韵在前，四等韵后来发生了演变，在向三
等韵趋同，这才形成了近代汉语中所谓的一二等合流、三四等合流
的局面。等到三四等韵真正合流了，才又整体向腭化迈进（当然是
细音）。

但《蒙古字韵》的ė出现于二等与四等韵中，按照以ė为腭化标
记的看法就可以得出见组声母在二、四等韵前其腭化较之三等韵为
快的结论。这就与上文所引杨耐思先生的说法相左了，杨先生说的
是"四等韵由原来没有后来滋生出来的前腭介音跟三等韵原有的前
腭介音还没有类化，彼此还保存着音质上的差别，这个ė就是用来显
示这种差别的"，即在三四等合流的演变过程中，现阶段四等韵还是
落后的，还没有追上三等韵。但宁、王却认为ė标志见组声母在二、
四等韵前其腭化较之三等韵为快，即在演变过程中，四等韵不但追上
了三等韵，而且还超前了，腭化时走在了三等韵前边，由原来的落后
变为了先进。两种看法大相径庭，从整个语音史的发展来看，显然杨
先生的看法更为合理。

B. 近代文献反映的腭化时间及演变格局与《蒙古字韵》不同

首先是上文王力先生论证中引到的《五方元音》《团音正考》等
文献反映的腭化时间比《蒙古字韵》晚不少，再就是其演变格局也与
《蒙古字韵》见组声母在二、四等韵前腭化较之三等韵为快不同。另
外，清代等韵著作《等韵学》展示的清代语音格局为三、四等见组声
母腭化平行发展。范文凤《〈等韵学〉音系研究》（厦门大学2007年
硕士学位论文）发现该书展示的清代语音格局为三、四等见组声母腭
化平行发展，与八思巴字拼写呈现的见组声母在二、四等韵前其腭化
较之三等韵为快的情况不一致。

C. 韩国文献三、四等见组声母腭化平行发展

韩国文献展示的近代汉语语音格局为三、四等见组声母腭化平行发展。

上节李得春先生著作中探讨的韩国文献中,展示的近代汉语语音格局都是三、四等见组声母腭化平行发展,也没有出现腭化进程中三等落后的情形(参上节内容)。这同样与八思巴字拼写呈现的见组声母在二、四等韵前其腭化较之三等韵为快的情况不一致。

D. 官话方言三、四等见组声母腭化平行发展

所见官话方言资料呈现的语音格局为三、四等见组声母腭化平行发展。

钱曾怡《钱曾怡汉语方言研究文选》中收录了钱先生研究官话方言的几篇重要文章,如《官话方言》《古知庄章声母在山东方言中的分化及其跟精见组的关系》《方言研究中的几种辨证关系》等,其中涉及牙音腭化问题时,总是以见组细音为一类来论述(由于这些内容为学界熟知,故不再引述。可参上述钱著与钱文),都没有将三、四等韵分开讨论,即其展示的语音格局为三、四等见组声母腭化平行发展,而绝没有出现腭化进程中三等落后的情形。这就与八思巴字拼写呈现的见组声母在二、四等韵前其腭化较之三等韵为快的情况不一致了。

E. 晋语三、四等腭化平行发展,二等落后

晋语材料展示的语音格局为三、四等见组声母腭化平行发展,二等落后。

乔全生《晋方言语音史研究》(页118)

	街	界	解	芥	戒	鞋	蟹	解姓
吉县	₌kai	kaiꟸ	ꞈkai	kaiꟸ	kaiꟸ	₌	kaiꟸ	xaiꟸ
临猗	₌kai	kaiꟸ	ꞈkai	kaiꟸ	kaiꟸ	₌	kaiꟸ	xaiꟸ

乔全生《晋方言语音史研究》(页121)

规则1(见溪一等韵字)k,k'→k,k'/—i

规则2(见溪二等韵字)k,k'→tɕ,tɕ'/—i

规则3(晓匣一二等韵字)x→ɕ/—i

规则1表示见溪一等韵字在细音前不腭化,规则2则表示见溪二等韵字在细音前已腭化,规则3表示晓匣母一二等韵字的声母在细音前均由[x]腭化为[ɕ]。由以上规则可以假设:

(1)二等韵字腭化比一等韵字快。

(2)三、四等韵字腭化比一、二等韵字快。

(3)晓匣母一、二等韵字比见溪母一等韵字快。

这与八思巴字拼写呈现的见组声母在二、四等韵前其腭化较之三等韵为快的情况不一致。非但不一致,简直是尖锐对立,因为不但没有出现腭化进程中三等落后的情形,相反,在《蒙古字韵》拼写中有ė似乎该优先腭化的二等韵字反而落后了。

F. 一些南方方言四等不腭化

一些南方方言展示的语音格局为三、四等合流,但四等有白读洪音不腭化,仅三等腭化。如李含茹《苍南蛮话语音研究——论接触引发的方言语音演变》(复旦大学2009年硕士学位论文),文中列举的苍南蛮话的例证是:

	三等	四等	三等	四等	四等
例字	名清	瞑青	惊庚三	经青	犬铣
文读	miŋ²	—	tɕiŋ¹	tɕiŋ¹	tɕʰȳ³
白读	miã²	ma²	tɕiã¹	kã¹	kʰai³

表中呈现的白读音是三等腭化,四等反倒读洪音。这与八思巴字拼写呈现的见组声母在二、四等韵前其腭化较之三等韵为快的情况不一致。而且也是尖锐对立,不但三等韵字在腭化进程中没有落后,相反,落后的却是在《蒙古字韵》拼写中有ė似乎该优先腭化的四等韵字。

G. 回鹘文对音资料与《蒙古字韵》不合

回鹘文对音资料显示牙喉音依韵母的洪细分为二类,一二等韵与三四等对立。与《蒙古字韵》中的ė类韵不对应。据聂鸿音先生(1998)研究,在回鹘文《玄奘传》的对音资料中,汉语的见溪疑晓匣五个声母在回鹘文中依韵母的洪细分为q-、k-两类,聂先生认为,这可以引发我们对古汉语声母腭化现象的某些思考。但八思巴字中声母分立的是古汉语的影、喻、疑、匣诸母,见溪晓及精组声母却并未分立(见下表)。

	精	清	见	溪	疑	晓	匣	影	喻
洪	不	不	不	不	疑鱼	不	合	影	鱼疑
细	分	分	分	分	喻	分	匣	幺	喻

声母因所拼韵母洪细的不同而产生的音色差异,亦即不同的音位变体,或可视为预示腭化的标记。这种音位变体的音色差异是汉语固有的,但对这种差异的发现则有赖于操阿尔泰语的非汉语族群。因为这种差异在操汉语的人的听感中是可以忽略不计的,是习焉不察的,但操阿尔泰语的人则因其母语中存在着小舌音q组辅音(拼接阳性元音,约略相当于洪音)与舌根音k组辅音(拼接阴性元音,约略相当于细音)的区别,所以他们就无形中夸大了汉语牙喉声母在洪细两类韵母前所产生的音色差异,从而分别与他们母语中的q组辅音和舌根音k组辅音相对应。这就是我们见到的聂先生所说回鹘文对

音中的情形。精组声母之所以没有二分，是因为阿尔泰语中没有与其洪细两类相当的辅音类别，即精组声母因所拼韵母的洪细不同而产生的音色差异，在操阿尔泰语的人听来与汉人的听感是一致的，即这种差异可以忽略不计，也是习焉不察的。

那八思巴字拼写中为何只有匣母二分为合、匣，而晓母与见、溪却没有二分呢？麦耘（2005）仅从蒙古人的听感入手来解释匣母的二分，但对性质相近的晓母与见、溪却没有二分就无法给出圆满的解释。其实，这些要从八思巴字符号的局限性上着眼。匣母二分后，八思巴字母"合 ɣ"（字母表中称为"霞"）的形体就来源于字母 q（字母表中称为"遐轻呼"）。"霞"母（即《蒙古字韵》中的合母）拼阳性元音维持字母表"霞"的书写形式，拼阴性元音则要变形。阴阳之别在这里基本上呈现为韵母的洪、细之别。与小舌擦音合母 ɣ 相对的拼细音的字母（即《蒙古字韵》中的匣母）就确定用晓母分化派生出的 [ʂ ħ 匣]。那晓母呢？该声母在回鹘式蒙古文中与辅音和谐没有任何联系。因为回鹘式蒙古文中喉擦音无专门字母，与字冠用同一形式表示，可冠于任何元音前，无洪细区别（照那斯图 1999）。于是，到了八思巴字拼写系统中晓母没有因韵母洪细而分为两类。见组声母也因在八思巴字拼写系统中无法找到两套完整的拼写符号（小舌音因与喉音有纠葛，无法完全供牙音使用，且其数量也不够），所以在回鹘式蒙古文阶段，汉语借词中的 g 组声母就既拼细音也拼洪音了，所以见组在八思巴字拼写系统中就没有分化为两套。

H. 龙果夫观点

龙果夫认为，八思巴字拼写系统中不含 ė 的是三等舌根声母 j 化，含 ė 的二四等是纯舌根声母。这与宁先生等所主张的在类别上正好掉了个个儿（宁、王诸先生认为含 ė 的二四等舌根音腭化）。这也正好显示了这个问题的复杂性，及将 ė 视为腭化标记的不可靠性。

　　杨耐思先生在《八思巴字对音——读龙果夫〈八思巴字与古官话〉后》一文中对龙氏进行了批驳，指出 j 化说是错误的。与此相应，杨先生认为《字韵》中的合、匣、影、幺、鱼、喻诸母的分立都是由于后接韵母的韵头洪、细造成的，都应分别两两合并（杨耐思《近代汉语音论》页66、185、186，杨耐思2004）。杨先生对元代腭化说是持否定态度的。

　　下面我们再对上述内容进行一遍梳理，列表如下，看其所谓的"腭化"之间有无对应关系：

	《切韵》高本汉拟音	回鹘－汉对音	北方官话	晋语吉县话	龙果夫	《蒙古字韵》
一等	k	q	k	k	k	k
二等	k	q	tɕ	k	k+ė	k+ė
三等	kj	k	tɕ	tɕ	k（j化）	k
四等	k	k	tɕ	tɕ	k+ė	k+ė
性质判断	介音和谐，或许反映了上古至中古的语音状况	音位变体：声母因所拼韵母洪细的不同而产生的音色差异，或可视为预示腭化标记	腭化完成时的常见格局	腭化进程中三四等平行，二等落后的格局	区别韵类标记：三等j化，可能先行腭化	区别韵类标记：非腭化标记，亦非预示腭化标记（宁、王认为是腭化标记）

　　从表上可以看出，中间三项有对应关系，反映了腭化从三四等延及二等的情形。而前、后两项与之并不对应，第一项"《切韵》高本汉拟音"，反映了介音求和的趋势，或许反映了上古至中古的语音状况；最后一项是《蒙古字韵》中的 ė 类韵，与腭化音类均不对应，我们遵从杨耐思先生的观点，认为 ė 是区别韵类标记，非腭化标记，亦非预示腭化标记。

六、《蒙古字韵》中ė的性质

杨耐思先生在《近代汉语"京、经"等韵类分合考》一文中对ė的性质进行了全面的论述，认为ė是与介音密切相关的区分韵母的标志，而绝不是声母腭化标记。这可以看作是杨耐思先生《八思巴字对音——读龙果夫〈八思巴字与古官话〉后》一文的姊妹篇，是对龙果夫j化说批驳的深化。不仅龙氏《蒙古字韵》j化说可以止矣，而且可以为后来者之鉴。但可惜的是，杨先生的重要观点未得到应有的重视，有些学者依然有意无意地在"赶超"心理的驱使下尽可能将腭化产生时间提前。我们再来重温一下杨先生《近代汉语"京、经"等韵类分合考》一文中对ė的性质的论述：

> ė这个字母是八思巴字里的一个特殊的字母。在八思巴字蒙古语里，它有两个用途：一是跟o、u结合构成ėo、ėu，表示阴性元音……阴性元音的标志。……一是表示比e较开的前中元音……在八思巴字汉语里，有可能也跟蒙古语里的情形一样。ė不止一种用法……甲类B型韵类 ėi、ėue、ėiŋ、ėiw……这里的ė不作为代表一个元音而是作为一种区分标志，或用以跟别的元音相结合，改变那个元音的音质，才是顺乎情理的。这证明在汉语里也跟在蒙古语里的第一种用法的情形相类似。从A型、B型韵类的三、四等的区别来看，作为区分标志，这个ė是用来标志四等的……四等韵由原来没有后来滋生出来的前腭介音跟三等韵原有的前腭介音还没有类化，彼此还保存着音质上的差别，这个ė就是用来显示这种差别的……乙类各组在韵母的同一位次上，A型韵类是e，B型韵类是ė，参照《中原音韵》，如龙果夫指出的那样，这里的ė跟e一样，代表ie（或iɛ）。这是一个复合元音……这可以说是ė的另一种用法。ė和e的区别，"牙、喉"

音三、四等的对立用甲类各组分韵的同样理由可以作为区分它
们的前腭介音的依据的基础……

　　杨先生说得再清楚不过了，ė主要是作为区分标志，在三、四等
韵的对立中是标志四等韵的，上述的两种用法都是如此，只不过在第
二种用法中ė是一身兼二职而已，即既作标志，又代表复合元音。如
果要问这种区分的实际语音依据，那就是杨先生说的介音的不同，而
绝非声母的区别。当然，这种不同也许不是当下而是源自传统韵书
的，因为杨耐思先生还说过，《蒙古字韵》的编者更重视韵书和韵图
的分类（杨耐思1984，又见杨耐思1997，页81）。另外，杨先生在这里
研究的是"京、经"等韵类的三、四等之别，如果我们把眼光再扩大到
一、二等的对立中，那ė就是用来标志二等韵的。这是对杨先生观点
的推阐，但精神上与杨先生是一致的，那就是ė绝不是标志声母性质
的腭化标记，而是用来标志与一、三等韵分别对立的二、四等韵的。
而且这种区分模式贯穿《蒙古字韵》八思巴字汉语拼写系统的全部
整体。
　　我们认为，这是拼写规则的制定者受到了蒙古语元音阴、阳两
性对立范畴的影响，他们也许已经悄无声息地将八思巴字母ė作为
了阴性元音的标志来使用了，因为该字母在八思巴字蒙古语系统中
是已经发挥了这一作用的（照那斯图1999）。我们对《蒙古字韵》的
韵母构造与类型做了分类，并与蒙古语元音阴、阳两性对立范畴作一
大致对应且列有格表（表参看第五章第四节"复合元音韵母中的蒙
式发音"）。从表中我们可以看到，a、e类韵母与i类韵中是一、二等
对立，三、四等对立；u、o类韵中是一、三等对立。对立的后项其元音
可视为阴性，元音的拼写中要有阴性标志ė。这也就是ia在《蒙古字
韵》中多拼作单元音ė，而ua则拼作复合元音的原因所在。我们还发
现，在这种元音阴、阳性的大致对应中，u、o、i几类韵部的阴、阳对立

形式是标准的,即为:

　　X∶ė+X式

　　这其实就是杨耐思先生在《近代汉语"京、经"等韵类分合考》一文中所说的ė的第一种用法。但这种模式在a、e类韵部遇到了麻烦。因为八思巴字的元音a是用零形式来表达的,据拼写规则,只有辅音字母与半元音后才可能出现a,ė后绝对不能出现a。这就使得这一整齐的模式被打破了。于是乎,只好用单元音ė来替代复合元音ie或iε(四等)、ịa(二等),这也就是杨耐思先生在《近代汉语"京、经"等韵类分合考》一文中所说的ė的第二种用法。

第二节　元代八思巴字碑刻等文献中ꞟė 多拼作 -ɤ̯-ịa 现象的考察

　　照那斯图、杨耐思《蒙古字韵校本》(页164)曾指出"间gėn"、"薑gėŋ"等音节中的元音ꞟė,在八思巴字《百家姓》及八思巴字碑刻材料的一些用例中拼作 -ɤ̯-ịa。循此思路,我们考察了现存八思巴字汉语文献所有与此有关的用例。现将碑刻文献目录列如下(参宋洪民2014、2016):

八思巴字汉语文献目录

一、圣旨碑

　　1. 龙门圣旨碑,至元十二年二月,1275年,元世祖,陕西韩城。图:《八思巴字与元代汉语》增订本(以下称"增订本"),页35图版四。另,胡海帆《北京大学图书馆藏八思巴字碑拓目录并序》1(以下称"胡目")。

　　2. 重阳万寿宫圣旨碑,至元十七年正月,1280年,元世祖,陕西户县。图：增订本页36图版五，2.京兆路重阳万寿宫圣旨碑（第二三两截），即上左半部"宣付李道谦"），拓本高2公尺0.7公分，宽1公尺6.7公分。另，胡目4。

3. 儒学免役圣旨碑，至元二十五年，1288年，元世祖，浙江会稽。增订本页61图版三十，补4.江淮免秀才杂泛差役诏书碑，采自Bonaparte书。另，胡目6。

4. 加封北岳庙圣旨碑，至元二十八年二月，1291年，元世祖，河北曲阳。增订本页37图版六，3.加封北岳圣旨碑，拓本高1公尺29.5公分，宽58.4公分。另，胡目9。

5. 文宣王庙圣旨碑（孔子庙学圣旨碑），至元三十一年七月，1294年，元世祖，刻错"护夫"字而废弃，未再刻其余汉字。增订本页39图版八，5.孔子庙学圣旨碑，拓本高2公尺89.6公分，宽1公尺14.3公分。另，胡目14。

6. 孔子庙学圣旨碑，至元三十一年七月，1294年，元世祖，浙江会稽。增订本页38图版七，4.孔子庙学圣旨碑，拓本高1公尺34.6公分，宽86.4公分。国家图书馆"崇奉儒学圣旨碑"，各地5244，又各地5728。另，胡目13。

7. 孔子庙学圣旨碑，至元三十一年七月，1294年，元世祖，江苏松江。增订本页59图版二十八，补2.拓本连额高1公尺90公分，宽1公尺6公分。国图"皇帝诏书碑"5728。北京大学图书馆25515a。与上碑文字内容完全相同。

8. 东平学圣旨碑，至元三十一年七月，1294年，元世祖，山东东平。增订本页58图版二十七，补1.东平学圣旨碑，拓本连额高2公尺23公分，宽87公分。另，胡目14。

9. 齐圣广祐王庙碑，元贞元年二月，1295年，元成宗，河北磁县。增订本40页下附注*案：本书碑目"6.齐圣广祐王庙碑"，原碑剥蚀过多，不能制版，故未附入。另，胡目26。

10. 加封东安王圣旨碑,大德二年二月,1298年,元成宗,<u>山东临</u><u>朐</u>。增订本页60图版二十九,补3.增封东安王诏书碑,拓本连额高2公尺76公分,宽97公分。另,胡目15。

11. 加封孔子制诏,大德十一年七月,1307年,元成宗,<u>河南原</u><u>武</u>。增订本页40图版九,7.加封孔子制,拓本高2公尺18.4公分,宽76.2公分。另,胡目32。

12. 加封孔子制诏,大德十一年九月,1307年,元成宗,<u>河北定</u><u>州</u>。增订本页42图版十一,9.加封孔子制,拓本高1公尺21.9公分,宽61公分。另,胡目22。

13. 加封孔子制诏,大德十一年九月,1307年,元成宗,<u>山东曲</u><u>阜</u>。增订本页41图版十,8.加封孔子制,拓本高2公尺10.8公分,宽81.3公分。另,胡目21。

14. 特赠郑制宜制诰,至大元年月,1308年,元武宗,<u>山西阳城</u>。增订本页43图版十二,10.特赠郑制宜制诰,拓本高1公尺27公分,宽66公分(不带额)。另,胡目25。

15. 授吴澄文林郎国子司业,至大四年五月,1311年,元武宗。刻本见于《临川吴文正公草庐先生集》,明永乐四年,1406年。

16. 特赠郑鼎制诰,皇庆元年三月,1312年,元仁宗,<u>山西阳城</u>。增订本页44图版十三,11.特赠郑鼎制诰,拓本高1公尺42.2公分,宽76.2公分(不带额)。另,胡目29。

17. 重阳万寿宫授孙德彧圣旨碑,皇庆二年九月,1313年,元仁宗,<u>陕西户县</u>。增订本页45图版十四,12.奉元路大重阳万寿宫圣旨碑(第一截),拓本高2公尺36.2公分,宽1公尺4.3公分。照相部分高55.9公分,宽1公尺14.3公分。另,胡目39。

18. 加封孟子父母制,延祐三年七月,1316年,元仁宗,<u>山东邹</u><u>县</u>。增订本页46图版十五,13.加封孟子父母制,拓本高2公尺64.2公分,宽84.6公分。另,胡目38。

19. 授吴澄集贤直学士奉议大夫,延祐五年正月,1318年,元仁宗,刻本见于《临川吴文正公草庐先生集》,明永乐四年,1406年。

20. 授吴澄翰林学士太忠大夫知制诰,至治三年三月,1323年,元英宗,刻本见于《临川吴文正公草庐先生集》,明永乐四年,1406年。

21. 赠吴澄父亲枢左丞上护军制诰,泰定二年正月,1325年,泰定帝,刻本见于《临川吴文正公草庐先生集》,明永乐四年,1406年。

22. 赠吴澄祖父吴铎宣慰使护军制诰,泰定二年正月,1325年,泰定帝,刻本见于《临川吴文正公草庐先生集》,明永乐四年,1406年。

23. 追封吴澄妻余氏临川郡夫人制诰,泰定二年正月,1325年,泰定帝,刻本见于《临川吴文正公草庐先生集》,明永乐四年,1406年。

24. 授吴澄翰林学士资善大夫知制诰,泰定三年正月,1326年,泰定帝,刻本见于《临川吴文正公草庐先生集》,明永乐四年,1406年。

25. 加封兖复圣公制词碑,至顺二年九月,1331年,元文宗,山东曲阜。增订本页48图版十七左半部,15. 加封兖复圣公制,拓本高2公尺31.1公分,宽96.5公分。另,胡目51。

26. 加封孟子制,至顺二年九月,1331年,元文宗,山东邹县。增订本页47图版十六,14. 加封孟子邹国亚圣公制,拓本高2公尺48.9公分,宽91.4公分。另,胡目48。

27. 加封孟子沂国述圣公制抄件写本,至顺二年九月,1331年,元文宗,俄国人波兹德涅耶夫[①]刊布于《蒙古文献学讲义》,1897年。

28. 宣付李达汉承袭高丽万户圣旨抄件刻本,元统二年正月,1334年,元惠宗,刊布于韩国《平昌李氏启仁君茌子洞派谱》。

29. 追封兖国夫人制词,元统三年五月,1335年,元惠宗,山东曲阜,增订本页48图版十七右半部,15. 加封兖国复圣公制 追封兖国夫

---

① 波兹德涅耶夫,俄国学者。中国著作中有不同译法,如乌兰《元朝秘史》校勘本(2012)"前言"页22作"波兹德涅耶夫",而孙伯君《西夏新译佛经陀罗尼的对音研究》(2010)页41作"波斯季涅耶夫"。

人制,拓本高2公尺31.1公分,宽96.5公分。另,胡目51。

30. 加封颜子父母制诏碑,元统三年五月,1335年,元惠宗,陕西户县。增订本页49图版十八,16. 加封颜子父母制,拓本高1公尺82.9公分,宽75.7公分。另,胡目49。

31. 赠吴澄左丞上护军制诰,至元六年十二月,1340年,元惠宗,刻本见于《临川吴文正公草庐先生集》,明永乐四年,1406年。

32. 重阳万寿宫宣付焦德润圣旨碑,至正十八年八月,1358年,元惠宗,陕西户县。增订本页50图版十九,17. 奉元路大重阳万寿宫圣旨碑(第三截),拓本高2公尺13.4公分,宽99.1公分。照相部分高55.9共分,宽99.1公分。另,胡目62。

33. 重阳万寿宫授杨德荣圣旨碑,至正二十三年七月,1363年,元惠宗,陕西户县。增订本页51图版二十,18. 奉元路大重阳万寿宫圣旨碑(第一截),拓本高1公尺70.2公分,宽83.8公分。照相部分高58.4公分,宽83.8公分。另,胡目63。

34. 加封定光圣旨抄件刻本,至正二十六年九月,1366年,元顺帝,见于明张之焕诗集《汗漫吟》附录"禅院小纪"。

35. 加封伏虎圣旨抄件刻本,至正二十六年九月,1366年,元顺帝,见于明张之焕诗集《汗漫吟》附录"禅院小纪"。

二、令旨碑

36. 皇子安西王付李道谦令旨,至元十四年六月,1277年,安西王,陕西户县。增订本页36图版五右半部,2. 京兆路重阳万寿宫圣旨碑(第二三两截),拓本高2公尺0.7公分,宽1公尺0.7公分。照相部分高1公尺1.6公分,宽1公尺6.7公分。另,胡目4。

37. 阿难答秦王付李道谦令旨,至元二十年十一月,1283年,陕西户县。增订本页36图版五左下部,无相应汉字对照,2. 京兆路重阳万寿宫圣旨碑(第二三两截),拓本高2公尺0.7公分,宽1公尺0.7公分。照相部分高1公尺1.6公分,宽1公尺6.7公分。另,胡目4。

三、皇太后玉册

38. 元加上皇太后尊号玉册 无年款 文献（拓本）八思巴字汉字对照 载于《艺林月刊》第七十六期；蔡美彪《八思巴字玉册两种译释》，《考古》1994年第10期。

四、中书省牒

39. 授吴澄应奉翰林文字将仕佐郎同知制诰兼国史院编修官，大德四年闰八月，1300年，刻本见于《临川吴文正公草庐先生集》，明永乐四年，1406年。

40. 授吴澄将仕郎江西等处儒学副提举，大德七年十一月，1303年，刻本见于《临川吴文正公草庐先生集》，明永乐四年，1406年。

41. 授吴澄从仕郎国子监丞，至大元年十月，1308年，刻本见于《临川吴文正公草庐先生集》，明永乐四年，1406年。

五、碑额

42. 只必帖木儿大王令旨，牛儿年（1277年）十月初六日，陕西户县。正文回鹘式蒙古文，额八思巴字写汉语："大王令旨"，其中"王"作 oŋ，从蒙古语读音，从蒙古文写法；与八思巴字汉语不一致，后者作 'ɥaŋ。（《民族语文》1998年第2期）

43. 重修崇庆院之记，八思巴字篆书，音译汉字"重修崇庆院之记"，至元二十六年（1289年）八月十五日（立石），正文汉字正书，山东滋阳。增订本页52图版二十一，附1. 重修崇庆院记（碑额），拓本高2公尺74.3公分，宽94公分。照相部分高60.9公分，宽3公分。另，胡目8。

44. 中山府儒学圣旨碑碑额，至元三十一年七月 日，1294年，元成宗，河北定县。增订本页53图版二十二，附2. 中山府儒学记（碑额），拓本高1公尺44.8公分，宽68.6公分；照相部分高35.6公分，宽40.6公分。另，胡目12。

45. 刘义神道碑碑额，大德四年二月十四日（立石），1300年，山西左权。正文汉字正书,额"大元武略将军刘公神道之碑"则八思巴字(楷书)译写汉语。增订本页54图版二十三,附3.武略将军辽州知州刘义神道碑,碑身高1公尺34.6公分,宽71.1公分。碑额高40.6公分,宽30.5公分。另,胡目18。

46.加封孔子制诏碑碑额,大德十一年月,1307年,元成宗,江苏无锡。增订本页55图版二十四,附4.加封孔子制,拓本高1公尺37.2公分,宽63.5公分。另,胡目24。

47.重修伏牺圣祖庙记,至大三年正月,1310年,山东泰安。碑文汉字正书,额八思巴字汉语"伏牺圣祖之碑"。八思巴字行款自右,与惯例不合,从汉字行款。胡目27。

48.傅岩庙碑碑额,延祐元年四月八日,1314年,山西平陆。额书八思巴字汉语"崇睿傅公庙碑"。不见著录,国家图书馆藏拓本,各地6338。

49.张氏先茔碑,元统三年正月,1335年,内蒙古赤峰。碑阳汉字正书,碑阴回鹘式蒙古文,碑额八思巴字楷书写汉语"大元敕赐故荣禄大夫辽阳等处行中书省平章政事柱国追奉蓟国公张氏先茔碑"。增订本页57图版二十六,附6.张氏先茔碑(碑额)拓本高3公尺83.5公分,宽1公尺39.7公分。照相部分高76.2公分,宽43.2公分。另,胡目50。

50.云南王藏经碑,至元六年,1340年,云南昆明筇竹寺。正文回鹘式蒙古文,额八思巴字汉语(楷书)"云南王藏经碑"。

51.灵济昭祐显圣王庙记,至正十年八月十六日(立石),1350年,河南孟县。正文汉字,额八思巴字(楷书)汉语"灵济昭祐显圣王碑"(与相应汉字对照)。增订本页56图版二十五,附5.灵济昭祐显圣王庙记,拓本高1公尺65.1公分,宽71.1公分。另,胡目59。

52.宝昌州创建接官厅记,至正十六年,1356年,内蒙古太仆寺旗。正文汉字,额八思巴字汉语"宝昌州廨铭"(正楷横书)。不见著录。胡目60。

53. 代祀北镇记，无年款，<u>辽宁北镇</u>。额八思巴字汉语"代祀北镇之记"。胡目65。

六、年款

54. 付范士贵执照，至元二十七年十二月初七日，1290年，江淮等处行中书省颁文，<u>江苏吴县</u>。正文汉字，后书"为范士贵所颁（公据）"为蒙古语，八思巴字草体。年款"至元二十七年月日"为篆体八思巴字汉语，而月份"十二"和日期"初七"是草体八思巴字汉语。此碑还有波斯文一行。胡目，北大图书馆无藏拓的其他八思巴字碑刻5。

55. 免税粮符文碑，大德二年玖月初二日，1298年，<u>山东曲阜</u>。正文汉字正书，年款"大德二年月日"八思巴字译写汉语；而月份"玖"和日期"初二"用汉字正书。胡目16。

56. 衍圣公给俸牒，大德四年九月二十八日，1300年，翰林国史院颁文，<u>山东曲阜</u>。牒汉字正书，牒后附属八思巴字草书一行，末刻八思巴字译写汉语的篆书年款"大德四年九月日"。胡目19。

57. 庆元儒学洋山砂岸复业公据碑，延祐二年五月，1315年，庆元路达鲁花赤总管府所颁公据，<u>浙江宁波</u>。正文汉字正书，附书八思巴字蒙古语"为洋山砂岸所颁（公据）"。年款"延祐二年五月日"为八思巴字译写汉语，其中月份"五"用楷体，其余为篆体。

58. 善选法师传戒碑，至正二十四年九月，1364年，<u>北京西城区</u>护国寺。额汉文"大元特赐传戒坛主空明圆证澄惠国师隆安选公碑"，年款"至正年月日"为八思巴字篆体。胡目64。

一、圣旨35，二、令旨2，三、玉册1，四、中书省牒3，五、碑额12，六、年款5，计58份。

下面我们将文献整理的结果中与ʧ、ʒ纠葛有关的音节全部搜集出来。整理凡例与全部结果详见宋洪民《八思巴字资料与〈蒙古字韵〉》(商务印书馆,2017)下篇《八思巴字实际应用与文献整理》,以下八思巴字音节编号据该书《八思巴字文献与蒙古字韵比较韵表》,"行1.10.4"代表该字位于代码为1的"龙门神禹庙圣旨碑"第10行第4字位置(碑额或镶边大字则一般以0计其行数)。

与ꡜ、ꡝ纠葛有关的全部音节如下:

097 ꡜꡠꡞꡢ ḧeiŋ:

行 1.10.4

3.6.8

4.9.3

5.7.2; 5.8.22; 5.9.4; 5.9.12

6.18.9; 6.25.1; 6.26.4; 6.26.12

7.14.7; 7.18.7; 7.19.4; 7.19.12

8.11.8; 8.14.14; 8.16.4; 8.16.12

11.10.6

12.13.7

13.7.6

14.18.7(此处ꡜ作ꡝ)

16.24.11

18.10.11(此处ꡜ作ꡝ)

21.5.3

25.7.7; 25.9.15(此二处ꡜ作ꡝ)

26.5.9(此处ꡜ呈圆形); 26.5.14; 26.10.13(此二处ꡜ作ꡝ)

27.15.5; 27.24.4(此二处ꡜ作ꡝ)

31.5.2

41.18.12

49.2.6(此处ꡜ作ꡝ)

131　ꡒꡦ dzèŋ：

　　将 14.2.6

　　　　25.5.6；25.6.10（这二例字形作ꡒꡦ）。

318　ꡂꡭꡗ giaj：

　　皆 4.3.10（ꡗ作ꡭ，下同）

　　　　10.2.11

　　懈 16.16.5（ꡗ作ꡭ，下同）

　　廨 52.1.4

　　戒 17.9.4（ꡗ作ꡭ，下同）

　　格 26.7.6（ꡗ作ꡭ）

四等不当如此：

484　ꡂꡦꡋ gèn：

　　坚 16.13.2

　　见 16.15.11

　　　　25.8.1（此处ꡭ似ꡗ）；25.8.5（此处ꡭ呈圆形）

590　ꡂꡭꡧ gèw：

　　教 2.2.12；2.4.2

　　　　5.8.3

　　　　6.23.1

　　　　7.17.3

　　　　8.13.13

　　　　11.8.10

　　　　12.11.4

　　　　13.6. 4

　　　　17.5.4；17.14.6（这二处字形作ꡂꡗꡧ）；17.10.6；17.13.14；

　　　　17.13.6（字形作ꡂꡭꡗ）；

　　　　18.4.8；18.5.8（此处ꡭ似ꡗ）

　　　25.6.15（ꡀ似ꡁ）

　　　33.4.5

　　　36.4.4；36.6.3

　　　37.4.4

698 ꡂꡁꡏ gi̯am：

　监 14.4.11（ꡁ作ꡀ，下同）

　　　15.2.10

　　　41.6.1

699 ꡜꡁꡏ：

700 ꡣꡁꡏ：

701 ꡤꡁꡏ ḥi̯am：

　咸 14.11.1（ꡁ作ꡀ）

794 ꡂꡀ gė：

　家 5.2.24

　　　6.4.2

　　　7.3.9

　　　8.3.1

　　　27.18.6（ꡀ似ꡁ）

　　　29.4.12；29.6.5

　　　30.7.15（该例字形作 ꡂꡁ）

　加 1.11.2

　　　4.5.8；4.6.6（该例字形作 ꡂꡁ）

　　　5.6.29

　　　6.17.6

　　　7.13.9

　　　8.10.13

　　　10.4.5；10.5.9

11.6.15

12.8.11

13.4.22

16.4.6

25.7.1；25.9.5（该例ɪ̯呈圆形）

26.10.3（该例ɪ̯呈圆形）

27.8.6；27.16.6（此二例ɪ̯呈圆形）；27.22.6

34.5.3

35.5.3

假25.5.16（ɪ̯头圆）

　　照那斯图、杨耐思《蒙古字韵校本》（页164）曾指出"间gèn""薑gèŋ"等音节中的元音ɪ̯ė，在八思巴字《百家姓》及八思巴字碑刻材料的一些用例中拼作 -ʋ̯-i̯a，沈钟伟（2008：152）也讨论过这个问题，并进一步指出：间gèn、薑gèŋ等音节中的元音ɪ̯ė若拼作 -ʋ̯-i̯a，则更符合汉语的特点。正因如此，所以碑刻等材料中ɪ̯ė多拼作 -ʋ̯-i̯a。

　　而作为八思巴字拼写汉语之依据的《蒙古字韵》中，这类音节的元音部分则多拼作ɪ̯ė而不是-ʋ̯-i̯a（只有少数例外，如缄g i̯am），其原因我们认为是《蒙古字韵》拼写受到蒙语音系的直接影响的结果，同时这也与八思巴字所从出的藏文及梵文的辅音文字特点有密切关系。

　　一般情况下，藏文中的五个基本元音在一个音节中是互相排斥的，即出现了甲，就不会再出现乙，这样也就不会出现诸如i、u或o作a的介音之类的情况，从文字的角度讲，当一个音节中出现了上加的元音符号i、e、o或下加的元音符号u，就等于宣布了无标记的零形式a的消失，而只有音节中不出现这四个元音时，无标记的零形式a才

是无时不在的，即a不能与其他元音共现，复合元音的直接组合难以
实现（瞿霭堂、劲松2000：464）。可见基本元音不作介音，而辅音j、
w作为下加字时倒有些像其他语言比如汉语中的介音的作用。八思
巴字基本沿袭了藏文的方式，特别是对无标记的零形式a的处理，即
音节中没有其他元音就有a，出现其他元音就没有a，只有半元音与a
不相排斥，即半元音可作介音特别是可作a的介音。这样后响复合
元音ia、ua就能够表达了。但iɛ的拼写有困难，仍然沿用回鹘式蒙古
文的老做法——以单代双。ia的拼写虽然可以表达，但大部分却依
然因袭回鹘式蒙古文以单代双的做法，如间gėn。我们认为，这是拼
写规则的制定者受到了蒙古语元音阴、阳两性对立范畴的影响，他们
也许已经将八思巴字母ė作为了阴性元音的标志来使用了，因为该
字母在八思巴字蒙古语系统中是已经发挥了这一作用的（照那斯图
1999）。我们对《蒙古字韵》的韵母构造与类型做了如下分类，并与
蒙古语元音阴、阳两性对立范畴作一大致对应（见上章列表）。从表
中我们看到，a、e类韵母与i类韵中是一、二等对立，三、四等对立；u、
o类韵中是一、三等对立。对立的后项其元音可视为阴性，元音的拼
写中要有阴性标志 ė。ia类多为a、e类韵中的二等牙喉音字，属准阴
性类，而ua类多属一等合口，多归准阳性（只有八寒例外）。准阳性
拼合较自由（只要不含ė即可），准阴性则受限制，拼写中要有ė出现。
这也就是ia在《蒙古字韵》中多拼作单元音ė，而ua则拼作复合元音
的原因所在。我们还发现，在这种元音阴、阳性的大致对应中，u、o、i
几类韵部的阴、阳对立形式是标准的，即为：

　　X：ė +X式

　　但a、e类韵部遇到了麻烦。因为八思巴字的元音a是用零形式
来表达的，据拼写规则，只有辅音字母与半元音后才可能出现a，ė后
绝对不能出现a。这就使得这一整齐的模式被打破了。当然，a的准
阴性形式也可以采用ịa的形式，不过，若要与ėu类保持一致而使拼

写中出现阴性标志 ė，那就只有用单元音 ė 来替代复合元音 ịa 了。简言之，无论哪种理由，都使得用八思巴字的单元音符号来拼写汉语的后响复合元音成为了《蒙古字韵》的唯一选择，别无他途。从而也就使这种蒙式读音方式在八思巴字汉语韵书——《蒙古字韵》中站稳了脚跟。

　　综上所述，如 Zhongwei Shen（沈钟伟）*Studies on the Menggu Ziyun*（《蒙古字韵研究》2008，页 152）所指出的，间 gėn、薑 gėŋ 等音节中的元音 ʃ ė 若拼作 -Ʋ-ịa 更符合汉语的特点，所以碑刻等材料中 ʃ ė 多拼作 -Ʋ-ịa。而作为八思巴字拼写汉语依据的《蒙古字韵》则多拼作 ʃ ė 而不是 -Ʋ-ịa（只有少数例外，如缄 g ịam），我们认为这是《蒙古字韵》拼写受到蒙语音系的直接影响的结果。

第三节　蒙语音系对《蒙古字韵》标音体系的影响

一、"蒙式汉语"与《蒙古字韵》

　　元代是蒙古族建立的统一封建王朝，当时蒙古族的人和语言都具有超乎寻常的地位，对汉族的人和语言形成了很大的影响。其实这是中国历史上一次"语言接触"的充分实践，从而也形成了很有特色的"蒙式汉语"（李崇兴等 2009：240、260）。这在元代汉语的语音、词汇、语法各方面都有不同程度地体现。而语音上的影响集中地体现于《蒙古字韵》一书中。《蒙古字韵》是元代一部既重要又很有特色的韵书，它本质上是一部汉语韵书，但却用"蒙古字"（即八思巴字）来拼写汉语音节（给汉字注音）。如同当时社会生活的其他方面一样，元代汉语也深深打上了蒙古民族文化的烙印，这在《蒙古字韵》中有很明确的表现。如书前的"蒙古字韵总括变化之图"

就是一幅典型的汉、蒙合璧的声韵拼合图。(照那斯图《释蒙古字韵总括变化之图》)

上方六个字母为汉语音节韵尾所用,下方的则是蒙古语音节末尾所用的辅音,由此形成闭音节。(照那斯图《释蒙古字韵总括变化之图》)因为作声母的基本辅音(蒙古语中为音节首辅音)和音节中的主要元音是明确的,再加上平面图的局限性,所以该图只列出了蒙、汉语音节尾的辅音,不过,其中已蕴含了声、韵拼合(或说元、辅音搭配)的复杂情形。

说到《字韵》一书的内容,则其中汉语音节的拼写就有蒙古语发音方式的渗入。如《蒙古字韵》中"十一萧韵"末尾有一重出的"宝"字,八思巴字注音为 bo·o,照那斯图先生就指出此字里的"元音是 o 的长元音,记录的是蒙古语里读'宝'的发音"(照那斯图2007)。另外在八思巴字蒙古语拼写系统中,汉语借词"皇帝"拼作 ɣoŋ di·i,"帝"的长元音拼写形式也是该汉字的蒙古语读法(照那斯图2007),"皇"的拼写形式也应是该汉字的蒙古语读法(陈鑫海2008:27)。还有照那斯图、杨耐思《蒙古字韵校本》(页160)也指出了《字韵》写本中在译写书名时"蒙古"一词拼作 moŋ Gol,这就是该词的蒙古语读音音译。因为这些借词都与皇帝本人或皇室成员及其部族有关,所以就保存了其在蒙古语中的读音。而"ɣiw 后"则因"皇太后"这一特殊词语的频繁使用(如八思巴字蒙古语文献《答吉皇太后猴年懿旨》《答吉皇太后鸡年懿旨》中就都直接使用了"皇太后"一词)而保留了其在蒙古语中的读法(参宋洪民2015。其他的好多则是对这种做法的承袭,以保持拼写的一致,后文再谈)。

二、从《重修伏牺圣祖庙记》的八思巴字标音看元代的晓、匣二母

八思巴字碑刻《重修伏牺圣祖庙记》，至大三年（1310）正月，碑在<u>山东泰安</u>。缪荃孙艺风堂藏拓一通，今藏北京大学图书馆（见胡海帆《北京大学图书馆藏八思巴字碑拓目录并序》第27，载《国学研究》第九卷）。碑文汉字正书，额八思巴字汉语"伏牺圣祖之碑"。八思巴字行款自右向左，与惯例不合，从汉字行款。

ꡜꡟꡟ	ꡙꡞ(ꡜ-)	ꡚꡞꡞꡃ(ꡚ-)
ḫu̯u	qi(h-)	š₁iŋ(š₂-)
1.1	1.2	1.3
伏	牺	圣
ꡒꡦꡟ(多ꡞ)	ꡆꡞ	ꡎꡟꡦ
dzêu（多ė）	dži	bue
2.1	2.2	2.3
祖	之	碑

共6个字，字虽不多，但八思巴字标音却非同寻常。其中ꡚꡞꡞꡃ(ꡚ-) š₂iŋ圣1.3(ꡚ讹作ꡚ)声母不够规范的写法在八思巴字文献中非常常见。ꡒꡦ祖2.1（多ꡞ，规范写法为ꡒꡟ dzu祖）字混淆了一等和三等的界限，八思巴字文献中也能见到。但ꡙꡞ hi牺（犠）1.2(ꡙ讹作ꡙ)字声母标写非常怪异。为什么会这样呢？我们认为这与回鹘式蒙古文中汉语借词的蒙式读音有关。

现在《重修伏牺圣祖庙记》中ꡙꡞ hi牺1.2字声母ꡙ讹作ꡙ，首先反映了操阿尔泰语的人对汉语中晓、匣二母的清、浊对立的感觉模糊，难以区别，同时也表明，当时"牺"的声母（即细音前

的晓母)尚未腭化,还是 h,不是 ɕ,所以操阿尔泰语的人才会将其与小舌音混淆。这儿讨论的问题跟蒙古语中的辅音和谐律关系密切。

三、合、匣分立与蒙古语的"辅音和谐"

如上文所说,八思巴字碑刻《重修伏牺圣祖庙记》中ꡜ ꡞ hi 牺(ꡜ 讹作ꡗ)字声母标写跟蒙古语中的辅音和谐律关系密切。而八思巴字蒙古语文献《答吉皇太后猴年懿旨》中"ꡭꡦꡧ yiw 后"一类字的特殊拼写及汉语声母匣母为何分为ꡗ γ 合、ꡜ ɦ 匣二母(前者拼洪音,后者拼细音),这些也都是受到蒙古语中"辅音和谐"规律制约的结果。而要真正搞清楚这一问题,我们认为还要追溯到回鹘式蒙古文中汉语借词的读音。

当然,《蒙古字韵》中的汉字标音和蒙古语中汉语借词的读音,二者虽然有关但不是一回事。从性质上说,前者是蒙古族说的汉语词汇,后者是蒙古语中的词汇;就发音特点来看,后者的读音已经经过了蒙古语语音系统的改造,其背景和依托是蒙古语;前者则只是在一定程度上受到了蒙古语的影响而已,其背景和依托是语言接触促动下的"蒙式汉语"。尽管二者受蒙古语影响的程度有浅深之别,但通过回鹘式蒙古文中汉语借词读音的研究,我们可以在这一新的视角下真正搞清楚《蒙古字韵》中的汉字标音哪些是受到了蒙古语的影响,哪些是汉语固有语音特点的正常标注。另外,像《蒙古秘史》等以汉字标音的蒙古语文献中所展示的蒙—汉语语音对应关系对研究蒙古语对于汉语的影响很有启发性,所以在下文的讨论中,我们将把这种材料作为重要的参证来研究《蒙古字韵》中的汉字标音和蒙古语中汉语借词的读音。

关于从蒙古语角度考虑元代汉语声母的特殊表现,李新魁先生《中原音韵音系研究》(1983)中已导夫先路。麦耘(2005)亦从蒙古人的听感入手来解释匣母的二分,但该说对性质相近的晓母与见、溪却没有二分无法给出圆满的解释。其实,这些要从八思巴字符号的局限性上着眼。

元代一分为二的声母不仅是匣母,还有影母和疑、喻母。在元代韵书《古今韵会举要》(以下简称《韵会》)及其卷首所载的《礼部韵略七音三十六母通考》(以下简称《通考》)中将传统的影、疑、喻、匣诸母全都一分为二(疑、鱼、喻有交叉),从而出现了元代特有的"幺、鱼、合"三母。《蒙古字韵》分类亦然(尽管《字韵》中没有明确出现"幺、鱼、合"三母名称,但实际分类与此一致,所以我们在行文中直接用此称说,不再另行说明)。

关于其性质与分立的缘由,学界众说纷纭。杨耐思先生在研究与零声母相关的问题时(1984/1997;1997)认为:这些声母在与韵母拼合上都表现出"洪、细"之分,所以必须采用音位归纳的原则,与同期的其他汉语音韵资料相结合,将影、幺、鱼、喻、合、匣分别合并。这种看法道出了这样一个事实,即声母确实会因所拼韵母洪细的不同产生音值上的差异,也就是一般所说的音位变体。关键是这种音值上的差异是否会导致声母的分立。据聂鸿音先生(1998)研究,在回鹘文《玄奘传》的对音资料中,汉语的见、溪、疑、晓、匣五个声母在回鹘文中依韵母的洪细分为 q-、k- 两类,聂先生认为,这可以引发我们对古汉语声母腭化现象的某些思考。但如上文所说,八思巴字中声母分立的是古汉语的影、喻、疑、匣诸母,见、溪、晓却并未分立。可见,八思巴字中的这几个声母的分立似乎不是导源于声母的腭化与否。其实,《广韵》的反切上字在系联中就表现出了依据韵母等第的不同而分类的趋势,就是反映了音位变体在音值上的差异。如果这可以成为声组分立的依据,那大部分声母都将两分。即使单就《韵会》来看,见组、精组声母应该与影、喻、匣分拼洪、细韵母的情况相类,但却没有分立。看下表:

	精	清	见	溪	疑	晓	匣	影	喻
洪	不	不	不	不	疑鱼	不	合	影	鱼疑
细	分	分	分	分	喻	分	匣	幺	喻

这就使得这种解释不能一以贯之。那我们该如何来看待这一现象呢？宋洪民（2013）认为是影、喻等的分立主要源于八思巴字拼写系统，是八思巴字系统以声别韵的需要。只有从汉语的实际语音与赖以表示的八思巴字符号之间的矛盾着眼，才能说清这一问题。而匣母分为ᠬᠠ ɣ合、ᠺᠠ h匣二母则是受到蒙古语中"辅音和谐"规律制约的结果。

从声母方面看，中古蒙古语中的[h]辅音基本失去了音位功能，正好处于消失的过渡阶段（嘎日迪2006：141）。如《蒙古秘史》中同一单词有时汉字标音会有不同：

有h   无h
赫乞（§81），意为"头"   额乞（§46），意为"头"
哈撒黑罢（§38），意为"问"   阿撒中忽阿速（§15），意为"问"

上举例证生动展示了中古蒙古语中的[h]辅音行将失去的游离状态。正因如此，再加上此辅音在回鹘式蒙古文中没有专门的字形表示（嘎日迪2006：140），所以回鹘式蒙古文音译的汉语词中晓匣母洪音字声母往往用蒙古语中的小舌浊擦音[ɣ]来译写对应，如"海"、"罕"、"翰"，细音呢，有一些则用[k]声母来对应，如"许"、"训"等；还有一部分细音字用s[ʃ]声母来对应，如"喜"作si。（道布1983，道布、照那斯图1993、1994，阿伦2007）为清晰起见，列表如下：

回鹘式蒙古文中汉语借词的对应辅音	汉　语　声　母			
	匣　母		晓　母	
	洪音	细音	洪音	细音
γ	翰		海罕	
k		贤		许训
s[ʃ]				喜

之所以会有这种洪、细之别，是因为蒙古语中的辅音和谐律在起作用，该规律的主要内容是：回鹘式蒙古文中辅音 γ、q（[g]、[x]）会因所拼元音阴、阳性的差异而产生相应的变化。看下表（据嘎日迪《中古蒙古语研究》2006，页178；清格尔泰《蒙古语语法》页88）：

辅音和谐：γ、q（[g]、[x]）的拼合	γ、q与阳性元音的拼合		γa、qa		γo、qo	γu、qu
	元音	阳性（紧）	a	i	o	u
		阴性（松）	e		ö	ü
	γ、q与阴性元音的拼合		ge、ke		gö、kö	gü、kü

从表上可以看出，γ、q（[g]、[x]）在阳性元音a、o、u及中性元音i前会变成γ、q，即γ、q只拼非阴性元音，而g、k则拼阴性元音。这儿正好显示了一个洪、细之别。其实中性元音i早期是拼g、k的。元代著名语文学家搠思吉斡节儿所撰《蒙文启蒙》载："当时，萨斯迦·班策达曾于夜间冥想，应以何种文字裨益于蒙古。翌晨兆显，一女子肩揉皮搔木前来跪拜。因依此兆，仿搔木形象制作蒙古文字，分男性、女性、中性三类，编成强、中、弱三种。其文字为：

a na ba γa qa ma la ra sa da ta ya ča ǰa wa

e ne be ge ke me le re se de te ye če ǰe we

i ni bi gi ki mi li ri si di ti yi či ǰi

然以时机未全,未获机缘,故未以蒙古语翻译佛典。"(丹金达格巴著《〈蒙文启蒙〉诠释》,收录于《蒙古语文研究资料》第一版修订版,内蒙古语言文字研究所编,1959年7月,第3页)由引文我们可以看到,三性元音区别显然,与其搭配拼合的辅音也界限崭然。不过,而后回鹘式蒙古文在汉语借词的拼写中打破了这一界限,中性元音 i 可以拼 γ、q,而 g、k 也能拼阳性元音了(见下表)。但字形上源于 γ、q 的合母图,却始终如一地与 γ、q 保持一致,绝不拼阴性元音,阴性元音就只能由匣 ⋉ 来拼合了。看下表(内容据道布《回鹘式蒙古文文献汇编》,道布、照那斯图 1993、1994,阿伦 2007,正月 2010 等论著中收录的蒙古语中的汉语借词):

辅音 / 元音		回鹘式蒙古语中辅音与元音的配合表现		八思巴字拼写系统			
		蒙语拼合规律:辅音和谐	汉语借词在蒙语中的拼合对应	《蒙古字韵》的拼写			
				见母	晓母	匣母	
			见母	晓匣			合母图	匣⋉
阳性元音	a	q、γ	q、γ+a:γam 甘	q、γ+a:γan 罕	g	h	图γ	不拼
			g+a:gaŋ 刚讲;gam 甘监					
	o			q、γ+i:qiŋ 兴 s+i:				
	u							
中性元音	i			si 喜、siŋ 兴			匣母无三等字	
	ə		(声母+i:diŋ 等)	q、γ+i:γiu 后	g+h+i:ghiw 勾	h+i:hiw 吼	γ+i:γiw 后	不拼

辅音	回鹘式蒙古语中辅音与元音的配合表现		八思巴字拼写系统			
元音	蒙语拼合规律：辅音和谐	汉语借词在蒙语中的拼合对应		《蒙古字韵》的拼写			
		见母	晓匣	见母	晓母	匣母	
						合母ᄤ	匣ᄭ
iə		g、k+i: giŋ 庚	q、ɣ+i: qiŋ 兴;	g +i: giw 鸠			
				g+ė+i: gėiŋ 庚	h+ė+i: gėiw 休		
阴性元音	e ö ü	g、k		g	h	不拼	ᄭ ħ

无独有偶，日本学者武内康则著（聂鸿音译，2012）指出，回鹘式蒙古文、契丹文中汉语借词对音情况也表现出了与上述现象相似的情形，即晓匣母也会因后接元音的洪、细差异而有使用小舌音与舌根音声母来对应的不同。

先看该文对回鹘式蒙古文中汉语借词的分析：

	一等韵	二等韵
x-	汉 xan　Q-'N 翰 xan　Q'N 户 xu　QWW 护 xu　QWW 后 xŋəw　QYW 河 xɔ　QW 河 xɔ　QWW 侯 xəw　QYW 洪 xuŋ　KWNK 皇 xwaŋ　QWNK	学 xjaw　K'W 行 xiŋ　QYNK 三、四等韵 训 xyn　KWYN 徽 xuj　KWY 徽 xuj　QWY 许 xy　KW 兴 xiŋ　QYNK 县 xjɛn　K'N 贤 xjɛn　K'N

再看该文对八思巴字中情形的分析：

八思巴字（转写）	中古蒙古语辅音	中古汉语声母
𐫱（k）		群母（*g-）
𐫲（kh）	k	溪母（*kʰ-）
𐫳（g）	g	见母（*k-）
𐫴（q）	q	
𐫵（X）		匣母（*ɣ-）
𐫶（h）	h	晓母（*x-）
𐫷（H）		匣母（*ɣ-）在-j-和-y-前

　　𐫵（X）和𐫷（H）都用来音译中古汉语的匣母（*ɣ-）。字母𐫷（H）出现在介音-j-和-y-前面，而字母𐫵（X）则不出现在这两个音前面。这就是说字母𐫵（X）和𐫷（H）为互补分布。汉语的舌根声母没有这样的区别，我们发现蒙古文和契丹文音译的汉语词里存在类似的区别。这些事实意味着汉语的晓、匣二母字有发音部位不同的变体。由此推断，蒙古人把这些音用不同的八思巴文字母来翻译，是因为这些音在中古蒙古语里是有区别的。

　　最后看该文对契丹文中汉语借词对音情况的介绍：

		一等韵		二、三、四等韵	
x-	弘 xuəŋ	𐰴 𐰺	下 xia	𐰝	
	虎 xu	𐰴	许 xiu	𐰜 𐰝	
	混 xuə	𐰳 𐰫	禧 xi	𐰜 𐰞	
	后 xəu	𐰗	兴 xiə ŋ	𐰜 𐰞 𐰯	
	韩 xan	𐰱 𐰽	兴 xiəŋ	𐰜 𐰯	
	黄 xuaŋ	𐰓	休 xiəu	𐰜 𐰞	
	黄 xuaŋ	𐰓	县 xiɛn	𐰱 𐰞	

一等韵的声母x-和二、三、四等韵的声母x-分用译音字,其对应关系可以总结如下:
第1组:ꡀ和ꡁ等,用来音译汉语声母k-。
第2组:ꡈ和ꡉ等,用来音译汉语二、三、四等韵的声母kh-和x-。
第3组:ꡘ和ꡙ等,用来音译汉语一等韵的声母x-。

　　由于操阿尔泰语的人在听感上觉得汉语中的晓、匣母分拼洪细不同的韵母时应该是不同的声母,所以他们就倾向于给出不同的书写形式,当作两个声母来对待。

　　回到八思巴字的讨论。匣母二分后,八思巴字母"合γ"(字母表中称为"霞")的形体就来源于字母q(字母表中称为"遐轻呼")。"霞"母(即合母)拼阳性元音维持字母表"霞"的书写形式,拼阴性元音则要变形。阴阳之别在这里基本上呈现为韵母的洪、细之别。与小舌擦音合母 γ 相对的拼细音的字母(即匣母)就确定用晓母分化派生出的[ꡜ h 匣]。

　　那晓母呢? 该声母在回鹘式蒙古文的汉语借词中与匣母借词相似,也表现出了与辅音和谐相关的依韵母洪、细而将声母一分为二。但因为匣母所无的三等字在晓母下是齐全的,而三等字中的元音按蒙语属阴性,在汉语中对应准阳性(参本文三、四两部分),二者有冲突,晓母无法分立。于是,到了八思巴字系统中晓母没有因韵母洪细而分为两类。见组声母则因在八思巴字系统中无法找到两套完整的拼写符号(小舌音因与喉音有纠葛,无法完全供牙音使用,且其数量也不够),而且在回鹘式蒙古文阶段,汉语借词中的g组声母就既拼细音也拼洪音了,所以最终八思巴字拼写系统中的见组声母在拼写形式上就没有分化为两套。

　　八思巴字母"合γ"是小舌浊擦音,与小舌塞音的γ、q发音部位相同,其读音在元代或许比我们所能想象的还要相似相近,因为在《蒙古秘史》及涵芬楼秘笈《华夷译语》等汉字标音的文献中,一般用声母为擦音h类的晓匣母字来对译蒙古语中的γ、q二辅音。如:^中合木^黑

（qamuq→qamuɣ，全，最）、ᵂ豁牙儿（qoyar，二、两）（嘎日迪2006：143）。
再者，八思巴字母"合ɣ"（字母表中称为"霞"）的形体就来源于字母
q（字母表中称为"遐轻呼"），字母表中"遐"为35号字母，"霞"为36
号，关系密切（据照那斯图、杨耐思《八思巴字研究》）。看下表：

编号	字母	汉译	转写	19	ᓱ	慧	dz	38	ᠺ	思	(待定)
1	ꡀ	葛	k	20	ꡖ	嚩	w	39	ꡦ	也	è/e
2	ꡁ	渴	kʻ	21	ꡓ	若	ž	40	ꡭ	扄	ꍍ
3	ꡂ	哦	g	22	ꡕ	萨	z	41	<	耶轻呼	i
4	ꡗ	莪	�014b	23	ꡘ	阿	·	42	ꡬ	[車]	hɯ
5	ꡙ	者	tš	24	ꡝ	耶	j/y	43	ꡩ	[書]	š₂
6	ꡚ	车	tšʻ/čʻ	25	ꡂ	囉	r	44	ꡫ	[匣]	ɦ
7	ꡞ	遮	džʻ/jʻ	26	ꡙ	罗	l	45	ꡝ	[么]	j
8	ꡟ	倪	ň	27	ꡂ	没	š₁/š	46	ꡠ		pʻ
9	ꡠ	怛	t	28	ꡂ	沙	s	47	꡾		r
10	ꡡ	挞	tʻ	29	ꡂ	河	h	48	ꡒ		r
11	ꡢ	达	d	30	ꡄ	哑	·	49	ꡮ		t
12	ꡣ	那	n	31	ꡂ	伊	i	50	ꡤ		tʻ
13	ꡤ	钵	p	32	ꡂ	邬	u	51	ꡥ		d
14	ꡥ	登	pʻ	33	ꡂ	翳	e/e	52	ꡠ		n
15	ꡦ	末	b	34	ꡂ	污	o	53	ꡂ		l
16	ꡧ	麻	m	35	ꡐ	遐轻呼	G	54	ꡂ		l
17	ꡨ	抄	ts	36	ꡠ	霞	ɣ	55	ꡂ		u
18	ꡩ	撮	tsʻ	37	ꡂ	法	hɯ	56	ꡂ		è

说明：

1—41号字母属原字母表；42—56号字母为后增字母。38号字母仅见于文献中的字
母表，未见实际用例。

42—45号字母分别同37、27、29、24号字母相对立，仅用于汉语。

46—56号字母用于转写藏文、梵文。

原字母表中31、32、33、34、39号字母为元音字母，40、41号为半元音字母。

因为二者关系密切,所以"遐""霞"二母在与阴、阳性元音的配合上有平行的表现。质言之,"霞"母(即《蒙古字韵》中的合母)拼阳性元音维持字母表"霞"的书写形式,拼阴性元音则要变形。阴阳之别在这里基本上呈现为韵母的洪、细之别。当然,回蒙中曾用g、k充当汉语中拼细音的舌根擦音声母,这在八思巴字拼写汉语时不能如法炮制,因为g、k与见组的对应是不容扰乱的,所以还得从擦音上动脑筋。说到擦音,八思巴字中当然首选源于藏文的清擦音字母ᠷ h,但汉语中晓、匣母清、浊对立,那只能用ᠷ h对应晓母,匣母二分,拼洪音的用源自小舌塞音书写符号的合母ᠷ ɣ,拼细音的要另寻出路,只好用晓母ᠷ h分化出的ᠷ ħ匣母。

i尽管是细音,但它不是阴性元音,所以可以与ɣ拼合,形成了一类特殊的音节。而且这类音节直接转写到了汉语八思巴字的拼写中从而进入了《蒙古字韵》,也相应地成为了标准拼写形式。这倒契合了回鹘式蒙古文中汉语借词的拼写规则。八思巴字汉语中用派生元音组合 hi 表示的韵母或其主要元音部分(如"紫""等赠"等字)在回鹘式蒙古文中其主要元音用i来对应(在八思巴字汉语韵书《蒙古字韵》中这一类字除"侯后""吼"所在小韵外都用hi对应),质言之,回鹘式蒙古文中的汉语借词i类韵母四等不做区分,全用 i 表示主要元音。那与合母相对的拼细音的辅音用什么字母表示呢? 因为是擦音,所以要从清擦音晓母上动脑筋。我们知道,在八思巴字系统中,同一部位的清、浊对立的音素往往用某一符号及其分化符号来表示(加[ ]号的为派生出的分化符号。参照那斯图、杨耐思《八思巴字研究》中的《八思巴字字母总表》。见上文)。如:

[ᠷ š₂生、书]　　　　　ᠷ š₁禅

ᠷᠷ hṵ非、敷　　　　　[ᠷᠷ ħṵ奉]

ꡕ j 喻　　　　　　　　［ꡕj 幺 ］

ꡜ h 晓　　　　　　　　［ꡜ h 匣 ］

这样,与小舌擦音合母 γ 相对的拼细音的字母(即《蒙古字韵》中的匣母)就确定用晓母分化派生出的［ꡜ h 匣 ］。这一新的字母的启用,产生了"以声别韵"的奇特效果(宋洪民 2013a)。即两个实际读音并不相同的韵母因某种原因在书写层面上同形了,但声母的不同书写形式却可以标志韵母的不同类别。比如知道声母ꡢ γ 拼的一定是洪音,所以汉字如"后ꡢꡧꡟ γiw"等,其韵母在拼写形式上虽与细音为一类,但据声母ꡢ γ 我们可以推知其韵母实际却是较开的洪音即"ꡜꡧꡟ hiw"。其实质是用声母拼写形式的变化来标志韵母的不同性质。

接下来的问题是,i 类韵的洪音是如何选定这一表达形式的呢? 我们知道,八思巴字拼写中,蒙古语中的阴性元音 ö、ü 是用辅助符号 ė 分别与 o、u 组合来表示。i 类韵的洪音最好能用一辅助符号与 i 组合来表示。这一辅助符号应该选用什么呢? 拼写实践告诉我们,八思巴字的制定者选取了喉清擦音的符号。为什么选取这一符号呢? 秘密在于,在早期的回鹘式蒙古文中,字冠(或称词冠)就可能是一个喉塞音或清的喉擦音的遗迹。而每个元音的词首形式都是由其词中形式前加字冠形成的,表示元音前面没有辅音(照那斯图 1999)。既然这是字冠,是纯粹形式化的符号,这就具备了当辅助符号的条件。在八思巴字系统中,因为 i 类韵的洪音需要表示出来,于是由字冠与相应元音组合而成的 hi 便被启用了。不过,尽管在蒙古语中词首清擦音 h 名存实亡(嘎日迪 2006:141),但在汉语中,该辅音作声母是确实存在的,那就是中古以来的晓母。无庸多言,八思巴字系统中的汉语晓母当然用源自藏文喉擦音的字母 h 来表示,同时,同样毋庸置疑的是,i 类韵的洪音当然用源自喉擦音而成的字冠符号加元音 i 表示,即为 hi。但是,当晓母与这一韵母相拼时，如吼类字，能不能用晓母的h与韵母 hi 相拼形成hhi的组合呢？不能。因为hi中的h是字冠符号，本就源自喉擦音，如果拼作hhi，那喉擦音就重复了，只能省掉一个。[①]其实，这里等于是在八思巴字拼写系统中复活了回鹘式蒙古文中的喉擦音，让它由一个行将消失弱化为字冠的纯粹符号重新变成了一个真正的辅音字母。当然，这样其韵母是细音，该如何来表示洪音呢？我们知道，在回鹘式蒙古文中，汉语借词的拼写中，这一类即i类韵的洪音都是用相应的细音来表示的，这与"后"类字的拼写是一致的。

　　还应想到，晓母与字冠有渊源关系且同形，为避免重复省掉一个。那合母ꡝ γ为何在汉语的拼写中也没有加上洪音的标志呢？我们认为，"后ꡝꡞꡟ γiw"系由蒙古语回流进入汉语，保留了其在蒙古语中的读音，声母直接拼i，不用洪音标志。那合母ꡝ γ的其他字如"恒、痕"为何在拼写中也没有加上洪音的标志呢？其原因是，从匣母［ꡜ h 匣］由晓母字形派生而出就可以清楚，汉语中的晓匣二母（包括合母）同为喉擦音，清浊相对，语音相近关系密切。"恒"如果拼为"恒ꡜꡞꡃ γiŋ"，那与晓母拼洪音的hhi重复情形约略相当。所以也省掉h，使其韵母在书写层面上与细音为一类。这就只有依靠上文所说的"以声别韵"即由只拼洪音的声母ꡝ γ推知其韵母实际却是较开的洪音即"ꡜꡟ hiw"。在这里，实际上，八思巴字拼写汉语的实践使得蒙古语中的阴、阳之别真正落实为洪、细之别。看下表：

---

① 沈钟伟（*Studies on the Menggu Ziyun*，页232—234）也对hhi中字母重复与省略的问题进行了探讨。沈先生看法与我们相似而不相同，沈先生把h看成一个有实际音值的音素，认为从语音上说，擦音可以影响改变元音性质，像hi有一个h就够了，不需要重复出现。而我们则把这里的h看成一个纯形式化的符号，是一个区分标记，即它没有实际音值。

辅音和谐：γ、q（[g]、[x]）的拼合	γ、q与阳性元音的拼合	γa、qa	ᠶᡳ γi＝ᠶᡥᡳ γhi（如"后"）	γo、qo	γu、qu	洪音	合母 ᠶ γ
	阳性（紧）	a		o	u		
			i				
	阴性（松）	e		ö	ü	细音	匣母 ᡥ h
	γ、q与阴性元音的拼合	ge、ke		gö、kö	gü、kü		

　　尽管ᠶᡳ γi＝ᠶᡥᡳ γhi（如"后"），如同ᡥᡳ hi＝ᠾᡥᡳ hhi，但书写层面为避免重复，只好将由字冠（在回鹘式蒙古文中源于清擦音）充当的辅助符号ᡥ h（与晓母同形）去掉，不过，这倒契合了汉语词的蒙式读音，因为八思巴字中用派生组合 hi 表示的汉语韵母在回鹘式蒙古文中的主要元音用 i 来对应；同时也与蒙古文中的辅音和谐保持了一致，即ᠶ γ只拼非阴性元音（多为洪音，仅 i 虽为细音却非阴性，但其读音实为洪音类ᠶᡥᡳ γhi）又使得这种分组拼合与汉语的洪、细之别暗合。

　　这儿还有晓母的细音问题。晓母洪音"ᠾᡥᡳ hhi"为避复而省作"ᡥᡳ hi"，这就与原有的细音"ᡥᡳ hi"难以区分了。该如何解决这一问题呢？要从声母上加以区分也并非易事（除非另造符号，但这要受制于藏文的符号系统）。于是八思巴字系统在这里采取了从韵母上加以区别的做法，那就是在细音字韵母前加ᡝ ė 来标志，以免与洪音省变的形式相混淆，如ᠾᡝᠶᠾ hėiw 休，加了ᡝ ė 以与ᡥᡳᠸ hiw 吼相区别。匣母因无三等字，所以与此问题无涉。不过，要真正弄清晓匣母的问题，还需要从喉音声母和复元音韵母的互动关系中来探讨。

四、复合元音韵母中的蒙式发音

　　下面我们再从整个韵母系统上着眼，来看一下当时喉音声母和复元音韵母的互动关系以及由此表现出的蒙古语对汉语标音体系的影响。

　　而要真正搞清楚这一问题，我们认为还要追溯到回鹘式蒙古文中汉语借词的读音。下面我们就以道布《回鹘式蒙古文文献汇编》，道布、照那斯图（1993、1994），阿伦（2007），正月（2010）等论著中收录的蒙古语中的汉语借词为例，来分析一下汉语借词的读音特点，并与后来《蒙古字韵》中这些汉字的八思巴字标音做一比较：

　　回鹘式蒙古文拼写汉语词的缺陷及《蒙古字韵》的补正（由于此处只讨论韵母中的元音部分，故表中只给出元音组合，不列辅音。表中汉语语音据杨耐思1981）：

元音错位	相近音素替代:单对单	汉语语音	u	i(iə)
		回蒙拼写	o: 统	e: 政
		《字韵》拼写	u	i
			补正	

等第混淆	基本元音代替元音组合:单代特殊	汉语语音	iu	ï	ɔ	ɔu
		回蒙拼写	u: 书	i: 师	i: 等	iu: 后、侯
		《字韵》拼写	èu	hi	hi	iw
			补正			继承回蒙音素组合

介音无着	近音替代复元音:单代双	汉语语音	ua			ia		iɛ
		回蒙拼写	o: 王	o: 皇	o: 观	a: 江、讲、简、监	e: 典	i: 廉
		《字韵》拼写	uǎ	o	o	è(ia)	e	
			补正	继承回蒙音素组合	继承回蒙原则，调换音素	继承回蒙音素组合	继承回蒙原则，调换音素	

续　表

韵母异形	元音组合不同：双对双	汉语语音	uai	o	iuɛ	i̯au	au	io̯u
		回蒙拼写	oi：外	oo：左	üen：川	o：学	ou：阁	you：右
		《字韵》拼写	ue	o	u̯ė̯n	i̯aw	aw	iw
			补正					

由表中可以看到，回鹘式蒙古文拼写汉语词的缺陷及《蒙古字韵》的补正有不少是由于回蒙拼写不能很好地实现汉语传统韵书、韵图所体现的等第之别，如"书"元音拼作u，"师"元音作i，都会混淆等第，必须调整，所以《蒙古字韵》将二者韵母修正为ėu 、hi。还有"讲"的元音作a，与一等也无法区分了，所以调整为ė。这些都是汉语内部的要求。另外，由于u、o发音部位相近，所以蒙、汉语中出现了二元音的错位对应。之所以相混，除了语音上的相近，或许还有回鹘式蒙古文书写层面的原因，因为回鹘式蒙古文的元音字母处于非词首时，"a和e用相同形式，4个圆唇元音共用一个形式，其中ö、ü在词中第一音节某些辅音字母后还用自己的阴性形式"（照那斯图1999）。看下表：

回鹘式蒙古文元音字母拼写形式异同比较表［表中内容据道布《回鹘式蒙古文研究概况》（《道布文集》页123）、照那斯图《蒙古文和八思巴字元音字母的字素分析》、嘎日迪《中古蒙古语研究》页89］：

	阳性	a			o	u		
	阴性		e	i			ö	ü
词首形式	A	相同			相同		相同	
	B				相同		相同	
词中形式	A	相同			相同			
	B				相同		相同	
词末形式		相同			相同			

更为复杂的是,因为中古蒙古语有前响复合元音,无后响复合元音(嘎日迪2006:131),所以汉语中的后响复合元音在回鹘式蒙古文的拼写中由相应的单元音来替代,即ia(iɛ)由a或e(暂不区分ė与e)替代,ua由元音o来替代。

很明显,前元音中1号元音i与低元音a组合而成的复合元音ia(iɛ)由2号元音e(暂不区分ė与e)来代写,那后元音中的1号元音u与低元音a组成的复合元音ua由2号元音o来代写,就是顺理成章的了,而且二者正好是平行关系。但后者却出现的很少。先看下表:

汉语元音或元音组合				一等	二等	三等	四等
				ə	ia	iɛ	iɛ(ie)
开口	汉式标音	《字韵》标音	正例（标准拼写）〔自由变体〕	hi: 钩ghiw；絧ghiŋ		ia: 缄gᶦiam	
			变例（特殊拼写）				
	相应蒙式标音	蒙式读音		i	ė	e	ė
		《字韵》标音	正例（标准拼写）		ė: 间gèn	e: 建gen	ė: 坚gèn
			变例（特殊拼写）	i: 侯后ɣiw；吼hiw；恒ɣiŋ			ėe: 贤ħèen

汉语元音或元音组合				一等		二等	三等　四等
				uə	uɑ	ua	iuɛ
合口	汉式标音	《字韵》标音	正例（标准拼写）		ua: 王 ˌu̯aŋ	ua: 关gu̯an	
			变例（特殊拼写）				

续　表

汉语元音或元音组合			一等		二等	三等　四等
			uɑ	uɑ	ua	iuɛ
合口 相应蒙式标音	蒙式读音		o	o		uę̇、ėo
	《字韵》标音	正例（标准拼写）		on： 观gon		uęn： 涓guęn
		变例（特殊拼写）	ong： 皇γoŋ			ėon： 卷gėon

从表上可以看出，《字韵》不少方面程度不同地保留了蒙式读法的拼写形式，当然有多种原因。如："皇γoŋ"出于皇权的至高无上，可以跨越语言界限；"后γiw"类则与蒙古语的辅音和谐有关；"坚gęn"等的以单代双则源于蒙古语后响复元音的缺乏；"观gon"类既导因于蒙古语后响复元音的缺乏，又受制于汉语一、二等的对立。在此我们不禁要问，《蒙古字韵》就其实质而言还是一部汉语韵书，为何不最大限度地表现汉语的语音特点和真实呢？

我们不得不指出，这些除了受到蒙语音系的直接影响外，还与八思巴字所从出的藏文及梵文的辅音文字特点有密切关系。在某种意义上我们甚至可以说，用八思巴字拼写蒙古语较之回鹘式蒙古文在拼写形式上受到更多的限制，更加不自由，如回鹘式蒙古文中的元音连写形式oo、ee等在藏文与八思巴字中就无法实现书写层面的直接拼合。因为八思巴字的创立者元朝国师八思巴是藏传佛教萨迦派传人，对藏语文有着极高的修养，所以八思巴字字母实为脱胎于藏文，大多数与藏文字母相同或相似，少数新造的字母也以相应的藏文字母为基础（照那斯图1980）。八思巴字的这种创作背景就决定了它与藏语文的密切关系，如元音a都用零形式来表示，真正的元音字母与藏文表示元音的附加符号基本一致，为藏文所无的蒙文中的ö、ü二音素分别用eo、eu表示，而没有创立新的字母，尽管也满足了需要,但毕竟与每个音素享有一个独立字母的体例不类,可见在字母创制上受藏文的影响之深。另外,它的两个只作介音用的半元音也直接脱胎于藏文的辅音字母。一般情况下,藏文中的五个基本元音在一个音节中是互相排斥的,即出现了甲,就不会再出现乙,这样也就不会出现诸如i、u或o作a的介音之类的情况,从文字的角度讲,当一个音节中出现了上加的元音符号i、e、o或下加的元音符号u,就等于宣布了无标记的零形式a的消失,而只有音节中不出现这四个元音时,无标记的零形式a才是无时不在的,即a不能与其他元音共现,复合元音的直接组合难以实现(瞿霭堂、劲松2000:464)。可见基本元音不作介音,而辅音j、w作为下加字时倒有些像其他语言比如汉语中的介音的作用。八思巴字基本沿袭了藏文的方式,[①]特别是对无标记的零形式a的处理,即音节中没有其他元音就有a,出现其他元音就没有a,只有半元音与a不相排斥,即半元音可作介音特别是可作a的介音。这样后响复合元音ia、ua就能够表达了。但 iɛ的拼写有困难,仍然沿用回鹘式蒙古文的老做法——以单代双。ia的拼写虽然可以表达,但大部分却依然因袭回鹘式蒙古文以单代双的做法,如间gèn。我们认为,这是拼写规则的制定者受到了蒙古语元音阴、阳两性对立范畴的影响,他们已经将八思巴字母ė作为阴性元音的标志来使用了,因为该字母在八思巴字蒙古语系统中就是这样用的(照那斯图1999)。

　　当然,关于八思巴字母 ė的性质与用法,宁忌浮(1997、2012)、沈钟伟(2008)都坚持认为该字母是腭化标记。其实这与早年龙果夫的看法有相似之处。杨耐思先生在《八思巴字对音——读龙果夫

---

① 应该说,八思巴字体系在这一点上有些变通,如在拼写蒙古语时就有两个元音的组合,也孙铁木儿皇帝颁发的八思巴字蒙古语圣旨中可见到这种用例,如'ögbeė、buguė中eė、uė的组配,但没有包含a的元音组合(照那斯图2004),因为那样当音节中出现一个元音时将难以断定是其独用还是它与a的组合。

〈八思巴字与古官话〉后》一文中对龙氏进行了批驳,指出《蒙古字韵》里 ėi、ėiŋ 韵有纯舌根声母字,也有所谓 j 化舌根声母字。因此 ė 不能说是区别是否 j 化的标志,j 化说本身已经被证实是错误的。针对宁说,麦耘《"〈韵会〉有前腭声母说"商榷》(2005)一文专门进行了反驳,秦晔(2006:66)也对宁说提出了批评。其实只要重读一下杨耐思先生批驳龙果夫的文章,宁说的缺陷就看得非常明白。而宁先生在其早年著作《中原音韵表稿》中也是认为元代见系声母不腭化的,这与杨耐思《中原音韵音系》、李新魁《中原音韵音系研究》保持了一致,当时可谓是北音学研究上的共识。

其实,把 ė 作为腭化标记会带来很多麻烦。首先是面对 ė 出现的纷杂的语音环境,研究者们根本无法制定出一条普遍适用的规则,使得他们在规则的制定上绞尽脑汁却还是捉襟见肘。折中的方案就是,他们认为 ė 有时可以使元音前化,有时可以使声母腭化。不过,这些设想紧接下来会引发一个更大的问题,那就是他们认为三等元音 e、i 与四等元音 ėe、ėi 的不同代表声母的腭化与否,就是说四等牙音的腭化一定早于三等。此说无据,得不到历史文献和现代方言的支持(参第三章)。而且龙果夫认为,八思巴字拼写系统中不含 ė 的是三等舌根声母 j 化,含 ė 的二四等是纯舌根声母。这与宁先生、沈先生等所主张的在类别上正好掉了个儿(宁、王诸先生认为含 ė 的二四等舌根音腭化)。这也正好显示了这个问题的复杂性,及将 ė 视为腭化标记的不可靠性。

我们认为,ė 本来是八思巴字蒙古语中阴性元音的标记(照那斯图 1999),被八思巴喇嘛和他的合作者们又拿来借用到八思巴字拼写汉语的实践中,用以区别汉语中的相近而不相同的韵母,以济八思巴字拼写之困难(字母不够用,不足以完全展示汉语中的语音区别)。如果一定要将其作为腭化标记,恐怕失之于凿。我们对《蒙古字韵》的韵母构造与类型做了如下分类,并与蒙古语元音阴、阳两性对立范畴作一大致对应,列表如下:

a、e 类韵母

等第	元音性质 基本元音	准基本元音	派生元音组合	相应韵部 十五麻	六佳	八寒、九先三阳	十萧	十二覃	元音阴、阳性的大致对应
一二	a			a / ua̯	aj / ua̯j	an / ua̯ŋ	aw / ua̯w	am	准阳性（基本元音）
二等牙喉		è		è	èj	èn	èw	i̯am[èm]	准阴性（加阴性标志）
三	e			e / ue̯	ej	en	ew	em	准阳性
四		è		uè̯		èn / ùèn	èw	èm	准阴性
四等晓匣						èn 贤		èm 险、嫌	

i 类韵母

等第	基本元音	准基本元音	派生元音组合	四支	二庚	七真	十一尤	十三侵	元音阴、阳性的大致对应
三庄及一			hi	hi	hiŋ	hin	hiw	him（附：三阳 haŋ, aŋ）	准阳性
二等牙喉			èi		èiŋ	hin		èŋ	准阴性

续　表

类韵母	等第	元音性质 基本元音	准基本元音	派生元音组合	相应韵部 i	iŋ	in	iw	im	aŋ	元音阴、阳性的大致对应
	三及四非牙喉	i				iŋ	in	iw	im	aŋ	准阳性
	四等重四牙喉			ëi		ëiŋ	ëin	ëiw	ëim		准阴性
u类韵母	一三	u			五鱼 u	一东 uŋ①	七真 un				准阳性
	二										
	三			ëu	ëu	ëuŋ	ëun				准阴性
	四										
o类韵母	一	o			十四歌 o	oŋ	八寒、九先 on			附:三阳	准阳性
	二										
	三			ëo	ëo		ëon				准阴性
	四										

说明:以元音统率各韵部,为简便起见合口仅列出有对比需要的。另,表中5元音命名为基本元音。而i与è在八思巴字汉语拼写系统中为 i 与 e 的变体,而在八思巴字蒙古语系统中又经常作辅助元音,所以称其为准基本元音;派生元音组合则指使用标志元音的辅助符号 h,è与基本元音组成的元音组合。

---

① 该韵中其实含有少量来自庚摄新并入的二等韵字(如"觥"等),今表中所列从韵部整体着眼,故对少量字的流变不一一注明。

从表中我们看到，a、e类韵母与i类韵中是一、二等对立，三、四等对立；u、o类韵中是一、三等对立。对立的后项其元音可视为阴性，元音的拼写中要有阴性标志 ė。ia类多为a、e类韵中的二等牙喉音字，属准阴性类，而ua类多属一等合口，多归准阳性（只有八寒例外）。准阳性拼合较自由（只要不含ė即可），准阴性则受限制，拼写中要有ė出现。这也就是ia在《蒙古字韵》中多拼作单元音ė，而ua则拼作复合元音的原因所在。沈钟伟先生（2008：152—153）也很敏锐地指出了尽管《蒙古字韵》中"江、香"等字的韵母拼作ꡝꡟꡃ ėŋ，但在碑刻文献中却多拼作ꡘꡟ iaŋ，是因为后一拼写形式能更精确地表现汉语的这一韵母。我们在这一点上与沈先生的看法相同。而《蒙古字韵》中之所以拼作前者，沈先生认为这是怕违反拼写规则，我们则认为这是蒙古语影响的流露。当然，这里由于八思巴字拼写能力的限制，在阴、阳性形式的对立上，与等第的对应在个别韵部中有参差之处。如八寒、九先韵部合口中就是一、三等阴、阳对立，二、四等阴、阳对立。看下表：

	十　五　麻				八寒、九先					
	开　口		合　口		开　口		合　口			
	准阳	准阴	准阳	准阴	准阳	准阴	准阳	准阴	准阳	准阴
一等	a		ua		an				on	
二等		ė				ėn	uan			
三等	e		ue		en					ėon
四等		ė		uė		ėn		uėn		

我们还发现，在这种元音阴、阳性的大致对应中，u、o、i几类韵部的阴、阳对立形式是标准的，即为：X∶ė +X式，但a、e类韵部遇到了麻

烦。因为八思巴字的元音 a 是用零形式来表达的,据拼写规则,只有辅音字母与半元音后才可能出现 a,ė 后绝对不能出现 a。这就使得这一整齐的模式被打破了。如果违背规则,那将会使得不少拼写如表中所举"sė些""tš'ėn阐"等出现错误类推形式,将影响到整个拼写系统,所以这是不被允许的。看下表:

准阳性		u	o	i	e	a	参考对比例证	o
准阴性	规范、通行拼合（ė+元音）	ėu	ėo	ėi				
	不够规范、通行				ė	ė	sė<u>些</u>	tš'ėn<u>阐</u>
	不够规范、不太通行（自由变体）				ịa			
	特殊拼写、不太通行				ėe贤、嫌、险			
	非法形式				ėa			oa
非法形式的错误类推						sėa<u>些</u>	tš'ėan<u>阐</u>	goa歌

当然,a 的准阴性形式也可以采用 ịa 的形式,不过,若要与 ėu 类保持一致而使拼写中出现阴性标志 ė,那就只有用单元音 ė 来替代复合元音 ịa 了。e 的准阴性形式呢? 这儿犯了一个忌讳。因为在八思巴字蒙古语中 ėe 表 ei,而八思巴字汉语中表 ie,正好掉了个个儿,没能保持一致,这与正字法的一贯性相冲突,所以少用。当然,e 的准阴性形式用 ė 来充当,既与 a 类保持一致,也与 e 本身的以单代双原则保持了一致,同时还迎合了回鹘式蒙古文以来的拼

写习惯。简言之，无论哪种理由，都使得用八思巴字的单元音符号来拼写汉语的后响复合元音成为了《蒙古字韵》的唯一选择，别无他途。从而也就使这种蒙式读音方式在汉语韵书中站稳了脚跟。

五、字母 ꡠ ė 的用法及 ꡣꡠꡋ ħeen 贤类字的拼写形式

1. ė 的用法及出现环境问题

本节最后我们还想再讨论一下字母 ė 的用法及出现环境问题。

我们知道，在 ꡂꡠꡋ gėn 艰奸、ꡂꡠꡋ gėn 坚见等音节中，ė 为元音，是韵母的主体部分。在 ꡂꡠꡃ gėiŋ 羹等音节中，尽管 ė 不是主要元音，但仍是韵母的组成部分。而在晓母的细音字中，ė 却只是一种区别标志，而不再作为元音音素参与韵母的构成了。如晓母洪音"ꡣꡣꡞ ħhi"为避复而省作"ꡣꡞ hi"，这就与原有的细音"ꡣꡞ hi"难以区分了。该如何解决这一问题呢？要从声母上加以区分也非易事(除非另造符号，这要受制于藏文的符号系统)。于是八思巴字系统采取了从韵母上加以区别的做法，那就是在细音字韵母前加 ꡠ ė 来标志，以免与洪音省变的形式相混淆，如ꡣꡠꡞꡓ ħėiw 休，加了 ꡠ ė 以与 ꡣꡞꡓ hiw 吼相区别[①]。(宋洪民 2015) 匣母无三等字，与此无涉。

由此，字母 ꡠ ė 便有了三种不同的用法：

A. ė 为元音，是韵母的主体部分。如 ꡂꡠꡋ gėn 艰奸、ꡂꡠꡋ gėn 坚见等；

B. ė 为韵母组成部分。如 ꡂꡠꡃ gėiŋ 羹；

C. ė 为非洪音标志，非韵母组成部分。如 ꡣꡠꡞꡓ ħėiw 休、ꡣꡠꡞ

---

① 唯一例外是《蒙古字韵》"四支"韵部中的"ꡣꡞ hi 羲"拼写，该音节表示的是细音却没有前加 ė，这是因为相对于这个三等韵的音节，还有四等韵的音节 ꡣꡠꡞ hėi。为防止二者混淆，三等的"ꡣꡞ hi 羲"就维持原有拼写，而没有前加 ė。

ꡜꡦꡞꡋ hėin 欣、ꡜꡦꡞꡏ hėim 歆、ꡜꡦꡞꡋ hėin 礥等。

不过,《蒙古字韵》中还有更令人难以索解的拼写形式,那就是:ꡜꡦꡠꡋ ħėen 贤、ꡜꡦꡠꡏ ħėem 嫌、ꡜꡦꡠꡏ ħėem 枚险。

2. 晓匣母在不同韵母类型中的表现及"贤"类字的跨级类化

那该如何理解"贤"类字的拼写形式呢？我们认为这与八思巴字拼写系统中"ꢨꢞ ɣiw 侯后"等字诱发的 i 类韵母中晓匣母字拼写层面为细音但实为洪音的错位现象有关。下面先来看一下《蒙古字韵》中晓匣母字在不同韵母类型中的表现。

由表中可以看出,在一三等为主的 i 类韵部和部分四等俱全的 i 类韵部中,晓匣母字存在着在拼写层面为细音但实为洪音的错位现象,即在这些韵部中,ė 为非洪音标志,非韵母组成部分。如"ꢨꢞ ɣiw 侯后"、"痕ꢨꢞꡛ ɣin"、"恒ꢨꢞꡃ ɣiŋ"、"吼ꢭꢞ hiw"等都是拼写层面为细音,但实为洪音的例子。相应地,为了防止与洪音省变的形式相混淆,于是就是在细音字韵母前加 ꡨ ė 来标志,如ꡜꡦꡞꢞ hėiw 休,加 ꡨ ė 以与ꡜꡞꢞ hiw 吼相区别。(宋洪民 2015)这就与这些韵部中的见母等牙音字形成了显明对比,因为牙音声母中不存在这种韵母洪细错位现象。而在 ė 为元音作韵母主体部分的 a、e 类韵部中,也不存在这种错位现象。

这里要专门提出的是,"贤""嫌"等四等晓匣母字为了避免与相应的二等字同形混淆,就采取了在细音字韵母前加 ꡨ ė 来标志,这其实是受ꡜꡦꡞꢞ hėiw 休等字类化的结果。不过,这却会造成同一字母连写的情况 ꡨꡨ ė ė,而这在八思巴字拼写中是从不会出现的,要力求避免。于是只好将第二个 ꡨ ė 用跟它语音最接近的 ꡠ e 来代替,从而就出现了 ꡨꡠ ėe 的组合,这也就是ꡜꡦꡠꡋ ħėen 贤、ꡜꡦꡠꡏ ħėem 嫌等特殊拼写形式的成因。下面我们就将有关二、四等韵区分的所有模式作一全面梳理,并与一、三等韵区分模式作一对比:

声母表现　　韵母表现及其等第	等第	韵母拼写形式与内容（读音）洪细是否一致，即拼写形式为细音时，读音是否是细音				
		是		否		
		见	晓	合	匣	匣
四等俱全的 i 类韵部 —— è 为韵母组成部分	一等	ghing 絅	hèing 脝			
	二等	gèing 羹	馨		hèing 行衡	
	三等	ging 京				hèing 刑
	四等	gèing 经	hèing 兴			
è 为非音标志，非韵母组成部分	一等			yìng 恒		
	二等					
	三等					
	四等					

韵母表现及其等第 ＼ 声母表现		韵母拼写形式与内容（读音）洪细是否一致，即拼写形式为细音时，读音是否是细音					
		是	否				
		见	晓	晓（合）	匣	匣	匣
一二三等为主的 i 类韵部	一等　è为非洪音标志，非韵母组成部分	gan 幹					
	二等						
	三等	gam	hèin 欣 / hèim 歆	hiw 叫	hèin 霰		
	四等		hèiw 休	yiw 后		hèen 贤	
a、e 类韵部	一等　è为元音，是韵母主体部分		hèem 枚险 / han 罕 / ham 憨	yin 痕 / yan 羡 / yam 含	hèim 馣		hèem 嫌

续表

韵母表现及其等第	声母表现		韵母拼写形式与内容（读音）洪细是否一致，即拼写形式为细音时，读音是否是细音					
			是		否			
		等第	见	晓	晓	合	匣	匣
a、e类韵部	è为元音，是韵母主体部分	一等	gèn 艰奸		hiam 瞰		hiam 咸	hèn 闲
		二等	gen 謇 giam 监 gem 剑	hèn 轩 显	haw 耗	yaw 号	hèw 校	
		三等	gèn 坚见 gem 兼		hew 孝 hew 杩			
		四等	gèw 教 gèw 骄 gèw 晓		hèw 晓			hèw 晶

		二、四等韵区分							一、三等韵区分
		不作区分 ɪ̀ê / ɪ̀ê			单向区分		双向逆向区分		连索顺向区分
					二正四变 ɪ̀ê / ɪ̈ ee	二变四正 -ˇ-ia / ɪ̀ê	二四皆变 -ˇ-ia / ɪ̈ ee		一变三、三变形 ɂi / ɪ̈ ei
		见	晓	合匣	合匣	见	合匣	晓	晓
一等	正形	gan 幹	haw 郝	ɣaw 号	ɣan 寒	gam	ɣam 含	ham 憨	(hhiw 吼)
一等	变形								hiw 吼
二等	正形	gèn 奸	hèw 孝	hèw 校	hèn 閑				
二等	变形					giam 监	hiam	hiam 喊	
三等	正形	gen 謇	hew 枵			gem 剑			
三等	变形								hèiw 休
四等	正形	gèn 坚	hèw 晓	hèw 皛		gèm 兼			
四等	变形				hèen 贤		hèem 嫌	hèem 险	

　　不作区分模式正好与 i 类韵部拼写变化阶段的第二阶段:"一省形,与三同"是一致的,这是一种消极模式,以不别为别。而单向区分的二正四变 ɪ̀ê/ɪ̈ ee 模式正好与 i 类韵部拼写变化阶段的第三阶段:"三变形,与一别"是一致的,这是一种积极模式,见下表。

	i 类韵部拼写变化阶段示例			a、e 类韵部中二、四等区分示例		单向区分 二正四变 ᛁě/ᛁêe
	第一阶段： 原字形， 一三别	第二阶段： 一省形， 与三同	第三阶段： 三变形， 与一别	不作区分		
				见	合匣	合匣
一等	hhiw 吼					
		hiw 吼	hiw 吼			
二等				gèn 艰奸	hèw 校	hèn 闲
三等	hiw 休	hiw 休				
			hèiw 休			
四等				gèn 坚见	hèw 畾	
						hèen 贤

既然单向区分的二正四变ᛁě/ᛁêe模式是积极模式，为什么只有"贤"等寥寥数字使用了这种模式而没有大规模推广呢？

3. 八思巴字元音表达的以单代双使消极模式成为规范

既然不作区分不是理想状态，双向逆向区分造成了区别手段的冗余，单向区分是最理想的，既经济，又足以将二者区别开来，那就应该将这种模式推行开来。但蒙古文及八思巴字拼写系统都不善于表达复合元音，如八思巴字拼写层面中貌似复合元音的ėo、ėu 其实表达的是蒙古语的单元音ö、ü，而后这一拼写形式才用来拼写汉语从而出现在《蒙古字韵》中。另外还有经济原则等因素在起作用,即二变四正-ꙡ-ia̯/ꙟ ė模式所用的拼写都是其他韵部中也在使用的已有形式,而二正四变ꙟ ė/ꙟꙟ ėe模式则要起用新的元音组合ꙟꙟ ėe。需要采用新的拼写形式才能使用的区分模式是不经济的,而利用已有拼写的区分模式才是最理想的,即有现成的已有拼写形式可用,就不要起用新形式。这也是为什么ėo、ėu、ėi等拼写形式都能正常使用,而ꙟꙟ ėe却搁浅的原因。看下表:

基本拼写形式		u	i	ė
	可能的变化形式	无	无	-ꙡ-ia̯
派生ė类元音组合		ėu	ėi	ꙟꙟ ėe
				ꙟ ė

我们可以看到,要对同一韵部中的位于不同等第的韵母加以区分,u、i都找不到另外的变化形式从而也就没有其他模式来替代u/ėu、i/ėi的区分模式,即它们别无选择,而ꙟ ė类则既可以采用二正四变ꙟ ė/ꙟꙟ ėe也可以采用二变四正-ꙡ-ia̯/ꙟ ė的模式。相较而言,二者之中,二变四正-ꙡ-ia̯/ꙟ ė模式为长。正因如此,所以ꙟ ė/ꙟꙟ ėe也不是最佳选择。

4. 结论

综上所述,二、四等韵区分模式中单向区分的二正四变ꙟ ė/ꙟꙟ ėe的区分是最理想的积极模式,而不作区分的ꙟ ė/ꙟ ė对比当然是消极模式。但由于蒙古文及八思巴字拼写系统都缺乏后响复合元音,八思巴字拼写系统多以单元音译写复合元音,再加上拼写实践中实际已将八思巴字母ė作为了阴性元音的标志来使用,这从而使得不作区分(ꙟ ė/ꙟ ė对比)的消极模式成为了规范。也因为二等变形采用的-ꙡ-ia̯复合元音也比将四等的元音部分标作ꙟꙟ ėe更能反映汉语实际语音,所以单向区分中的二变四正-ꙡ-ia̯/ꙟ ė模式则作为规范模式的自由变体随时备用。另外，因为 e 在蒙古语中本身就是阴性元音，前加阴性标志本不合理，所以这一组合很少出现，如"贤"类字所体现的二正四变 ꡦ ė / ꡦꡦ ėe 模式则只能在一小部分韵部中被使用，之所以个别匣母类音节中出现（偶涉晓母字），是因为合、匣分工，合拼非阴性，匣专门拼阴性，所以二阴相连也能拼合。当然，e 的准阴性形式用 ė 来充当，既与 a 类保持一致，也与 e 本身的以单代双原则保持了一致，同时还迎合了回鹘式蒙古文以来的拼写习惯。简言之，无论哪种理由，都使得用八思巴字的单元音符号来拼写汉语的后响复合元音成为了《蒙古字韵》的唯一选择。

六、影、喻、疑人为分化以拼阴阳元音

　　韵母的问题讨论完了，我们就可以来看一下喉音声母和复元音韵母的互动关系了。质言之，匣母分立本由蒙古语中喉牙声母分拼阴阳元音引起，而因为八思巴字拼写规则的制定者将蒙古语中阴阳对立的区别手段移植到了汉语韵母系统中（当然经过了相当的改造），从而造成了汉语中匣母人为分立来分拼阴、阳韵母的情形，而且同时还造成了影、喻、疑母的分化假象[①]。沈钟伟（2008：183）揭示了幺、影的关系，即：ꡝ=ꡗ，亦即幺可视为影母在阴性元音前的变体。我们同意沈先生的看法，相应地，我们在韵母的阴、阳大类下，又分出了次类即次阴、次阳来展示这种区分。

　　晓母呢，则因其三等字中的元音按蒙语属阴性，在汉语中对应准阳性，二者有冲突，晓母无法分立。当然，我们知道，影、喻诸母也有三等字，怎么还要分立呢？我们认为，元代汉语声母"影、幺、疑、鱼、喻"的分立源于八思巴字拼写系统（参宋洪民 2013）。今讨论

[①] 这种分化是以匣母分化为模仿标准的。喻、疑的纠葛还与韵图中常附的"交互音"有关，已另撰文，不赘。

如下：

1. 诸家看法

《古今韵会举要》及其卷首所载的《礼部韵略七音三十六母通考》中将传统三十六字母的影、疑、喻、匣诸母全都一分为二（疑、鱼、喻有交叉），从而出现了元代特有的"幺、鱼、合"三母。《蒙古字韵》分类亦然。关于其性质与分立的缘由，学界众说纷纭。杨耐思先生在《汉语"影、幺、鱼、喻"的八思巴字译音》（1984/1997）与《八思巴字汉语声类考》（1997）两篇文章中都阐述了这样的观点：这些声母在与韵母拼合上都表现出"洪、细"之分，所以必须采用音位归纳的原则，与同期的其他汉语音韵资料相结合，将影、幺，鱼、喻，合、匣分别合并。李新魁先生在其《汉语音韵学》（1986）中指出："《韵会》对疑、影、匣的区分，有类《蒙古字韵》，不能讥之为闽人土音。这是此书遵从《蒙古字韵》的地方，也是他敢于改变旧韵书体制的表现。"（页49）但《蒙古字韵》中为何这几母就要分立，李先生并未讨论。竺家宁先生在其《古今韵会举要的语音系统》（1986）中谈到"鱼"母时说："《韵会》的作者既然立了此母，必然有其所以立的原因，我们不能因为'鱼'中古音属疑母，就轻易的认为'鱼、疑'实为一母，在《韵会》中只是形式上的区别。"（页30）又说："不同的韵母影响到声母的变化，这是很自然的事情。……我们必须假定《韵会》的作者是具有声韵知识的，他也必然知道'字母'是代表声母的类别，他既然敢于不顾传统的分出一个新的'鱼'母，一定代表了一种新的变化，和疑母一定是不同的声母。"（页37）在讨论"合"母时说："'合'是一般的舌根浊擦音声母，'匣'受细音的影响，是个稍稍带腭化的舌根浊擦音。这就是韵会作者所以分为'匣、合'二母的原因了。不过，两母的音值虽别，就音位（phoneme）说，还是一类的，韵会作者完全是据音值的差异而立为二母的。"（页45）宁忌浮先生对影、幺、鱼、喻诸母未发表看法，只在《古今韵会举要及相关韵书》（1997）中谈了对匣、合分立的意见,他认为:"讨论过见溪晓匣的舌面化之后,再去看三十六字母中的'合''匣'二母,可以毫不犹豫地说:'匣'是 ç,'合'是 x。"(页35)王硕荃先生(2002)则指出,"影""鱼"跟"幺""喻"之间的洪与细的对立,都不是声母实际音值的对立。实际语音的口耳相传之间,不可能存在这两组清浊、洪细两两对立的四种韵类。近代汉语的零声母分成这么多类,不过是既要照搬"等韵"的框架,又要反映时音的一种着意的安排(页157)。

诸家看法前几家较为接近,宁先生自成一说。关于舌面音的产生,现在大部分学者认为当晚于元代,如王力《汉语语音史》、陆志韦《释中原音韵》、李新魁《中原音韵音系研究》等都认为元代尚未发生这一变化。再说,细音舌面化的说法也无法解释影、幺、鱼、喻的分立,因为它们与舌面化关系不大;相反,如宁先生所说,细音已经舌面化的见溪晓母却没有出现分立,这样这种解释就显得不够完满。

前几家的看法一般认为是比较稳妥的,而且也确实符合事实,即声母确实会因所拼韵母洪细的不同产生音值上的差异,也就是一般所说的音位变体。关键是这种音值上的差异是否会导致声母的分立。据聂鸿音先生(1998)研究,在回鹘文《玄奘传》的对音资料中,汉语的见溪疑晓匣五个声母在回鹘文中依韵母的洪细分为 q-、k- 两类,聂先生认为,这可以引发我们对古汉语声母腭化现象的某些思考。但如上文所说,八思巴字中声母分立的是古汉语的影、喻、疑、匣诸母,见溪晓却并未分立。可见,这种情形与聂鸿音先生所说的回鹘、汉对音所反映的不像同一性质的问题。换言之,八思巴字中的这几个声母的分立似乎不是导源于声母的腭化与否。其实,如前辈学者们所发现的,《广韵》的反切上字在系联中就表现出了依据韵母等第的不同而分类的趋势,这也就是声类,其实就是反映了音位变体在音值上的差异。如果这可以成为声纽分立的依据,那大部分声母都将两分。那我们今天所见的中古而下的声母恐怕就不是今天所知的面貌了。即使单就《韵会》来看,见组、精组声母应该与影、喻、匣分拼洪、细韵母的情况相类,但却没有分立,见下表:

	精	清	见	溪	疑	晓	匣	影	喻
洪	不	不	不	不	疑鱼	不	合	影	鱼疑
细	分	分	分	分	喻	分	匣	幺	喻

这就使得这种解释不能一以贯之。那我们该如何来看待这一现象呢? 我们认为王硕荃先生的看法较为合理。不过,王先生多从汉语立论(若单从汉语立论,仍然无法解释何以影幺鱼喻分立而见精组不分),而我们则认为这主要源于八思巴字拼写系统。只有从汉语的实际语音与赖以表示的八思巴字符号之间的矛盾着眼,才能说清这一问题。

2. 诸母分立是八思巴字系统以声别韵的需要

2.1　中古影、喻、疑诸母不同等则不同音是《蒙古字韵》中的客观存在

从以上诸家的讨论我们已经看到,单纯依靠《韵会》从汉语声母的音值、音位的纠葛上是难以得到令人满意的答案的。那我们就来看一下与《韵会》有着相同表现的八思巴字汉语韵书《蒙古字韵》,从中分析这几个声母的表现与相互关系。

经研究我们发现,在《蒙古字韵》所代表的八思巴字拼写系统中,中古的影、喻、疑三母字不同等第之间读音严格区别(牙喉音皆严格区别等第,其原因我们已另撰文讨论)。这是八思巴字汉语拼写系统中的一种客观存在,其实现手段就是影、幺、鱼、喻、疑诸母的巧妙互补搭配使用,简言之,即"以声别韵"。下面我们列出代表性的几个韵部来说明这几母的搭配使用情况。看下表:

一东：

	影 ꡤ	幺 ꡭ	鱼 ꡬ	喻 ꡝ	疑 ꡜ
一等	ꡦꡡꡃ翁				（嵏：不立）
二等	附：ꡦꡡꡃ 泓（耕）				
三等	ꡦꡡꡃ雍	ꡱꡡꡃ紫 （清韵列四）	ꡱꡡꡃ 颙（疑钟） 荣（云庚）	ꡱꡡꡃ 融（以东） 营（以清）	
四等					

表例：八思巴字头后写出一代表汉字，一般不再标注其声韵类别（如有对比需要则列出）。若所辖字来源于中古不同声母的字，则每声母的字各举一例并注明中古声母类别；另，若所辖字有来源于其他韵摄的（即个别字背离了中古音所属韵摄，读入他韵摄），则注明其中古韵目，以示区别。另，本为中古三等字，韵图列入四等，称为列四。再者，《广韵》中存在的小韵而《蒙古字韵》中无相应八思巴字字头又有比较需要的，则举出代表汉字，并注为不立。

如上文所说，从表上我们可以看出，影、幺、鱼、喻、疑诸母的巧妙互补搭配使用，保证了中古的影、喻、疑三母各等第之间界限崭然（仅二庚韵部有二四等合流现象。十二覃的"炎"、"盐"合流有疑问，已另撰文），其他所有这几母的韵字都保证了不同等第则不同音节，读音严格区别，即在《韵镜》等韵图上排列的等第不同《字韵》中读音就不同。一等不同于二等，三等不同于四等。如一东、五鱼二表中，尽管没有真正的四等字，但韵图上喻四是列于四等的，还有一东韵部中"紫"字（《广韵》属清韵）韵图上也列于四等，所以它们也要与韵图上列于三等的字在拼写上区分开来（看表）。而在这儿不同等第的区分是靠声母的不同来实现的。

2.2　u类韵母假四等八思巴系统无相应韵母形式促成了以声别韵

那我们能否用不同的韵母来对它们加以区分，不让声母分立呢？这应该看八思巴字拼写系统的承受能力。

八思巴字及其所从出的藏文还有元代回鹘式蒙古文表现出的

都是如下的5元音系统(蒙古文中尚有松紧元音的对立,如括号中所列,但元音系统的构型还是一致的):

$$i \qquad\qquad u(ü)$$
$$e \qquad\quad o(ö)$$
$$a$$

这些元音在拼写元代汉语时其对应情形是怎样的呢?我们看一下本章上一节即"第四节 复合元音韵母中的蒙式发音"中的《蒙古字韵》韵母分析表。从图上我们可以看出,a、e类韵与i类韵都有三四等对立的各自不同的韵母拼合形式,但u类韵只有三等韵母,没有四等,那韵图上列于四等的韵字如一东韵部中的"㩳"字(《广韵》属清韵影母),喻四母的融小韵,五鱼韵部的喻四母字余小韵,现在都面临难以拼合的尴尬。当然,理论上讲,可以制作新的韵母。但韵母与元音之间的组配是系统行为,牵一发动全身。就可能性上讲,担当这一韵母的可能拼合形式可以是 ėoŋ,但我们看到,o类韵带韵尾的主要是与a、e类韵发生关系,若与u类韵再产生关联,这种对应就不够整齐,容易出现混乱,再说音值上也相差太大。还有一种可能拼合形式 ėėuŋ,但这种组合是不允许出现的,因为八思巴字系统最长的音节就是4个字母,即除掉声母与韵尾,给韵母留下的就只有一个基本元音加一个辅助符号的选择范围,还有,八思巴字系统也不允许同一符号连续出现,所以 ėėuŋ 也无法使用。这也正是七真韵部三等"君"与重纽四等"均"字无法区别(ėun 为三等,四等无法拼合)从而被迫合并的内在原因(另文再谈)。最后,再补充一点,那就是这种韵母即使拼合难度不大也不一定产生,原因是创制后只有2个音节使用,代价太高,尽管《蒙古字韵》中仅含一两个音节的韵母也出现了几个,但从语言符号讲究经济的角度看,只要有其他出路,最好不要采用这样的做法。那该如何做呢?我们将表一中一东韵的相应内容看一下便知：

影：ꡝꡟꡃ 雍　　　　　　　　么：ꡕꡟꡃ 萦（清韵列四）

鱼：ꡢꡟꡃ 颙（疑钟）荣（云庚）　喻：ꡕꡟꡃ 融（以东）营（以清）

可以看到，这儿的做法是韵母用同一个，声母依据等第不同加以区别，中古影母三等为影ꡝ，四等为么ꡕ；中古疑母与喻母三等为鱼ꡢ（当然这里是合口），四等为喻ꡕ。这同样可以做到等不同则音不同。

正因为在八思巴系统中，u类韵母假四等相应韵母形式难以拼合，所以采用以声别韵的做法就成了必然的选择。

2.3　a、e类韵母喉牙音二等与四等韵母形式的潜在冲突促成了以声别韵

不但u类韵母需要以声别韵，a、e类韵母对此也有需求，因为其喉牙音二等与四等韵母在拼写形式上存在着潜在的冲突，这也促成了以声别韵的产生。我们以八寒、十萧为例来说明。看下表：

	八　寒				十　萧			
	见	溪	疑	影	见	溪	疑	影
一等	gan 干	k'an 看	ŋan 岸	·an 安	gaw 高	k'aw 考	ŋaw 敖	·aw 麌
二等			jan 颜	jan 殷			jaw 聱齩	jaw 坳
	gèn 间	k'èn 悭			gèw 交	k'èw 敲		
三等	gen 建		ŋen 言	·èn 焉	gew 骄		ŋew 鹦	·ew 妖
四等	gèn 坚	k'èn 牵	jen 妍	jèn 烟	gèw 骁	k'èw 窍	jew 尧	jèw 要

由表中可以看出，二等疑母字如八寒的"颜"字八思巴字拼写形式

作ꡣꡜ，与相应的同摄一等字如"干"（八思巴字拼写作ꡎꡜ）归属同一韵类，即韵母相同，都作ꡜ。这样其滋生的i介音就只能由声母喻ꢂ来表示了。与之相似的还有喉牙音影母的"殷ꢂꡜ"。这两个可以看作二等喉牙音字的另类。因为在八思巴拼写系统中，滋生出i介音的二等喉牙音字的韵母是有专门的拼写形式的，如八寒韵部中就为之专门设立了"ꡟꡜ（ꢹ-）"韵，但与之相拼的声母很少，一般只有喉牙音声母"见溪晓匣"。其主要原因就是疑母和影母分别由喻ꢂ和么ꢂ来译写从而归入一等，使得二等的成员减少了（当然，二等还有唇音和齿音，但它们没有滋生介音，并入一等是自然的）。不过，即使"颜ꢂꡜ"、"殷ꢂꡜ"等并入一等也只是形式上的，因为其韵母毕竟不同，这与八思巴字拼写系统是不协调的。但这也是不得已而为之，二等疑母"颜"与影母"殷"若不并入一等而是留在二等与见母等字同韵（指拼写形式上）的话，那其拼写势必作ꢂꡟꡜ、ꢂꡟꡜ，那就很可能与四等的"ꢂꡟꡜ延、ꢂꡟꡜ烟"发生冲突，因为后者韵母的元音部分只能写作"ꡟ"或"ꡘ"。在这儿我们看到影母是会造成冲突的。或由于此，疑、影二母字保持了步调一致，都并入一等，其滋生的i介音就只能由声母喻ꢂ和么ꢂ来曲折表示，我们姑称之为"以声别韵"。

　　那如果不采用以声别韵的做法行不行呢？换言之，声母不做字形上的分化，是否可以呢？如表中所示，因为我们假设声母不分立，那疑母二、四等就还是疑母，不作ꢂ母，那"ꢂꡜ颜"就得留在二等，作ꡛꡟꡜ。这样与一等的ꡟꡜ岸倒是可以区别，但与三四等就有冲突了。因为四等的疑母字也不再作ꢂ母，而是改为疑母，那ꡛꡟꡜ言、ꢂꡟꡜ延也得作相应的改变，这儿看来就得使ꢂꡟꡜ延变作ꡛꡟꡜ。但这样就正好与"颜"留在二等的拼写形式冲突了。影母情形与此相似，一并列表如下（划线的为有冲突的拼写形式）：

疑　母		影　母	
已有拼写形式	假想形式	已有拼写形式	假想形式
[illegible]岸	[illegible]岸	[illegible]安	[illegible]安
[illegible]颜	[illegible]颜	[illegible]殷	[illegible]殷
[illegible]言	[illegible]言	[illegible]焉（影仙）	[illegible]焉（影仙）
[illegible]延	[illegible]延	[illegible]煙（影先）	[illegible]焉（影仙）

可见这不是理想的选择。为了形式明确还得采用以声别韵的做法，古人的这种选择还是非常明智的。那见母字如“间”拼作“[illegible]”，与四等“坚[illegible]”造成了冲突，它为何不并入一等呢？显然，“间”要并入一等就只能拼作“[illegible]”，这就与“干[illegible]”冲突，本为避免冲突却又造成了新的冲突，这不是理想的结果。而要想分化声母来学习疑、影二母字“以声别韵”的做法，但声母分化的内在理据又不充分（详下），所以只好让二等的见溪晓匣诸母字独成一韵，使用与四等极易混淆的拼写形式。不过，这些二等字并没有坐以待毙，在实践中，出现了一种变通手段，那就是二等的见溪晓匣诸母字韵母的元音部分虽然一般写作“[illegible]”，但在实际使用中，却经常写作“[illegible]”，所以《蒙古字韵校本》认为二种书写形式并存（见该书后“八思巴字头转写表”）。不过，四等韵字中表示其韵母的元音部分的“[illegible]”是绝对不会写作“[illegible]”的，这正是二者的最大区别。

2.4　古代蒙、藏语无ia复合元音是汉语影、疑诸母分化的内在理据与动力

八思巴字的创作背景决定了它与藏语文的密切关系，无论是书写形式还是字母与音素的对应关系上，都不可避免地带有其所从出的藏文的印迹。从性质上说，八思巴字首先应该说是一种蒙古文，它首先是用来拼写蒙古语的，而后才用来拼写元帝国境内的各个民族的语言（照那斯图、杨耐思1984；杨耐思1997）。所以八思巴字与藏

语文、与蒙古文的关系更密切,其相互适应性更强。所以之后其功能扩大到译写一切语言包括汉语时的拼写规则也受到了藏、蒙语文很深的影响。

古藏语中基本无复合元音,今天藏语各方言中则已经产生(瞿霭堂1983)。从蒙古语历时发展的总体情况看,蒙古语较早期固有的复元音是ai、ei、ui、üi及oi、öi等,并且可能是下降二合元音。上升二合元音在中古蒙古语中主要关系到一些外来词的标写上(嘎日迪2006:131)。正因这两种语言中没有ia,所以在当时民族大融合、文字定一统的情况下,在这些民族的听感上,汉语的 ia 更像是辅音y与元音a的拼合,在拼写上也更倾向于将汉语的 ia 与藏、蒙语中辅音y与元音a的拼合相对应。质言之,对藏、蒙语来说,他们倾向于用其语言中固有的语言成分来与汉语中的某种成分相对应,即使二者的对应不是很工整,他们也不愿意造一种本语言中所没有的语音成分来与汉语中的相对应,尽管后者的对应是准确的。

另外,这还有汉语中的原因。比如,汉语的ia也许本来就不大可能是真性复合元音。如现代汉语北京话中"鸦"[ia]复合元音,其中[i]听起来远没有[a]响,[i]非常短暂,共振峰基本没有稳定阶段就进入了滑移段,[a]占时间很长,比滑移段长得多,所以严格的标音应是[i̯a](林焘、王理嘉1992:98)。而今天藏语拉萨话里的[tau](配偶),阿里方言里的[tia](嗓子),前后两元音长应相近,听起来响度比较相当,过渡段也较短,这种复合元音一般称为真性复合元音,而汉语中的则是假性复合元音(林焘、王理嘉1992:99)。

现代汉语中的[i̯a]是假性复合元音,古代汉语中我们没有直接的证据。但从汉语的语音特点我们估计,多半也是假性复合元音。那样的话,在与外族语接触时,用辅音y与元音a的拼合来对应汉语中的[i̯a]也就是非常自然的了。

上文我们讨论的"ꡗꡦ颜"等字尽管是疑母,但当时疑母字大部分已变为零声母(参杨耐思1981)。所以正好可以让半元音[i̯]来充当声母。如果用这种眼光来看,那"ꡗꡦ颜"与"ꡧꡦ岸"倒真是声同而韵不同了。现代汉语拼音方案的处理其实与此也是相通的。

而三等与四等(含假四等)的ꡧꡦ言、ꡗꡦꡗ延则因介音与主元音合用一个字母"ꡟ"表示,所以这儿喻四母与疑母四等"ꡗꡦꡗ延(喻四)妍(疑母四等)"的声母"ꡗ"倒是变成了纯粹的零声母的标记符号了。

2.5 诸声母的拼合能力与分工受八思巴字符号的性质限制

正因为有了以上需求,所以影中分出幺、喻、疑分为鱼、喻、疑三母,那它们的分工是怎样的呢? 或说其与韵母洪细、开合分别相拼从而分立是受什么因素制约的呢?

当然,影、疑、喻的基本类别是对汉语传统三十六字母的继承,即使影母与疑、喻母同音了,在八思巴系统中也要维持其拼写上的区别。但在每一声母内部当它们依韵母的洪细、开合不同而要分立时,其出现环境则受制于其所采用的八思巴字零声母符号的性质,它们是紧密联系在一起的。

下面来看零声母符号的问题(据照那斯图1989)。八思巴字拼写中的一个居于重要地位的要素当推"零辅音符号"(即零声母符号)。其实,在八思巴字中不表达实际语音而只作书写符号的字母有ꡯ和ꡭ,有条件的表示这种功能的字母还有ꡗ和ꡖ(ꡖ只用于汉语)。它们均表示元音前的零辅音,只是出现场合不同,我们称之为"零辅音字母"或"零辅音符号"。在八思巴字里还有一个表达同样作用的符号"一",我们管它叫"字头符"。以上这几个符号的出现是有条件的,而且是互补的。下面我们以表格的形式来展示:①

---

① 此处讨论及表格均据照那斯图(1989),但为了全文统一,拉丁转写据照那斯图、杨耐思《蒙古字韵校本》,二者的主要区别在于,ꡟ、ꡦ在《校本》中转写作ė、e,而照那斯图1989ꡟ作e,ꡦ作ė,这符合蒙古语的情况,《校本》则是与汉语相适应的。

位　置	零声母符号	出现条件	对应汉语声母
词　首	ꡦ	a、ė、ö(ėo)、ü(ėu)、ụ前	鱼
	—(字头符)	i、u、e、o前	
词　中	ꡖ	a、ė、u、o(ꡖ偶见于i前)	影
	ꡟ	i前	喻(派生出ꡟ幺)

我们看到这些零声母符号出现的条件是互补的,尽管与后来在汉语中互补出现的情形并不相同,但毕竟为这种有条件使用做好了准备。同时,因为这些零声母符号的出现条件有特定的要求,所以仅用一个符号来表示汉语的声母是不行的(因为汉语声母的有些出现环境有的八思巴字零声母符号不能出现)。如出现条件决定了ꡦ只能拼合口(还有零形式的a):

开口一、三等由ꡖ来拼,所以ꡖ无合口;

ꡦ不拼u(仅有ꡦꡟ一个例外,参照那斯图1989),所以"五"等字拼作ꡞ(用字头符)。

ꡟ必须拼细音(从中分化出的ꡟ也只能拼细音):

比如,我们假设只要变成零声母的疑母字我们都用ꡦ表示,但它只能在 a、ė、ö(ėo)、ü(ėu)、ụ前出现,所以必须动用字头符和"ꡟ"。不过,这也正好与我们在《蒙古字韵》中看到的区分等第的要求相合。

从上面的分析我们也可以看出,影、幺、鱼、喻诸母的纠葛单纯从汉语韵书中是找不到答案的,因为这是受制于八思巴字的拼写规则的,而这些分立的声母一旦设立,就可以贯彻运用到好几个韵部中,使用还是比较广泛的。这样中古本为同声母的字在这儿就因等第不同变成了不同的声母,如表一中八寒、九先一表所示,中古影母今一三等为影、二四等为幺;中古疑母开口一等为疑、疑母二等则将声母写作喻(其中含有滋生的 i 介音,所以字面上韵母与一等相同;二等影母作幺同此),三等为疑,四等为喻;喻母开口也是三等作疑,四等为喻。疑母合口为鱼(有ᠪ、ᠺᠥ、ᠺ几个八思巴字头本为疑母,今用了字头符,这应该也反映了疑母的消失,是零声母的另一种表现形式),其不同等第一般合口韵母并不相同,所以无须以声母区别;喻母合口三等为鱼、四等为喻。列表如下:

影ᠪ: 影一三等	幺ᠵ: 影二四等
鱼ᠥ: 疑、喻三合口	
疑ᠫ: 疑母一二等开口、喻三开口	喻ᠵ: 疑二四等与喻四等

所有零声母符号都已派上用场,现在剩下的就是疑、喻二母的开口三等没有相应的零声母符号来译写(因为疑三、喻三已同音,喻三又不大可能变疑,所以我们推断其为零声母。已单独撰文,此不赘),只好退而思其次,既然疑三、喻三合而为一,在没有其他符号的情况下,找疑母来充当也就是没有办法的办法了(本来元音加字头符组合而成的ᠺ似乎可以担当这一职任,但《字韵》中始终未见该符号的使用,我们推断是因为ᠺ与泥母ᠺ易混,故不用,ᠺ若独立成音节就是na了。当然,ᠺ在拼蒙古语时倒是可以在词首出现,但拼汉语却从不使用)。

如上文所说,"影、幺、疑、鱼、喻"几母的分立源于八思巴字拼写系统,是八思巴字系统以声别韵的需要。那汉语音韵著作则是从八思巴字系统因袭而来。关于《古今韵会举要》对《蒙古字韵》的因袭情形,我们已有专文讨论(宋洪民 2013b),此不赘。

由以上讨论我们知道,影、喻诸母虽也有三等字却还要分立的原因与辅音和谐无关,这是它们有意模仿匣母分立的结果,其动因是八思巴字拼写汉语时符号不够产生的"以声别韵"的需要。看下表("呼"母在《韵会》前附《通考》中出现,我们借此说明晓母的分化可能,不再另行说明):

声母分立情形 元音阴阳属性		回鹘式蒙古文		八思巴字拼写系统							
		喉牙音		匣		影		喻、疑		晓	
		γ、q	g、k	合	匣	影	幺	鱼、疑	喻	呼	晓
阳	次阳	γa、qa γo、qo γu、qu		γaŋ 航		·aŋ 块		ŋi 矣		haw 蒿 hiw 吼	
	次阴						jaŋ 阳		ji 以		
阴	次阳		ge、ke gö、kö gü、kü	ħèŋ 降		·ėuŋ 雍		'ėuŋ 颙		hèw 虓	hèiw 休
	次阴						jėuŋ 萦		jėuŋ 融		
声母分立是否冗余	是否冗余	不冗余		冗余		不冗余		不冗余		冗余	
	原因说明	因为元音同形（这里拉丁转写a、e等的不同表示的是实际发音的不同，而在蒙文中书写形式相同），靠声母区分		元音已作区分，声母不必再分；但因回流词影响，加之影、喻等母分化以此为样板，故保留		因为元音同形，靠声母区分		因为元音同形，靠声母区分		元音已作区分，声母不必再分；故分化取消	

　　为便于说明问题，且为了进一步比较晓、匣母的不同，我们再列一表：

	汉语韵母及元音情形		蒙古语辅音和谐表现		匣　母		晓　母	
等第	主元音	对应阴阳属性	元音阴阳属性	所拼喉牙声母	合	匣	呼	晓
一等	a	准阳性	阳性	γ、q与阳性元音拼合	haw豪		haw蒿	

续 表

等第	汉语韵母及元音情形		蒙古语辅音和谐表现		匣 母		晓 母	
等第	主元音	对应阴阳属性	元音阴阳属性	所拼喉牙声母	合	匣	呼	晓
二等	ė	准阴性	阴性	g、k 与阴性元音拼合		ɣėw 肴		hėw 虓
三等	e	准阳性	阴性	g、k 与阴性元音拼合	匣母无三等字		hew 枵	
四等	ė	准阴性	阴性	g、k 与阴性元音拼合		ɣėw 皛		hėw 晓
备注	蒙、汉语元音阴阳性只在三等字中有冲突,三等字中元音按蒙语属阴性,在汉语中对应准阳性,有冲突				因无三等字,所以蒙、汉语拼匣母时元音阴阳性无冲突,故匣母可以分立		三等字中元音按蒙语属阴性,在汉语中对应准阳性,有冲突,晓母无法分立	

问题基本讨论完了,我们再回到开始。其实,匣母分化的直接诱因是"后ꡖꡞꡓ ɣiw"系由蒙古语回流入汉语,维持了其在蒙古语中的读音,动力当然是蒙古语中的"辅音和谐"规律。那合母ꡖ ɣ 的其他字如"恒、痕"的拼写则是因类化而成。影、喻类则是模仿而成,当然有八思巴字拼写汉语时符号不够产生的"以声别韵"的需要(宋洪民2013)。为清楚起见,我们再把这些结论用一张表列出:

	匣				晓		影		喻	
分化情形	皇匣ʔ yoŋ类（合口）	后匣ʔ yiw类（合口）	恒匣ʔ yiŋ类（合口）	匣ʃ	呼ʔ	晓ʃ	影ʔ	幺ʒ	疑、鱼ʃʔ	喻3 ʒ
八思巴系统表现	由ʔ派生新造字母ʔ			由ʃ派生新造字母ʃ	ʔ	ʃ	ʔ	ʒ	开口呼,合口呼	ʒ
分化是否蒙语影响	蒙古人感觉汉语舌根擦音部位大大后移			是	是		否（但利用了源于蒙语韵的分阴阳的拼合模式）			
分化动力	蒙古语辅音和谐				蒙古语辅音和谐		八思巴字系统中u类韵要以声韵别韵			
分化是否维持	是				否		是			
分化基础	回鹘式蒙古文中汉语借词分立				回鹘式蒙古文中汉语借词词分立		八思巴字中零辅音符号变体较多			
造成结局	拼阳性韵母			拼阴性韵母	没有维持分立		拼阴性韵母		拼阴性韵母	
所拼韵母等第	拼一等韵母			拼二三四等			一等三等	二等四等	一等三等	二等四等

续　表

	匣	晓	影	喻
与洪音标志ß及ßßʔɦhi省为ßßʔhi的关系	书写层面表现一致,都是元音组合中不出现标志ß,此处不是因为要避免重复,而是只与蒙语中汉语借词回流有关;既是基于蒙式的发音,又受到省掉ß的影响;无关、细音拼阴性韵以遵循规则	元音组合ß中不出现标志ßßʔhi为ßßʔhi;有关、细音前加ʕ变为阴性韵,以防与洪后音相混	无关	
与语中汉语借词回流关系	有关	无　关		
韵分阴阳后,分立是否冗余	是,很需要	是	靠韵母完全可以区分	不冗余,在小阴阳系统中仍然需要以声别韵
是否跨语言借词回流的需要	是,很需要	无多大需要	无多大需要	否
小阴阳以声别韵的需要	否	否	是	是

第三章 《蒙古字韵》与等韵图的关系

第一节 《蒙古字韵》声母格局与"交互音"

一、守旧、革新并立的矛盾声母格局

　　元代是汉语语音史上的重要阶段,其间最引人注目的莫过于曲韵书《中原音韵》。该书一般被认为代表了元代北方官话真实的口语音系,这一点为北音史家所津津乐道。与之形成鲜明对比的是,差不多同时代的另一韵书《蒙古字韵》则因其音系的保守性多为音韵史家所诟病。最突出的无过于该书无视浊音清化的事实而依然保存全部浊音,而浊音清化这一近代汉语中的重要音变现象已为《中原音韵》所揭示,是公认的事实。具体说来,与传统的三十六字母比较,《蒙古字韵》的声母系统因匣、影、喻(含疑)分化而多出了元代特有的几个声母合、幺、鱼,同时由于知组、照组及非敷的合并又减少了几个声母。多出那几母的分化原因我们已专门撰文讨论了,影、喻等分化是源于八思巴字拼写系统(宋洪民2013),而匣母二分则是由于受到了蒙古语的影响(已撰文待发);因合并而减少的相关声母,据我们研究,则与近代韵图如元人刘鉴《经史正音切韵指南》前附"分五音"等条目中的"交互音"之类的规定密切相关。今讨论如下。

　　总体看来,《蒙古字韵》并非一味保守,其中也有反映新的音变的革新成分。如并照于知,并穿于彻,并床于澄,非、敷不分,疑、喻混并

等。罗常培先生在《八思巴字与元代汉语(增订本)》(页173)中指出:
《中原音韵》"和八思巴对音比较,像非、敷、奉不分,知、章两组不分之
类,两个系统都是一样的,所差异的只是全浊声母的有无和庄、初、崇、
生是否独立两个问题"。八思巴字母和三十六字母对应情况如下:

宋人三十六字母

五音 \ 清浊		全清	次清	全浊	次浊	清	浊
牙音		见 ꡂ	溪 ꡁ	群 ꡀ	疑 ꡃ (含部分喻母)		
舌音	舌头	端 ꡊ	透 ꡉ	定 ꡈ	泥 ꡋ		
	舌上	知 ꡜ	彻 ꡤ	澄 ꡣ	娘 ꡇ		
唇音	重唇	帮 ꡎ	滂 ꡍ	并 ꡌ	明 ꡏ		
	轻唇	非 ꡤ	敷 (同非)	奉 ꡤ	微 ꡓ		
齿音	齿头	精 ꡒ	清 ꡑ	从 ꡐ		心 ꡛ	邪 ꡗ
	正齿	照 (同知)	穿 (同彻)	床 (同澄)		审 ꡚ	禅 ꡮ
喉音		影 ꡤ ꡯ			喻 ꡭ ꡝ (含部分疑母)	晓 ꡦ (ꡯ,汉语少用)	匣 ꡯ ꡤ
半舌音					来 ꡙ		
半齿音					日 ꡔ (H,汉语少用)		

　　这些变化在金代的《五音集韵》中已经有所体现了。宁忌浮先

生《韩道昭〈五音集韵〉第二音系考》一文指出,《五音集韵》的第二音系中,韵母上三四等已经合流,有些韵有重新合并的现象;而声母上呢,最多的是浊音清化,其次是精组与照二组的相混,再就是彻穿、非敷、影喻、疑喻分别混用(《宁忌浮文集》,页84)。

我们不禁要问,为何《蒙古字韵》中守旧、革新两种因素能熔于一炉呢?或说《蒙古字韵》的声母革新源自何处呢?

二、《蒙古字韵》声母格局与“交互音”

从文献源流上说,《蒙古字韵》的音系应该都是以《七音韵》为基础的,但如上节所论,《七音韵》的韵图应当是七音三十六母、四等格局,难以展示这些革新变化。更为棘手的是,《七音韵》已佚,难以悬揣。但我们在元代的另一韵图元人刘鉴《经史正音切韵指南》前附“分五音”等条目中发现了“交互音”一条。其内容是:

> 交互音:知照非敷递互通,泥娘穿彻用时同,澄床疑喻相连属,六母交参一处穷。

其所包含声母正好是《蒙古字韵》声母系统中那些大胆合并表现革新变化的类别(仅泥娘分合不同,我们将在后文讨论)。这会是巧合吗?我们认为不是。因为如果这些革新表现是《蒙古字韵》的编写者自发而为之的,那我们就无法解释为何他不像《中原音韵》和明末的《等韵图经》那样彻底表现早已出现的浊音清化,还有影母与疑喻等全都变为零声母而混并也没有得到体现。其革新表现得不彻底及其模式与“交互音”的高度一致性使我们只能得出这样的结论:《蒙古字韵》对声母革新的表现是依据“交互音”之类规定的,而这些规定就存在于其编写所依据的《七音韵》中。

现在的问题是,《蒙古字韵》的编写依据或说其音系来源是什么?

该源头著作中能否同时容纳有保守和革新两种声母特点呢？如上文所述，包含有"交互音"的《经史正音切韵指南》等金元韵图就正好容纳了这两种因素，其主体音系一般都保留三十六字母的保守体系，同时又有记录新的语音变化的"交互音"之类附加条目。而更令我们坚定这种想法的是，学界一般认为《蒙古字韵》音系就源于金元韵图《七音韵》。

三、金元韵图及《七音韵》的守旧性

杨耐思、宁忌浮二先生都主张，元代韵书《蒙古字韵》与《古今韵会举要》及韵表《礼部韵略七音三十六母通考》[①]的音系都来源于早佚的音韵学著作《七音韵》（杨耐思 1989；又见杨耐思 1997：144。另见宁忌浮《〈古今韵会举要〉及相关韵书》页7）。但因《七音韵》亡佚，其内容无缘得见。不过，从《蒙古字韵》诸书完整保存浊声母来看，《七音韵》的韵图形式不外乎《四声等子》《切韵指南》等近代韵图所呈现的七音三十六母四等的格局。

宁忌浮《〈古今韵会举要〉及相关韵书》（页11—12）对《七音韵》在韵图类别及其发展史上的地位给出了准确的描述（《七音韵》属最后一类，表参看第一章），现存的几种宋金韵图有《韵镜》《七音略》《四声等子》《切韵指掌图》等，还有《七音韵》，元代则有《切韵指南》，明代还出现了极富革新精神的《等韵图经》等。

至于《七音韵》，因为其早佚，所以关于其内容我们只能通过受其影响颇深的《蒙古字韵》《韵会》及《通考》来推知。至于其革新程度，我们认为不能轻易下结论，因为宋元时期的等韵著作所表现出的革新精神往往是与其固守传统的举措混为一体的，要下一番剥离的功夫才行。这在号称革新的《切韵指掌图》中表现得尤其突出。

《指掌图》的声母就固守了三十六字母的传统。在韵部上，则表

---

① 为行文简洁，《蒙古字韵》、《古今韵会举要》、《礼部韵略七音三十六母通考》与《七音韵》多分别省作：《字韵》、《举要》（或《韵会》）、《通考》与《七音》。

现出了革新与守旧的混并。具体表现是：

A.《指掌图》对《广韵》的不少韵部进行了合并（如东与冬、鱼与虞、谈与覃等）。全书共分二十图，其内容与《四声等子》的二十图不完全相同。

B.《指掌图》没有摄的名称，但有摄的内容，按其各图的特点进行归类，共有十三摄，独居一图的韵为一摄，开合相配图中的韵合为一摄。十六摄中的果与假、宕与江、梗与曾在《指掌图》中被分别合为一图，故比十六摄少了三摄。这十三摄可以称作：

> 通 止 遇 蟹 臻 山 效 果（假） 宕（江） 梗（曾） 流 深 咸

C.《指掌图》对开合的处理与《四声等子》有所不同，如《四声等子》将江韵归于开口图，《指掌图》则将江韵归于合口图。

将读音趋同的韵合并，这当然是《指掌图》革新的表现，但我们不应忽视的是，其守旧表现也非常突出，即在韵部合并的同时，该书始终如一地恪守等第之别。[①] 由于韵部的合并，其韵图的数量由《韵镜》的43张图减为20图。不过，虽然图的数量有变化，但单张图的横纵搭配格局却没变。韵图是由三十六字母跟四等构成的横纵经纬网，这个格局不容破坏。这是继承传统韵图、恪守等韵门法的突出表现。正因恪守等第之别，所以语音相近的韵中同等第的小韵（指韵图上实际所处的等第）较易合并，而跨越等第界限的合并则很难实现，等第之别仍是一道不可逾越的鸿沟。正因如此，所以就单张图的格局来看，较之《韵镜》，《指掌图》并没有实质性的变化，较为惹眼的一点不过是因声母变为线性排列之后带来的"拉抽屉式"的变形，这在舌、齿音中表现得

---

① 即使是一向视为革新突出表现的止摄精组字升为一等，李思敬（1994）、蒋冀骋（1997）也认为是韵图编者排韵列等的某种从权做法。

尤其突出。齿头音精清从心邪占据一、四等,好比是抽屉的外框,正齿音照穿床审禅好比是抽屉的内匣。在《韵镜》的格局中,抽屉是合着的,到了《切韵指掌图》,抽屉则拉开了。无论合着还是拉开,等第基本没有变化。舌头音和舌上音的格局也是如此。看下图:

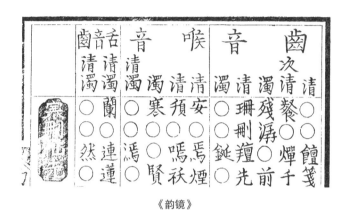

《韵镜》

《切韵指掌图》

这种"拉抽屉式"的变形既可以描述韵图的形制变化,同时也可以概括近代多部韵图及韵图式韵书中韵部合并的特点,即韵部的合并基本限于在同等第的韵(指韵图上实际所处的等第)之间进行,其运行模式呈现为"横向运动、纵向阻隔"。《四声等子》和《切韵指南》情形与此也十分接近。

《四声等子》 通攝内一　重少輕多韻

見	溪	羣	疑	端知	透徹	定澄	泥孃	幫非	並奉	明微	精照	清穿	從牀	心審	邪禪	曉	匣	影	喻	來	日
公	空	○	○	東	通	同	農	○	蓬	蒙	葼	怱	叢	嵩	○	烘	洪	翁	○	籠	○
○	孔	○	○	董	桶	動	○	○	菶	蠓	總	○	○	○	○	嗊	澒	蓊	○	曨	○
貢	控	○	○	涷	痛	洞	○	○	○	幪	糉	○	○	送	○	哄	哄	瓮	○	弄	○
穀	哭	○	○	穀	禿	獨	耨	○	暴	木	鏃	速	族	速	○	殼	縠	屋	○	祿	○
○	○	○	○	○	○	○	○	○	○	蒙	○	○	崇	○	○	○	○	○	○	○	○
○	○	○	○	○	○	○	○	○	○	○	○	○	剚	○	○	○	○	○	○	劓	○
恭	穹	窮	顒	中	忡	蟲	○	封	逢	夢	鍾	衝	春	○	○	胷	○	邕	融	龍	茸
拱	恐	栠	○	冢	寵	重	○	覂	奉	○	腫	種	○	○	○	洶	○	擁	勇	隴	宂
供	烤	共	䇂	湩	踵	重	○	葑	鳳	○	種	衝	雝	○	○	趨	○	雍	用	隴	縟
菊	曲	侷	玉	楝	楝	躅	○	伏	伏	木	燭	觸	欔	粟	○	旭	○	郁	育	錄	褥

左側韻目：東董送屋／冬腫宋沃／東冬鍾相助

《四声等子》

《切韵指南》 通攝内一　偪門

見	溪	群	疑	端知	透徹	定澄	泥孃	幫非	並奉	明微	精照	清穿	從牀	心審	邪禪	曉	匣
公	空	○	○	東	通	同	農	○	蓬	蒙	葼	怱	叢	嵩	○	烘	洪
頴	孔	○	岘	董	侗	動	繷	○	菶	蠓	總	○	○	○	○	嗊	澒
貢	控	○	○	涷	痛	洞	繷	○	縫	夢	糉	○	○	敝	○	頌	哄
穀	哭	○	○	毅	禿	獨	耨	琜	暴	木	鏃	速	族	速	○	穀	縠
○	○	岘	○	○	○	○	○	○	○	○	○	○	崇	○	○	○	○
○	○	樶	○	○	○	○	○	琜	○	○	○	○	剚	○	○	○	○
恭	銎	穹	顒	中	忡	蟲	○	封	逢	夢	鍾	衝	鑯	○	○	胷	雄
拱	恐	○	岄	冢	寵	重	○	覂	奉	○	腫	種	衝	縮	○	詾	○
供	恐	共	玉	湩	踵	重	○	葑	鳳	○	種	種	雝	諫	○	趨	○
菊	曲	局	局	楝	楝	躅	○	豰	伏	木	燭	觸	欔	束	從	旭	蜀

切韻指南　三

《切韵指南》

只是到明末（1606）才出现了极富革新精神的《等韵图经》，突破四等与声调格局。

果攝第十三合口篇　韻多朵惰奪

见 溪　端 透 泥 帮 滂 明　精　清　囚 心 影 晓　來
　　　非 敷 微　照　穿　稔　審

锅 科　多 拖 （） 波 坡 摸*　峻 搓　○ 梭 窝 剉* 瘸
果 颗　朵 妥 娜 跛 颇 抹　左 脞　○ 锁 婑 火 裸
过 课　惰 脱 愞 博 破 莫　坐 错　○ 挫 卧 祸 捼
○ 全*　夺 陀 那 箔 婆 魔　昨 矬　○ ○ 訛 活 罗
　　　　　　　　　　卓* 捰*　○ ○
　　　　　　　　　　○ 戳*　○ 所
　　　　　　　　　　卓 戳　○ 朔
　　　　　　　　　　濁 ○　○ ○

○○ ○○○○○○ ○ ○ ○○○○○
○○ ○○○○○○ ○ ○ ○○○○○
○○ ○○○轉○○ ○ ○ ○○○○○
○○ ○○○佛○○ ○ ○ ○○○○○

《等韵图经》格局（引自《陆志韦近代汉语音韵论集》页66）

但时代相去太远，且《等韵图经》韵母上的突破四等格局是与声母上的取消浊声母同时呈现在我们面前的，这是真正的革新。从《蒙古字韵》诸书保存浊声母、七音四等格局基本完好来看，作为其音系来源的《七音韵》绝不会如《等韵图经》这般革新。《七音韵》应该受制于它所处的时代,与《等子》、《指掌图》、《指南》等相近(因为这三种韵图也是以革新著称的),也是七音三十六母、四等格局。

四、"交互音"的革新

如上文所说,《蒙古字韵》的音系是以《七音韵》为基础的,其韵图形式不外乎《四声等子》《切韵指南》等近代韵图所呈现的七音三十六母四等的格局,这就决定了《七音韵》本身和《蒙古字韵》声母系统的保守性,而"交互音"之类的规定则又决定了《蒙古字韵》声母系统中革新成分。其革新表现的不彻底及其模式与"交互音"的高度一致性使我们只能得出这样的结论:《蒙古字韵》对声母革新的表现是依据"交互音"之类规定的,而这些规定就存在于其编写所依据的《七音韵》中。

罗常培先生在《八思巴字与元代汉语(增订本)》(页173)中进一步指出:"从八思巴字对音考证出来的元代汉语声类,也和汉语音韵史上许多地方相合",如《清通志·七音略》曰:"知、彻、澄古音与端、透、定相近,今音与照、穿、床相近。泥,娘,非,敷,古音异读,今音同读。"罗先生据此认为:"果如所言,则知、彻、澄、娘、敷之混变自北宋已见其端。故旧传朱熹之三十二母有照、穿、床、泥而无知、彻、澄、娘,陈晋翁《切韵指掌图节要》之三十二母有知、彻、澄、泥而无照、穿、床、娘,吴澄之三十六字母删知、彻、床、娘,黄公绍《韵会》之三十六母并照于知,并穿于彻,并床于澄……此四家者,虽亦略有出入,要不外于知、彻、澄、娘与照、穿、床、泥之混并。"可见这些新的音变已不算太新,只是守旧的韵图没能及时反映而已。

"交互音"的规定中,《蒙古字韵》未严格遵守的只有泥娘二母,"交互音"规定同用,而《字韵》分立。其原因当为二者的等第之别,泥属于端透定一组,而娘属于知彻澄一组,分属不同等第,而《字韵》对等第是颇为看重的。疑、喻的合并也是以等第相同为前提条件的

(宋洪民2013)。《字韵》遵循"交互音"合并声母时，是严格以等第的相同与否为分合依据的：即等第相同的声母可据"交互音"的相关规定加以合并，等第不同的则即使"交互音"规定要合并，《字韵》依然固守等第的轸域界限而各自分立。看下表：

音喉	音	齿		音牙	音		舌		音	唇	
				疑	泥						一等
	床	穿	照	疑	娘	澄	彻	知			二等
喻	床	穿	照	疑	娘	澄	彻	知	敷	非	三等
喻				疑	泥						四等

　　知组与照组等第相同，可以合并；非、敷等第相同，可以合并；疑、喻在相同等第间，可以合并，但不同等第的要严格区别；泥、娘等第不同，不能合并。《蒙古字韵》对等第是颇为看重的，而且我们发现，该书中的韵类分合严格遵循"等韵门法"（参看第七章）。

　　为了彻底搞清楚泥娘的纠葛，我们将《蒙古字韵》中所有的泥娘母小韵系全都找出来，列为一表。

　　我们可以看到，表中泥、娘二母的对立可以分为三种情况：

　　A. 单向对立。因为该类中没有泥、娘混淆的可能存在，所以娘母一般就写作泥母。

　　B. 假对立。据《中原音韵》那些已经同音的字，在这里因声母有泥、娘的不同而分立，我们认为这是假对立，多是拘于等第之别（大多是泥母字是四等，而娘母字是三等）。即靠泥、娘的不同拼写形式来展示字音的等第之别。

　　C. 韵母对立。有些字确实读音有别，但这种差别不是声母的泥、娘对立（泥、娘应该已经合并），而是韵母的差异。但由于八思巴字拼写形式受到多种限制，所以有时就用这种声母的差别来表示韵母的差异，

	韵母对立		假对立（等第不同）	单向对立	
	靠声母区别	靠韵母区别	靠声韵两种手段区别		本为泥母	娘转泥母
一东	ꡋꡟꡃ nuŋ 农/ꡜꡋꡟꡃ ñuŋ 浓					
二庚					ꡋꡞꡃ niŋ 宁（四等青韵泥母）/；ꡜꡋꡞꡃ nhiŋ 能（一等登韵泥母）/	ꡜꡋꡞꡃ nhiŋ 伫（二等耕韵娘母。《韵会》泥耕切，注云：音与蒸韵能同。）/
三阳	ꡋꡃ naŋ 囊/ꡜꡋꡃ ñaŋ 娘			ꡋꡞ ni 泥婪/ꡜꡋꡞ ñi 尼瞌（《韵会》亦ꡋꡞ ni 婪与ꡜꡋꡞ ñi 瞌对立）		
四支				ꡋꡟꡠ nue 内/ꡜꡋꡟꡠ ñue 逶		
五鱼		ꡋꡟ nu: 怒/ꡜꡋꡦꡟ ñèu 女				
六佳					ꡋꡗ naj: 乃/	

续　表

	韵母对立			假对立（等第不同）	单向对立	
	靠声母区别	靠韵母区别	靠声韵两种手段区别		本为泥母	娘转泥母
七真					/ꡋꡟꡋ nun 嫩/	/ꡇꡞꡋ 纫/（该小韵系只此一字，本娘母字，拼作泥母;《韵会》注云：旧音尼邻切）
八寒					/ꡋꡋ nan: 难/	
九先				/ꡋꡞꡋ nen: 年/（《韵会》与"辗"字对立）	/ꡋꡋ non 暖/	
十萧				/ꡇꡞꡓ ñiw 纽/	/ꡋꡓ naw 猱/	/ꡇꡞꡓ nèw 嫋/
十一尤					/ꡋꡨꡟꡓ nuaw 㛲/　/ꡇꡞꡟꡓ nhiw 輮/	

续　表

	韵母对立			假对立（等第不同）	单向对立	
	靠声母区别	靠韵母区别	靠声韵两种手段区别		本为泥母	娘转泥母
十二覃				[ꡋꡏ nem: 鮎拈念 / 巴ꡜꡏ ñem 黏粘]	[ꡋꡏ nam: 南 /]	
十三侵				（《韵会》对立，此处列"南"字，取尼林切的叶韵音）/ 巴ꡜꡏ ñim 贫（本娘母字，该小韵系只此一字）		
十四歌					[ꡋꡡ no 那傩 /]　[ꡋꡡ ñuo 挼 /]	
十五麻					[ꡋꡖ nè 涅（泥母屑韵四等）/]　[ꡋꡖ nɡa 豝 /]	[ꡋꡖ nè 聂（本娘母某韵三等）/]　[ꡋꡖ na: 豝（《韵会》奴加切，注云：旧韵女加切。）纳 /]

因为真为三等韵，无一、四等泥字，故娘母写作泥母也不会导致与泥母混淆。

如[字]nuŋ农/[字]ňuŋ浓,[字]naŋ囊/[字]ňaŋ娘。当然有的韵中也可以同时将韵母的不同展示出来,如[字]nu：怒/[字]ňeu女。"农""囊"等对立中之所以韵母对立没有展示出来,其原因是含ė的韵母一般是拼喉牙音的,而娘母字则要服从"知彻澄娘"整体的拼合规律。"三阳"韵部中[字]ėŋ韵是拼牙喉音的(再加精组和来母字),"娘"字只好与知彻澄一起归入[字]aŋ韵。其韵母中的介音就只能由声母来提示了。

当然知组字有时会出现参差。如在《蒙古字韵》"一东"韵部中,与知三章组字本为一类的澄母字"虫、重"等字,韵母拼写与知三章组的其他声母字不同,归在[字]ėuŋ韵;相反,庄组的崇母字却与知三章组字拼同一韵母[字]uŋ。不过,在其中我们会发现比较有趣的一种现象,那就是假二等的崇母字尽管在拼写上与知三章拼同一韵母[字]uŋ,但如表中所示,[字]韵中排在二等的有崇母,但排在三等的澄母和船母位置却都空着;而[字]ėuŋ韵三等有澄母字,但二等庄组根本无字出现。所以这儿所谓庄组声母与知三章组的相混,其实并没有真的混并。接下来我们要问的是,一东韵部中难道真的会出现这种现象吗? 知三章组字中本为一类的澄母字(虫、重等)另类别居,别出另为一韵,而本不同类的庄组的崇母字却恰恰与知三章组变得韵母一致起来。我们认为这儿所谓庄组声母与知三章组的相混,并没有真的混并,尽管庄组的崇母与知章组确实与同一韵母uŋ相拼了,但两组声母字并没有真正出现在同一个小韵中,即没有出现绝对的同音字(因为澄母去与ėuŋ韵母相拼了)。《中原音韵》展示的是"崇重虫"合并同音的格局。所以我们推断《字韵》这种"崇"、"重"纠葛的格局是一种人为的现象。因为《蒙古字韵》的编者更重视韵书和韵图的分类(杨耐思1997：81),也就是要遵循"等韵门法",所以"知三章"与"知二庄"一定要拼不同韵母的约定不容打破。这在我们转引杨耐思先生的研究结论中看得很清楚。而这种区别更突出地表现在三等韵的庄组字与其他声母字在声韵拼合上的表现。

"崇""虫"不同韵，守住了假二与三等不同音的底线。《字韵》的格局是人为造成的。这应该是由于庄组崇母字占用了这一八思巴字头ꡑ tšuŋ，澄母字因恪守假二与三等不同音的原则，便只好脱离了"知三章"的群体，退守到了ꡒ ėuŋ韵中，拼作ꡑꡒ tšėuŋ。这种格局的形成是《字韵》恪守等韵门法的证据之一，它遵循的就是门法的"正音凭切"门。正音凭切是指反切上字为照组声母二等字，下字如果是三等或四等韵的字，切出的字也应是二等字。据此，照组声母的假二等字和三等字是严格区分的。可以说，"崇""重"的拼写差异是八思巴字拼写系统为了区分庄组声母与知三章组声母作出的人为区分，是为了遵循等韵门法而作出的选择。在这种情况下，娘母自然要服从大局归在ꡟꡋ uŋ韵。而"女"字的标音呢，则因为"五鱼"韵部知三章组字整体上都与ꡠꡟ ėu韵相拼，所以娘母也可以与之相拼，当然这样就有两种区分标志了，手段就冗余了。

　　综上所述，我们的分析结论是，在泥、娘两类字不会混淆的情况下，娘母可以写作泥母。质言之，泥娘有别的情况无论是A类的韵母确实有别而用声母来加以区分，还是B类的假对立，它们都表现为韵图上的等第之别。也就是在上述情况下，泥娘的分立就是为了不要混淆这种等第之别，而当不存在混淆的危险时（即没有对立的情况），如C类的单向对立中，娘母就写作泥母。这说明，娘母已经变为泥母了。

　　当然，这种守旧与趋新的双重性、矛盾性在其他等韵学著作中也存在着。如《切韵指南》即是如此，其"交互音"就有反映新的语音变化之处："知照非敷递互通，泥娘穿彻用时同，澄床疑喻相连属，六母交参一处穷。"邵荣芬《汉语语音史讲话》说"这些东西，不知道是不是刘氏的作品"。（页143）何九盈《中国古代语言学史》谈到："这个'交互音'如果为刘鉴本人所作，说明实际上只有30个字母了，因为知彻澄已与照穿床合一，非敷合一，疑喻合一（引者按，似乎漏掉了"泥娘合一"），减少了6个声母。"（页216）不过，即使"交互音"一条不是刘鉴本人所作,其时代也不会太晚,这应代表了元明学人的共识。因为明朝的袁子让就因为此条批评了《切韵指南》。袁氏《字学元元》卷一"分三十六母本切":

> 诸母牙音中,见溪群三母无谬,惟疑母有讹呼作夷者。此母一谬,则以鱼为余,颙为容,危为为,银为寅,元为员,牛为尤,敝不可胜道。即作《指南》者,亦谓疑喻相通,可笑哉!

又曰:

> 齿音中,精等、照等,亦各相肖,惟精五母出在两齿头相合之处,而照等五母在正齿之内,舌稍用事,故中有少似舌上音者。少不别于毫厘之间,则即以作《指南》者,亦谬谓穿彻同用,而澄床互通矣。

李新魁《汉语等韵学》也谈到:"这'交互音'一节,说的都是音变的实际现象,而这,在韵图本身并没有表现出来,只在卷首作了说明。这也反映了《切韵指南》一定程度的保守性。"(页189)《蒙古字韵》与《七音韵》也表现出了类似的这种守旧与趋新的双重性、矛盾性,这当然导源于表现革新因素的"交互音"与其他保守因素的新、旧并存。

第二节　再论元代汉语中的喻三入疑

一、喻三入疑不合官话方言发展

上章我们讨论了蒙、汉语言接触问题,同时也谈到了疑、喻的分合受此影响,是其分合格局是人为造成的,其真实情形是疑母大多变为零声母从而与喻母合并。但曾有学者认为，喻三入疑或许反映了西北方音中出现过的 ŋg（曾有专家在审阅笔者投往某刊物的稿件时提出此看法），为了进一步澄清该问题，特专门讨论此问题如下。

众所周知，在元代韵书《蒙古字韵》与《古今韵会举要》中，都出现了喻三母字并入疑母（而疑母四等字则并入喻四母字）、影母独立（自身又有三、四等之别）的现象。近代汉语的研究成果显示，在《中原音韵》中，疑母开口只有小部分保留鼻音，大部分变成零声母跟影母开口相混，到了《韵略易通》则全部相混。下面我们据《汉语方音字汇》（第二版重排本）看一下疑母"牛"字与云母"友"字的在汉语方言尤其是官话方言中的读音情况（只标声母，起首半元音 /j/ 标出）：

牛流开三平尤疑	北京	济南	西安	太原	武汉	成都	合肥	扬州	苏州	温州
	n	n̠ ∅	n̠	n	n	n̠	l	l ɣ	n̠	ŋ
	长沙	双峰	南昌	梅县	广州	阳江	厦门	潮州	福州	建瓯
	n̠	n̠	n̠ ŋ	n̠	ŋ	ŋ	g	g	ŋ	n
友流开三上有云	北京	济南	西安	太原	武汉	成都	合肥	扬州	苏州	温州
	∅	∅	∅	∅	∅	∅	∅	∅	j	j
	长沙	双峰	南昌	梅县	广州	阳江	厦门	潮州	福州	建瓯
	∅	∅	∅	∅	j	j	∅	∅	∅	∅

由表中可以看出，云母字多变成零声母，有时又产生 /j/，不向疑母趋同，反倒是疑母字有可能失落后鼻音声母 ŋ，并入云以母所在的零声母阵营中（如济南方言中"牛"读作 iou，这种读作零声母的情形在山东的其他地区如潍坊至胶东半岛的一些县市还存在）。这在近代汉语中是很常见的，而且学界也达成了共识，如杨耐思（1981）、宁继福（1985）在《中原音韵》的研究中就都对影疑云以诸母字共存的字组如齐微韵部的"移、倪、宜、倚、矣……"以及尤侯韵部的"尤、

游、由、牛、犹……"等都标为零声母,而没有标为疑母的后鼻音声母ŋ。这就与《字韵》及《韵会》所展示的云母字并入疑母的声母格局形成了鲜明的对照。

二、喻三入疑不合元明后声母增生格局

刘镇发(2009)在考察了大量官话方言后指出,中古的影、疑母字元明以后增生[ŋ]的较多,而云、以母字则在变成零声母后产生/j/的情况下,有的又变成[ʐ̩]并进一步变成[z],甚至一些疑母三四等也走上这条演变道路。而不是如《字韵》与《韵会》所展示的三等云母字并入疑母的声母格局。到了明代末年的《西儒耳目资》,汉语声母却比《韵略易通》多了一个来自零声母的[g],刘镇发(2009)认为音值很可能是[ŋ]。而且,很多官话方言都有[v][z][ɣ][ŋ]等声母,而这些声母都是在中古音清化以后,从清声母的基础上再发展而来的。刘文从三个方面讨论声母的增生情况:影母开口、疑母开口的声母增生;日母的发音与零声母的日母化;微母与影疑母合口的发音。并指出:"到了明代,影母开口、疑母开口字也受到音位空档[ŋ]或[ɣ]吸引,渐渐增生了[ŋ]或[ɣ]的声母。现代官话有超过三分之二的方言点有这个现象。不增生的方言点反而是少数。因此,《西儒耳目资》反映的音系是代表大多数官话的。"并讨论了云以母字与日母混并的去向。在北京、河北、山东一带念[ʐ̩]或[z]的除日母字外,还有云以母字。云以母念浊音的现象是/j/的浊擦化。北京、天津、承德、唐山、保定、锦州、郑州、商丘、芜湖、利津、济南、集宁、红安、阜阳都有这个现象,而且都很一致地集中在梗摄和通摄合口。天津管的字比较多,连"拥永勇用佣"都念[ʐ̩]。而商丘在口语中,"央秧殃"也念[ʐ̩]。在黎平、吉首,[z]还包括了疑母的细音。西安、兰州的[ʐ̩]只包括开口,不包括合口字。后者跟影母合口字合流。刘文将这些情形列表说明,非常清晰。我们转引于此。

官话方言中古后产生的浊音和次浊音声母以及它们的中古来源举例

	浊 声 母	次浊声母
北京、承德、唐山、保定、锦州、郑州、商丘、芜湖、天津	z: 日母，部分云以母	
沧州、海拉尔、原阳、昆明、宜昌、天门、长春	z: 日母	
大同、黑河、沈阳、银川、西宁、蒙自	z: 日母；v: 影母合口、云以母合口、疑母合口、微母	
利津、济南	z: 日母、部分云以母；v: 影母合口、云以母合口、疑母合口、微母	ŋ: 影母开口、疑母开口
石家庄、平山、张家口、阳原、忻州、临汾、临河、呼和浩特、赤峰、齐齐哈尔、乌鲁木齐	z: 日母；v: 影母合口、云以母合口、疑母合口、微母	ŋ: 影母开口、疑母开口
昭通、襄樊	z: 日母	
集宁、二连浩特、信阳、大理	z: 日母；v: 影母合口、云以母合口、疑母合口、微母	ŋ: 影母开口、疑母开口
诸城	v: 影母合口、云以母合口、疑母合口、微母	ŋ: 影母开口、疑母开口
成都、南充、达县、汉源、重庆、遵义、毕节、贵阳	z: 日母	ŋ: 影母开口、疑母开口
黎平、吉首	z: 日母、疑母细音	ŋ: 影母开口、疑母开口
柳州、桂林、常德		ŋ: 影母开口、疑母开口
武汉、歙县		ŋ: 影母开口、疑母开口；n: 日母
佳木斯	v: 影母合口、云以母合口、疑母合口、微母	n: 影母开口、疑母开口
白城		n: 影母开口、疑母开口
太原、林县	z: 日母；v: 影母合口、云以母合口、疑母合口、微母；ɣ: 影母开口、疑母开口	
阜阳	z: 日母、部分云以母；ɣ: 影母开口、疑母开口	

	浊　声　母	次浊声母
济宁	z：日母、部分云以母；γ：影母开口、疑母开口	
青岛	γ：影母开口、疑母开口	

很明显，主流是影、疑趋同，云以伴日。这与《字韵》与《韵会》所展示的云母字并入疑母的声母格局显然不同。

三、喻三入疑不合波斯译音

沈钟伟先生指出，波斯译音中有喻三母字读作疑母的。①笔者未见到该材料原件，据沈钟伟先生讲，材料是元代的，具体年代是1313年，是在波斯根据当时汉语口语语音音译的。波斯译音中除有喻三母字读作疑母的外，还有一些影母字也读疑母。这就与《蒙古字韵》及《韵会》的声母格局不同了。

其实，波斯文在元代的中国还是有一定地位的，它曾是蒙元帝国的第三官用文字。萧启庆《元代的通事和译史：多元民族国家中的沟通人物》谈到："除蒙、汉二文"为蒙古帝国的官方文字外，"元廷仍采用回回文——亦称'亦思替非（*Istifi）文字'——为第三官用文字；元代所谓'回回文'即波斯文。据黄时鉴之解释，采用波斯文为官方语文之原因有二：第一，当时居留汉地外族人士中，使用波斯语文者甚多；第二，波斯语文盛行于中亚、北亚乃至东亚。"好多学者都主张元朝色目人以波斯语为共同讲言。（萧启庆《内北国而外中国：蒙元史研究》页429—430）波斯文也给当时游历中国的

---

① 沈钟伟先生尚未发表自己的研究，关于波斯译音材料的情况沈先生是在2014年3月于太原举行的"音韵与方言青年学者论坛"上透露这一信息的（当时沈先生与笔者都参加了这一会议）。而后，2015年3月24日沈钟伟先生在给笔者的电子邮件中专门谈了波斯译音材料的具体情况。

马可·波罗留下了很好的印象。邵循正《语言与历史——附论〈马可·波罗游记〉的史料价值》一文中谈到：马可·波罗"简直不懂汉语，蒙古语也很有限，他比较有把握的就是波斯语（包括波斯语中习用的大食语字）"，而且"他的中国史地学问，大部是渊源于西域人的"，"他译云南的'金齿'为波斯语（zardandan）"是因为"他耳受此名于西域友人们。最荒唐的是称南宋皇帝为'Facfur王'，乍看似是人名，其实是用大食字译汉语的'皇帝'。这不是他自作聪明，大概沿海一带的西域贾胡通常以此字称呼南宋的皇帝，他不大了了，以为是专名，而又加'王'字，变成重床叠架的译法"。（《邵循正先生蒙元史论著四篇》，载《元史论丛》第一辑，引文见页216）看来中原汉地与波斯的陆上沟通必须要经过西域、中亚的中转，海路则经福建漳泉地区从海上至波斯。那如果波斯人了解汉语，应该是经西域接触西北方音，或了解一些福建方言。西北方音的情况下节专门讨论，现在先看一下福建方言的表现。看下表：

例　　字	语（疑母）	云（云母小部分读同匣母）	猴（匣母小部分读同群母）	盐（以母小部分读同邪母）
福州	ŋ	x	k	s
古田	ŋ	x	k	s
宁德	ŋ	x	k	s
周宁	ŋ	x	k	s
福鼎	ŋ	x	k	s
莆田	ŋ	∅	k	ɬ
厦门	g(ŋ)	h	k	s
泉州	g(ŋ)	h	k	s
永春	g(ŋ)	h	k	s
漳州	g(ŋ)	h	k	s
龙岩	g(ŋ)	g	k	s

例　　字	语（疑母）	云（云母小部分读同匣母）	猴（匣母小部分读同群母）	盐（以母小部分读同邪母）
大田	g(ŋ)	h	k	s
尤溪	ŋ	h	k	s
永安	ŋ	∅	k	ts
沙县	ŋ	∅	k	∅
建瓯	ŋ	∅	k	∅
建阳	ŋ	ɦ	k	∅
松溪	ŋ	x	k	∅

说明：表中材料据李如龙、陈章太《闽语研究》。因为韵母跟我们这里的讨论关系不大，故例字标音只写出声母。

由上表可知，闽方言中都没有显示云母（喻三）字会读同疑母。其演变倒是显示了这样的趋势：疑母大部分仍读后鼻音声母ŋ，云母一部分变为零声母，一小部分读同匣母。不过，我们也应该看到，个别方言中，如龙岩方言中疑母字"语"与喻三母字"云"二字声母今天有趋同现象。那有无可能这种现象在元代闽音中就是如此呢？我们认为，这种假设很难成立。首先，闽方言中这种材料太少见，而且疑母读音还在两读的状况中；其次，个别情况下疑母读g得不到上古音研究的支持，这就不好说是今天的读法是古音残留现象，反而似乎应该把这看作是一种后起的现象。另外，影母在闽方言中大部分读零声母或擦音，要在闽方言中找到波斯译音中所呈现的云、疑、影母趋同的声母格局，还是不容易的。

四、喻三入疑不合西北方音

再来看一下西北方音的情况。唐五代西北方音中疑母字如"议"其声母的藏文标音作'g（罗常培《唐五代西北方音》页

179）。关于这类音的音值，罗先生进行了精彩的讨论。他说："关于'b、'd、'g三母的音值，我们可以有两种可能的解释：第一，它们或者读如厦门音很软的[b]、[d]、[g]，这三个音的音质很软，破裂的程度很微，听得忽略一点就容易误认作[m]、[n]、[ŋ]并且一遇到鼻韵马上就变回[m]、[n]、[ŋ]了。第二，它们或者读如文水、兴县、平阳三种方音里的[mb]、[nd]、[ŋg]，这三个是在全浊破裂音前面加上了一个同部位的鼻音。在这两种解释里，后一个比较理由充足一点。因为这一系方音'b、'd、'g跟b、d、g是对峙的两套声母，跟厦门音的情形不同。况且ᴕ母用作联词第二字的前缀音时，照现代西藏口语的读法，常常使第一字的末尾变成鼻音，例如dge-'dun>gen-dün；可见它本来是带有轻微鼻音的。"（罗常培《唐五代西北方音》页29—30）梵汉对音所反映的西北方音中阴声韵、入声韵和失落韵尾-ŋ的阳声韵鼻音声母应读mb、nd、ŋg。稍有不同的是，汉语河西方音臻、山两摄保存-n尾，其声母读m、n、ŋ。（孙伯君《西夏译佛经陀罗尼的梵汉对音研究》页98）马伯乐《唐代长安方言考》中把明、泥母字的声母mb-、nd-中浊音前的m-、n-解释为是b-、d-除阻之前的成阻和持阻，认为"鼻音的发音极为特别，鼻音的除阻换成了口音的除阻，而成阻和持阻还保留着鼻音，即n>nd、m>mb、ŋ>ŋg，除非在鼻韵尾的影响下才有助于保持鼻声母发音过程的完整，似乎是位于两个鼻音之间的元音本身产生了鼻化，以致软腭在从头到尾的发音过程中都处于低位"。（马伯乐著、聂鸿音译《唐代长安方言考》，中华书局2005年版，页26—27）龚煌城通过对《番汉合时掌中珠》中汉语鼻音声母字及其与西夏字的对音分析指出，疑母字的声母是ŋg。（龚煌城《汉藏语研究论文集》，北京大学出版社2004年版，页261—266）夏译密咒的梵汉对音中有用汉语影母字"遏"对译梵文ga的例证。部分影母字带有衍生出的舌根音声母，似乎是西夏时期汉语河西方音的特例。（孙伯君《西夏译佛经陀罗尼的梵汉对音研究》页99）但影母字与疑母字的趋同则愈演愈烈。龚煌城指出，《掌中珠》中有"嗢"、"乙"、"遏"三个影母字与疑母字一起为西夏字注音。影、疑母字之所以混用，可能是这些当时都已丢掉了其声母的影母和疑母字在实际发音时产生了一个非音位性的ŋ-或ɣ-，因而被用于注西夏语有音位性的/ŋ/、/ɣ/，甚至/g/（即以ɣ注g）。（龚煌城《十二世纪末汉语的西北方音（声母部分）》，《西夏语言文字研究论集》，民族出版社2005年版，第503页）此时影母与疑母的混并现象倒与元明后期官话方言增生的声母格局非常相似，可以遥相呼应，互相印证（见前引刘镇发2009）。而且这与波斯译音中云、疑、影混并是部分相合的，只是云母没有着落。如果我们再回想一下上节如福建方言中云母多读擦音x或h（这应是上古音喻三归匣的反映），这与影、疑母字实际发音时产生的非音位性的ŋ-或ɣ-就有些接近了。当然，就现有材料看，这些情形是发生于不同时间、地点的，但我们可否设想，在历史音变的链条中，我们对有些环节掌握得并不明确，或许有些环节还不为我们所知，在西北方音或上节讨论的闽方言中，或许存在过我们现在所知道的只在对方发生过的音变情况。质言之，或许在宋元时期，西北方音中既有影、疑二母实际发音时产生的非音位性的ŋ-或ɣ-，又存在着福建方言中云母多读擦音x或h的情形，那这三母读音就比较接近了，这样波斯译音就可以有所依托了。当然，这只是一种假设，还须得到相关材料的证明。不过，无论如何，这些都与《字韵》及《韵会》所展示的三等云母字并入疑母而影母独立的声母格局不同。

五、喻三入疑不合八思巴字实际文献

我们可以使用所谓内部证据法，即用元代的八思巴字文献来提供反证，证明八思巴字韵书《蒙古字韵》及《韵会》中喻三入疑并不是实际语音的反映。我们在八思巴字实际应用文献中发现了几例喻三母字"矣"字不作疑母,而是写作喻母,有的还写作影母。实际上这些反映的是疑、喻、影诸母合并为一个零声母,如《中原音韵》所展示的那样。而《字韵》与《韵会》则因为遵循传统韵书与韵图的要求而保持了等第的区别与三十六母特别是清、浊区分的大致格局。下面看例子:

1. 疑三作喻

(1)加封兖国复圣公制(至顺二年九月日,1331年)(罗常培、蔡美彪2004,下面材料亦出此书,简称罗、蔡2004,p48,版十七)

该材料的第5行第11字是"矣"字,为了更为醒目,今将该文献中第5行文字全都写出(先列出八思巴字拼写,如文献中八思巴字拼写与《字韵》有异,则先写文献原有拼写形式,然后在其后括号中写出《字韵》中相应形式。其次,八思巴字下用数字标出该八思巴字的位置,如5.1指该字在此文献中位于第5行第1字位置,数字下面再列出相应的汉字。下同):

'ue	žin	dži	hịaw(-ịʹ-？)	gaj	dzịaŋ(-ẹ̇-)	bu	ži
5.1	5.2	5.3	5.4	5.5	5.6	5.7	5.8
为	仁	之	效	盖	将	不	日

ži	hụa	ji(ŋ-)	si	yu	tʻen	bu	gė
5.9	5.10	5.11	5.12	5.13	5.14	5.15	5.16
而	化	矣	惜	乎	天	不	假

dži	nen	je
5.17	5.18	5.19
之	年	也

（2）加封孟子邹国亚圣公制（至顺二年九月日，1331年）（罗、蔡2004，p47，版十六）

该材料的第6行第14字是"矣"字，今将该文献中第6行文字全都写出：

jim	shi(z-)	k'o	'ue	ŋiw	guŋ	š₁iŋ(š₂-)	mun
6.1	6.2	6.3	6.4	6.5	6.6	6.7	6.8
淫	辞	可	谓	有	功	圣	门

džue	pue(p'-)	tšin	'ĕu	džě	ji(ŋ-)	tšim	žew
6.9	6.10	6.11	6.12	6.13	6.14	6.15	6.16
追	配	神	禹	者	矣	朕	若

（3）加封颜子父母制诏（元统三年五月日，1335年）（罗、蔡2004，p49，版十八）

该材料的第2行第12字、第5行第12字是"矣"字，今将该文献中第2、5行文字全都写出：

ɣoŋ	di	š₁iŋ(š₂-)	dži	tšim	jui	k'uŋ	dzhi	dži	taw	taj
2.1	2.2	2.3	2.4	2.5	2.6	2.7	2.8	2.9	2.10	2.11
皇	帝	圣	旨	朕	惟	孔	子	之	道	大

ji(ŋ-)	ħew	dži	ji	ħuu	džĕu
2.12	2.13	2.14	2.15	2.16	2.17
矣	学	之	以	复	诸

ᡌᠣ	ᡌᡟᠣᡁ	ᠺᠣᡁ	᠊ᡳᠺ	ᡍᠺ	᠌᠍ᠣ	ᠣᡁ	ᡃᡟᠺ	ᡀᠣ
·èu	k'uŋ	muŋ	dži	k'aw	bi	ji	gi	baw	si
5.1	5.2	5.3	5.4	5.5	5.6	5.7	5.8	5.9	5.10
于	孔	孟	之	考	妣	亦	既	褒	锡

ᡀᠣ	᠍᠍ᠣ(ᡟ-)	ᡀᠺᠣᡁ	ᠾᡟᠣ	ᠺᠣᡁᠺᠣ
dži	ji(ŋ-)	tšim	ti	min
5.11	5.12	5.13	5.14	5.15
之	矣	朕	迪	民

2. 疑三作影

ᡌᠣ(ᡟ-)ŋi：沂 10.5.12（ŋ 讹作ᡌ·）。

加封东安王圣旨碑（增封东安王诏书碑。大德二年，1298 年，增 p60，版二十九，补 3）

ᡟᡌᠣ(ᡟᡁ᠍ᠣ)	᠍᠍ᠣᡁᠣᡟ	ᠺᡁᠣᡟ	ᠺᠣᡁᡁᠣ	ᡀᡁᠣᡟ	ᡀᠣ	᠍᠍ᠣ	ᠺᠣ	ᡁᠣ	ᡌᡟᠣᡁᡟ
ḫu̯i(hu̯-)	giŋ	géuŋ	miŋ	tšin	dži	ŋi	ki	gè	duŋ
10.5.1	10.5.2	10.5.3	10.5.4	10.5.5	10.5.6	10.5.7	10.5.8	10.5.9	10.5.10
非	敬	恭	明	神	之	义	其	加	东

ᡀᠣᡁᠣ	ᡌᠣ(ᡟ-)	᠍ᡟᠣ(ᡟ-)
džin	·i(ŋ-)	š$_2$an(š$_1$-)
10.5.11	10.5.12	10.5.13
镇	沂	山

可以看到，从这几例中"矣"字全拼作喻母᠍᠍ᠣ或影母，而没有像《字韵》那样拼作疑母ᡌ，这些反映的就是如《中原音韵》所展示的那样疑、喻、影诸母已经合并为一个零声母。我们认为，这可以印证我们前文的说法，即"矣"等喻三母字拼作疑母是等韵门法要严别喻母三四等及八思巴字拼写规则制约下出现的假象，其声母应该变为零声母。文献材料中出现这几个不合《字韵》的拼写实例，应该是实际语

音的反映,也就是说,实际语言中"矣"已变为零声母,所以在拼写中,写作者受实际读法的影响忽视了规范的写法,据实际读音拼作ろ。

六、喻三入疑系遵循等韵门法和反映实际语音的妥协

疑、喻合并是反映新的语音变化,但却又因囿于门法规则,又严守三、四等之别。不过,等韵著作反映实际语音是有限度的,它首先要固守三十六字母与四等拼合而成的经纬网,并严守清、浊界限,即相同发音部位的声母内部其清、浊音是严格区别的,即浊音清化得不到反映。《蒙古字韵》与等韵著作的要求是非常一致的。在这个大的格局覆盖下,新的语音变化可在一定程度上曲折地展现出来。如发音部位不同但具有相同发音特征的声母可以根据实际语音加以合并,知、照都为清音可以合并,彻、穿都为次清、澄、床都为全浊,也可以合并;疑、喻都是次浊声母,同样可以按照实际语音加以合并。但清音影母则因要守清、浊界限不能与之合并。疑、喻的分合情形是:

三等:[喻三]　→　疑

四等:喻四　←　[疑]

即四等韵中疑母并入喻四,但在三等韵中喻三却又归到了疑母的阵营中。质言之,三等的喻三与疑无论其真实读音如何,字面上统一写作疑母帆,四等的疑母和喻四则都写作喻母ろ。如四支韵部中三等疑母字"宜"、云母字"矣"为一类,假四等以母字"移"与四等字"倪"为一类:

帆宜(《广韵》属疑母支韵重纽三等)矣(《广韵》属云母止韵)

ろ移(《广韵》属以母支韵)倪(《广韵》属疑母齐韵)

宁忌浮《重读〈蒙古字韵〉》认为:"《蒙古字韵》《韵会》《七音通考》依据《七音韵》将喻母开口三等字和疑母开口三等字归入疑母,不是这些字的实际读音。其实它们的读音和《中原音韵》是一致的,都是零声母。'尤''矣''鸮''焉''炎''晔'隶属于疑字母之下,是《七音韵》的权宜之计,不得已而为之。仅此一端,亦可见韵图的局限

性。"喻母四等字,在传统韵图里,与喻母三等字是对立的。在《七音韵》里也势不两立……一个韵类里,只能有一个喻母小韵。'尤牛'已无家可归。疑母有空,只好侨居于此。"(《传统中国研究集刊》九十合辑2012年版,页405)这是传统韵图的排列格局提出的要求,等韵门法专门列出"喻下凭切"一条来规定喻母三四等字的列等要求,亦即严别喻三喻四体现了门法喻下凭切的要求。我们可以进一步指出,《蒙古字韵》的喻母三四等之别就是喻下凭切的要求,而不是元代实际语音的真实反映。当然,《字韵》遵循传统韵图、韵书及恪守等韵门法的情形不一而足,请参阅下一章"《蒙古字韵》与等韵门法",此不赘。

第三节 《蒙古字韵》与等韵门法

一、《蒙古字韵》的音类与音值

众所周知,元代韵书《蒙古字韵》因其八思巴字标音所显示的特殊性而在汉语语音史上占据了比较重要的地位。因其较之其他传统韵书多出了表音文字的标音内容,所以该书在语音范畴上传达了两种信息:音类和音值。音类信息可以从所列出的同音字组得到,音值可以从八思巴字对音看出。

即使先不谈其音值上的价值,单单就其音类来看,《蒙古字韵》的声韵格局就显示出了其独特性。宁忌浮(1997)和忌浮(2007)都提出《蒙古字韵》源于《新刊韵略》,应从韵书传承关系去解读《蒙古字韵》代表的八思巴字拼写系统。与宁说相一致的是,学界都承认《字韵》声母保存浊音是滞后于当时口语音的一种表现,无论说是存古还是称其为读书音。这都可以看作是《字韵》继承传统韵书在声母上的反映,那韵母如何呢? 或说其中有无继承传统的因素呢? 杨耐思先生认为,《蒙古字韵》的编者更重视韵书和韵图的分类(杨耐思1984；又见杨耐思1997：81）。我们认为，宁、杨二先生的看法值得重视。说到重视韵图，实际上就是关心韵图排列的等第（而非仅指按韵母标准分出的等第）。至于《蒙古字韵》来源于传统韵书和韵图的问题，宁、杨二先生都认为其直接源头是已佚的音韵著作《七音韵》（杨耐思1989；又见杨耐思1997：144。另见宁忌浮《〈古今韵会举要〉及相关韵书》页7）。

　　既然认定了《蒙古字韵》的音系源于传统音韵著作，那其在反映实际语音上就要大打折扣了。这儿首先遇到的问题是，音值的研究所依赖的八思巴字标音是否绝对可靠。杨耐思先生（1981：33）说："拟音方面。《蒙古字韵》的八思巴字对音字头是最好的参证材料。不过八思巴字的字母是为转写'一切文字'而创制的。由于当时的各种语言在语音上分歧很大，一种文字的字母不可能对所有语言都反映的那么准确。……因而采用八思巴字对音为《中原音韵》订音，就必须进行具体分析。"照那斯图先生认为，八思巴字与蒙古文在表达语音的方式上具有一些相同之处，即它们的基本元音字母都由字素组合而成；出现于词首的元音都带一个特殊符号——字冠；以零形式表示各自的一个不同元音等（照那斯图1999）。另外，八思巴字的行款是自左至右直行书写，这是与回鹘式蒙古文相同的。杨耐思先生还说："因八思巴字母是为'译写一切文字'而设计的，在译写各种特定的语言时，它的字母表可能产生语音上的不同，它的拼写法有时也可能产生不应有的分歧。因此我们在利用这些资料的时候，必须仔细分析这些分歧现象，弄清它的来龙去脉，才能避免错误。"（杨耐思1981：12）这样看来，八思巴字标音也要打一些折扣。若要弥补这种缺憾，还得依靠音类。

　　音类与音值的研究从来就是不可偏废的，这是在上古音的构拟中已经被证实了的。何九盈先生在《上古主要元音的构拟》中曾缕述了诸方家的做法："李（方桂）、王（力）诸家都认为古韵分部与元

音构拟是一件事情的两个方面,它们之间的关系是密不可分的。陆
(志韦)先生在构拟上古主要元音时,却非常轻视韵部的作用。他
说:'一有了音符,不管是合适不合适,那些关乎分部的问题,合韵、
转韵等等问题,都变成无足轻重的了'。又说:'古人单知道分部,
不知道拟音,越弄越是闹意见。只要把 -p、-t、-k; -m、-n、-ŋ; ɑ、e、i、
o、u 等等注上,分部的问题就无形的取消了。收声相像,元音又差不
多的音缀,管它们叫同部也好,合韵也好,反正《诗》的韵脚是念出
来了。'"何先生进一步评价道:"这些理论,无疑具有相当大的片面
性。我们并不是为拟音而拟音,也不只是为了《诗经》的韵脚而拟
音,我们是为了研究上古汉语语音发展的系统性、规律性。分部正
是系统性、规律性的反映。分部是归纳音类的工作,拟音就是要标
出这些音类的具体音值。如果分部只管分部,拟音只管拟音,必然
要出现不可调和的矛盾。上面我们介绍了陆先生的一个部往往包
含好几个元音,这只是事情的一面;另一方面,又往往同一元音出
现在好些不相同或根本不相通转的韵部中。"(《古韵通晓》,页405)
"我们认为,在构拟元音系统时,如能植根于韵部,这样的拟音就具
有真实性、科学性,就不会是'鬼画符';如把韵部系统撇在一边,这
条路肯定是走不通的。"(页406)《蒙古字韵》的研究中同样体现了
这种特点。即不重视音类的研究而专门在音值上做文章,得出的结
论不一定可靠。如《蒙古字韵》中的"重纽"现象,有不少著作都以
其八思巴字标音作为最可信据的表音材料,以此作为研究元代语音
的基础,从而展开对金元语音甚或是整个汉语语音史上"重纽"问
题的探讨。其实,《蒙古字韵》的重纽是恪守等韵门法、因袭前代韵
图的反映,这种对立代表的是元代之前的语音现象,并非当时实际
语音的反映。即使说到呈现音值的八思巴字标音,它也是为音类互
相区别服务的,不可偏执,必须要以音类的研究为基础来审视音值
标音(下文详谈)。

二、《切韵指掌图》的革新精神与固守传统

至于《七音韵》,因为其早佚,所以关于其内容我们只能通过受其影响颇深的《蒙古字韵》、《古今韵会举要》及《七音三十六母通考》来推知。至于其革新程度,我们认为不能轻易下结论,因为宋元时期的等韵著作所表现出的革新精神往往是与其固守传统的举措混为一体的,要下一番剥离的功夫才行。这在号称革新的《切韵指掌图》中表现得尤其突出。因为《七音韵》早佚,下面我们就以《切韵指掌图》为例来看一下这种情形。

《切韵指掌图》的声母就固守了三十六字母的传统。在韵部上,《切韵指掌图》则表现出了革新与守旧的混并。将读音趋同的韵合并,这当然是《切韵指掌图》革新的表现,但我们不应忽视的是,其守旧表现也非常突出,即在韵部合并的同时,该书始终如一地恪守等第之别(参看"第二章《蒙古字韵》声母格局与'交互音'"的讨论)。这种"拉抽屉式"的变形既可以描述韵图的形制变化,同时也可以概括近代多部韵图及韵图式韵书中韵部合并的特点,即韵部的合并基本限于在同等第的韵(指韵图上实际所处的等第)之间进行,其运行模式呈现为"横向运动、纵向阻隔"。正因如此,所以有些本无直接联系的韵图或韵书之间表现出了相当高的一致性,如冯蒸(2001)就指出了《切韵指掌图》与《蒙古字韵》、《古今韵会举要》在重纽和准重纽表现上基本一致。但这里要指出的是,这种一致性并不代表它们在实际语音上有什么直接瓜葛(诸如语系同源等等),而是它们都继承了传统韵图、恪守等韵门法所致。

鲁国尧先生在《〈卢宗迈切韵法〉述评》中说:"《卢宗迈切韵法》是宋代切韵学著作中的一种,它在第(八)部分明确指出'知照字、非敷字、彻穿字母下字,呼吸相同',可是在(一)(二)(三)(四)(五)(六)中不厌其烦地讲述36字母及其助纳字问题,占了全书过半的篇

幅。张麟之也特为《韵镜》'撰字母括要图',《四声等子》和《切韵指掌图》的例也屡屡言及36字母。传世的宋元韵图及已佚的《洪韵》、《切韵心鉴》、杨倓《韵谱》都牢牢死守36字母。大凡难题才会再三解释,36字母早已过时,但又要拘守,所以切韵家反复强调,唯恐不周。至于韵母系统,广韵系韵图、集韵系韵图与宋代实际语音距离颇远,自不必言;即令《四声等子》、《切韵指掌图》接近从宋词用韵归纳出的韵部系统,它们都未必尽合时音。'全浊上归去'已是宋人共识,但韵图仍然拘泥旧的四声系统不变……总之,韵图是层累地造出来的,有或多或少的因袭,有或多或少的更新,所以对研究汉语语音史的学人来说,就存在一个如何利用切韵图的问题。"我们这里要讨论的《蒙古字韵》与《七音韵》都面临一个如何辨别革新与守旧,如何利用的问题。

三、对《七音韵》构拟的检验

我们在"《蒙古字韵》的文献来源"一章已经讨论了韵书、韵图、等韵门法三者之间的关系,明确了《蒙古字韵》有韵书与韵图两个来源,特别是《七音韵》更是其音系的主要源头,但可惜《七音韵》已佚。我们通过探讨《蒙古字韵》与等韵门法的关系,以此推断《七音韵》的内容,并进一步明确《蒙古字韵》的音系性质。

如上文所说,我们通过研究《蒙古字韵》与等韵门法的关系来推知已佚的《七音韵》的一些情况,并可以检验已有的《七音韵》的构拟成果。据实而论,现在系统构拟《七音韵》的只有宁忌浮先生。其构拟非常全面,为这一亡佚的等韵著作的复原做出了巨大贡献。这是学界所公认的。不过,宁先生的构拟个别地方也许可以做少许的调整。如在《蒙古字韵》中,一东韵中庄组的崇母字"崇"与知三章组字"中终充"等属同一韵母,而与知三章组字本为一类的澄母字"虫、重"等却脱离了群体,拼作另一韵母。据此宁先生《七音韵》将该韵构拟为:

宁忌浮《重读〈蒙古字韵〉》第五节

宫		微		角	一
微 奉 敷 非	明 並 滂 幫	娘 澄 徹 知	泥 定 透 端	疑 群 溪 見	
曹 冯 凤 　奉 覂 梦 凤 讽	蒙 蓬 蠓 嗿 琫 孟	醆 崇 忡 中 　　宠 冢 　　　 中	农 同 通 东 　 动 捅 董 　 洞 痛 涷	空 公 孔 矿 控 贡	
					独
		蟲 重 仲		穷 穹 弓 　 恐 拱 共 恐 供	

从上表可以看到，宁先生的构拟与《韵镜》《切韵指掌图》等韵图都不同，显得比较另类。最大区别就是与知三章组字本为一类的澄母"虫、重"等字，宁先生对其的处理与知三章组的其他声母字不同，被单独置于三等；相反，庄组的崇母字却与知三章组字一同升到了一等。这种格局似乎过于革新，有些可疑。此其一。

宁先生的这种处理，在表面上看来，是对《蒙古字韵》八思巴字注音的严格遵守。因为在《蒙古字韵》中（见上图），与知三章组字本为一类的澄母字"虫、重"等字，韵母拼写与知三章组的其他声母字不同，归在 ꡞꡟꡃ èuŋ 韵；相反，庄组的崇母字却与知三章组字拼同一韵母ꡟꡃ uŋ。不过，在其中我们会发现比较有趣的一种现象，那就是假二等的崇母字尽管在拼写上与知三章拼同一韵母ꡟꡃ uŋ，但如表中所示，ꡟꡃ韵中排在二等的有崇母，但排在三等的澄母和船母位置却都空着；而在下表中，ꡞꡟꡃ èuŋ 韵三等有澄母字，但二等庄组根本无字出现。所以这儿所谓庄组声母与知三章组的相混，其实并没有真的混并。接下来我们要问的是，一东韵部中难道真的会出现这种现象吗？知三章组字中本为一类的澄母字（虫、重等）另类别居，别出另为一韵，而本不同类的庄组的崇母字却恰恰与知三章组变得韵母一致起来。见下图所示（据《蒙古字韵》列表）：

一东：[八思巴字]韵：

半齿音 半舌音	喉 音	齿 音	牙 音	舌 音	唇 音	
来	匣晓影	心从清精 [八思巴字]	溪 见 [八思巴字]	泥定透端 [八思巴字]	明并滂帮 [八思巴字]	一等
		崇 [八思巴字] tšuŋ				
		禅书 昌章 [八思巴字]		娘 彻知 [八思巴字]	微奉敷非 [八思巴字]	三等

[八思巴字]韵：

半齿音 半舌音	喉 音	齿 音	牙 音	舌 音	唇音	
日 来	[喻三] 晓影 鱼		[疑]群溪见 [八思巴字]	澄[八思巴字] （虫重） tšĕuŋ		三等
	[喻四] [影] 喻 幺	邪心从清精				假四

这种现象会反映实际语音吗？

　　宁忌浮先生名文《〈中原音韵〉二十五声母集说》谈到："中古章组字到《中原音韵》的演化可以作如下的勾勒：中古读作舌面音 tɕ 等，到《中原音韵》变成了舌叶音 tʃ 等，并且有一部分字——止摄开口章组字（由于前高元音再高化的结果）和通摄章组、知组三等字——竟由 tʃ 等开始读成 tʂʻ 等。"(《宁忌浮文集》页 242)宁先生启发我们既要注意庄章的等第区分，又要留心这几声母的演变在不同的韵部中并不同步(亦即声母会因后接韵母的不同而在演变的速度上出现先后快慢的参差现象)。如宁先生所说，近代汉语中知庄章的混并(即章组、知组三等字由 tʃ 等开始读成 tʂʻ 等)通摄与止摄是走在最前面的。难道《蒙古字韵》中通摄章组字"虫重"真的没有开始这种变化吗? 我们还是来看一下八思巴字材料中的情况。那就是八思巴字实际文献中"崇"、"重"的一些拼写形式更加让我们怀疑它们区别的真实性。看材料:

A. 重阳万寿宫授杨德荣圣旨碑(著录信息见第二章第二节目录33)第 5 行第 1 字为"崇"，拼作ꡲꡡ(多ꡞ ė)tšěuŋ(多 ė)。

B. 阿难答秦王付李道谦令旨(著录信息见第二章第二节目录37)第 4 行第 9 字为"重"，拼作ꡲꡡ(少ꡞ ė)tšuŋ(少 ė)。

上面例证中的"崇"、"重"正好倒了个个儿。"崇"拼作ꡲꡡ tšěuŋ(《字韵》作ꡲꡡ tšuŋ)多了ꡞ ė;"重"拼作ꡲꡡ tšuŋ(《字韵》作ꡲꡡ tšěuŋ)，少了ꡞ ė。这提示我们这两个字的拼写差异或许并没有真正反映读音区别，所以拼写者才会出现这种拼写错误。这里八思巴字标音的可疑对宁先生《七音韵》的构拟构成了威胁。因为富革新精神的韵图中那些与传统韵图不一致的地方，往往是其大胆反映实际语音勇于革新之处(在宁忌浮先生《七音韵》构拟中表现为:与知三章组字本为一类的澄母"虫、重"等字，宁先生对其的处理与知三章组的其他声母字不同，被单独置于三等;相反，庄组的崇母字却与知三章组字一同升到了一等)，如果到头来却发现这些不是真实语音的反映，这就陷入了矛盾之中，说明此处《七音韵》的构拟存在问题，与实际不符，《七音韵》的格局在这一点上更可能与传统韵图是一致的，即"崇"在二等，澄母"虫、重"等字也没有被孤立，知三章组的其他声母字没有升到一等，共同处于三等。此其二。

　　那该如何看待《蒙古字韵》此处的标音呢？我们认为这要回到等韵门法中去讨论。杨耐思先生对八思巴字"知、章、庄、日"等母声、韵配合关系的研究对我们深有启发（杨耐思1984。又收入杨耐思1997：75—86）。先看下表（据杨耐思1984a。又收入杨耐思1997：79—80）：

韵＼声	dž 知章庄	tš' 彻昌初	tš 澄船崇	$š_2$ 书生	$š_1$ 常侯	ž 日
uŋ 东三、钟	中钟	仲充	崇	舂	鱅	
èuŋ 东三、钟			虫			戎
iŋ 清开、蒸开	贞征	柽称	呈乘	声	成	仍
hiŋ 庚二开、耕开	丁争	睜挣	橙	生		
aŋ 阳开	张章	伥昌	长	商	常	穰
uaŋ 江	桩	窗	幢淙	双		
haŋ 阳开	庄	创	床	霜		
i 支开、脂开、之、祭开、职开、质开、缉、昔开、齐开	知支	絺眵	驰实	施	时	儿
hi 支开、脂开、之、栉开、缉		差		师	俟	
ue 支合、脂合、祭合	追锥	吹	锤	水	垂	蕤
u 鱼、虞、屋三、质合	阻	初	锄	疏		
èu 鱼、虞、屋三、烛、质合	猪诸	楮杵	除纾	书	蜍	如
aj 皆开、佳开、陌开、麦开、哈开、夬开	摘斋	坼钗	宅柴	洒		
uaj 支合、脂合、夬合、麦合		揣		衰		
hiaj 职开	侧	测	崱	色		
in 真开	珍真	疹瞋	陈神	申	辰	仁
èun 真合	屯谆	椿春	唇	舜	纯	犉
hin 臻开、真开	臻	衬		莘		

续 表

声＼韵	dž 知章庄	tš' 彻昌初	tš 澄船崇	š₂ 书生	š₁ 常俟	ž 日
an 山开、删开、仙开	醆	划	绽潺	删		
ʮan 删合、仙合	跧	篡	撰			
en 仙开	遭		缠		禅	然
ėn 仙开	展旃	葳阐			蟮	
ʮėn 仙合	转专	穿	传船		遄	堧
aw 肴	嘲爪	抄	桌巢	稍		
ew 宵、药开	朝昭	弨	晁	烧	韶	饶
ėw 宵、药开		超				
ʮaw 觉	涿捉	逴妮	浊浞	朔		
iw 尤	肘周	抽臭	俦	收	酬	柔
hiw 尤	邹	搊	愁	搜		
am 咸、衔	站斩	搀	湛谗	杉		
em 盐	沾詹	觇襜		陕	蟾	染
im 侵	砧针	琛瞡	沉甚	深	甚	任
him 侵	簪	谶	岑	森		
ė 麻三开、薛开、叶	哲遮	撤车			奢	惹
ʮa 麻二合、薛合	挦苗			刷		
ʮė 薛合	辍拙	歠		说	啜	爇
e 麻三开、叶					社	
a 麻二开、黠开		察	查	沙		

从表上可以看到,"知三章、彻三昌、澄三船、书、常、日"为一类,"知二庄、彻二初、澄二崇、生、俟"为一类,二类互补,在一个韵母里面,出现了这一类,就不出现那一类,只在 uŋ 中出现了例外(杨耐思1984a。又收入杨耐思1997:81)。具体说来就是庄组崇母字拼作ꡅꡡꡜ,与

知、章组字韵母相同，后者拼作Ⅲᠣᠵ。但我们会发现，尽管庄组的崇母与知章组确实与同一韵母 uŋ 相拼了，但两组声母字并没有真正出现在同一个小韵中，即没有出现绝对的同音字。因为知章组中澄母去与 ėuŋ 韵母相拼了，这就避免了崇、澄冲突。而庄组声母在一东韵部中（含《广韵》东、冬、钟三韵）又仅仅出现了一个崇母，其他声母如庄、初等都根本没有出现，这样就保证了每一个小韵中都不会同时出现这两类声母的字。

基于以上分析，我们可以这样说，杨耐思先生所谈的"知三章"与"知二庄"在韵母拼合上表现出的对立互补关系在《字韵》八思巴字的拼写系统中并没有被打破，反而是相当严格地被遵守着。我们认为这儿所谓庄组声母与知三章组的相混，并没有真的混并，尽管庄组的崇母与知章组确实与同一韵母 uŋ 相拼了，但两组声母字并没有真正出现在同一个小韵中，即没有出现绝对的同音字（因为澄母去与 ėuŋ 韵母相拼了）。《中原音韵》展示的是"崇重虫"合并同音的格局。所以我们推断《字韵》这种"崇"、"重"纠葛的格局是一种人为的现象。因为《蒙古字韵》的编者更重视韵书和韵图的分类（杨耐思1997：81），也就是关心韵图排列的等第，所以"知三章"与"知二庄"一定要拼不同韵母的约定不容打破。这在我们转引杨耐思先生的研究结论中看得很清楚。而这种区别更突出地表现在三等韵的庄组字与其他声母字在声韵拼合上的表现。"崇""虫"不同韵，守住了假二与三等不同音的底线。《字韵》的格局是人为造成的。这应该是由于庄组崇母字占用了这一八思巴字头Ⅲᠣᠵ tšuŋ，澄母字因恪守假二与三等不同音的原则，便只好脱离了"知三章"的群体，退守到了Ⅲᠣᠵ ėuŋ韵中，拼作Ⅲᠣᠵ tšėuŋ。这种格局的形成是《字韵》恪守等韵门法的证据之一，它遵循的就是门法的"正音凭切"门。正音凭切是指反切上字为照组声母二等字，下字如果是三等或四等韵的字，切出的字也应是二等字。据此，照组声母的假二等字和三等字是严格区分的。

　　而《经史正音切韵指南》明确提出了知照二组声母的合并,《蒙古字韵》也已将二者合并,所以二组声母可以同等看待。

　　综上所述,我们的分析结论是,"崇""重"的拼写差异是八思巴字拼写系统为了区分庄组声母与知三章组声母作出的人为区分,是为了遵循等韵门法而作出的选择。其实,《蒙古字韵》遵循等韵门法的地方还有不少。

四、《蒙古字韵》与等韵门法的契合

　　《蒙古字韵》与《古今韵会举要》中牙喉音都严格保持着"重纽"的对立,唇音只有与《中原音韵》齐微韵相应的四支韵部中保持着。日本学者花登正宏(1986;另据杨耐思1986:247注⑦)曾据此对《古今韵会举要》前附《礼部韵略七音三十六母通考》进行了研究,并对重纽的消失从理论的高度总结出了这样的规律,重纽的消失先在牙喉音合口发生,然后波及唇音,最后是牙喉音开口。

　　这儿的问题是,这种重纽格局是真实语音的反映吗?我们对此持怀疑态度,我们认为,《字韵》与《韵会》的重纽格局可能有模仿《五音集韵》之处。宁忌浮(1992)指出,《五音集韵》时代"重纽"早成为历史陈迹,在编者韩道昭及其学生们的口耳中根本无法分辨出三四等韵的差异。如讹"密"为"蜜",就是当时人们口耳中本为重纽的字已然同音的证据。尽管如此,韩氏父子都是大等韵学家,《改并五音集韵》是韵书,也可以说是等韵图。韩氏用等韵的理论和方法去改并重编《广韵》《集韵》,使韵书、韵图融为一体。虽然韩道昭心目中的权威等韵图跟我们今天所见到的早期韵图(如《韵镜》《七音略》)并不完全相同,但早期韵图的某些基本规矩他是尽量维护的。如《韵镜》《七音略》将"妖焉英医忧"等字列三等,"要烟婴伊幽"等字列四等,《五音集韵》也照样标为三四等。"宵""萧"等字,早期韵图一律列四等,《五音集韵》把它们合并但仍标注为四等。

例外有,但极少,如盐韵群母三等巨盐切下有"鍼"、"箝"等三十六个字。"箝",《广韵》巨淹切,《七音略》列三等;"鍼",《广韵》巨盐切,《七音略》列四等。又如笑韵晓母四等火吊切下有"魏"、"敲"等六个字。"敲",《广韵》火吊切,《七音略》列四等;"魏",《集韵》火庙切,《七音略》列三等。又如脂韵群母开口四等臣支切下有"祇"、"耆"等六十四字。"耆",《广韵》在脂韵渠脂切,《韵镜》《七音略》均列三等。按理"耆"等字当列三等渠羁切下与"奇"、"其"等字同小韵。以上三例显然是疏忽。不过,这种疏忽跟仙韵来母"莲""连"同音一样,正是作者自己语音的自然流露。

不过,正是这三例疏忽,使我们看出《蒙古字韵》模仿了《五音集韵》。"魏"、"敲"二字过于生僻,《字韵》未收,无从查考。但"鍼"、"箝"例还有"祇"、"耆"例《字韵》跟先出的《五音集韵》完全相同,而这与《字韵》的体例又大不相同,因为《蒙古字韵》对重纽的处理是重三、普三一类,重四、普四一类,几无例外;而对牙喉音的四个等第也都是严格加以区别,真正做到了等不同则音不同。所以这两处牙音淆乱现象只能看作是模仿《五音集韵》的结果。

宋洪民(2012)讨论了《蒙古字韵》与《古今韵会举要》的重纽假象。如同《五音集韵》,《蒙古字韵》应该也受到了等韵规则的很大影响。这很突出地表现在以下几个方面:

(1)牙音四等对立恪守"音和"门法

既然《蒙古字韵》在好多方面都受到了等韵规则的很大影响,那其重纽的格局会是实际语音的反映吗? 我们认为不是。如同《五音集韵》重纽是虚假的,《蒙古字韵》重纽也不是真实的,而是受到了等韵门法的影响。具体说来,《字韵》牙喉音都严格保持着"重纽"的对立,唇音只有与《中原音韵》齐微韵相应的四支韵部中保持着。其实,牙音不光是重纽在三、四等上保持对立,在所有韵部中牙音四等的对立基本上是被严格遵循着的。牙音的这种特殊表现,在牙喉舌齿唇五音中显得尤其突出。我们认为,这与等韵门法中的音和一门关系密切。元人刘鉴《经史正音切韵指南》后附的《总括玉钥匙玄关歌诀·牙音》:"切时若用见溪群,四等音和随韵臻。"其实,在更早的约产生于金代的《解释歌义》中早就有相关说法,其"牙音切字第九门"说:"此章显明牙音为切,不明四等,何也? 元(缘)只有音和切也。"尽管实际上牙喉舌齿唇五音中都可能有音和现象,但等韵门法中却在音和门中特别提出牙音,把牙音作为音和门的代表。"切时若用见溪群,四等音和随韵臻。"四等音和,四等严守其区别与对立。

　　《蒙古字韵》恪守等韵门法,因为门法"音和"门以牙音四等为首加以敷演,所以其牙喉音四等区别严格,其中自然包含重纽的相关韵类。而唇音呢,则因为通广、偏狭门法规定三四等可以通及,所以那些实际语言中已无区别的音类就加以合并,而那些实际读音仍然有别的音类则保留这种区别,所以在这儿就与《中原音韵》达成了一致。

重纽表现 / 重纽的声母类别		牙音	喉音	唇音	重纽的消失顺序
等韵门法相关规定		"音和"门法:严别牙音四等	"喻下凭切"、"音和"门法:严别喉音四等	通广、偏狭门法:三四等可以通及	
《蒙古字韵》	表现(从分不从合)	守门法,别四等	守门法,别四等	依门法,多相通;据实音,四支韵分别(同《中原音韵》)	先唇音与牙喉音合口,后牙喉音开口
	是否反映实际语音	否	否	是	部分真实
推断元代实际语音		重纽牙音三四等合并	喉音三四等合并	只有齐微韵区别	先牙喉,后唇音

重纽表现	重纽的声母 类别	牙 音	喉 音	唇 音	重纽的消失 顺序
《中原音韵》	表现	重纽牙音三四等合并	喉音三四等合并	只有齐微韵区别	先牙喉，后唇音
	是否反映实际语音	是	是	是	是
现代北京口语读音		重纽牙音三四等合并	喉音三四等合并	只有止摄区别	先牙喉，后唇音

　　从《中原音韵》及北京语音推断，重纽的消失顺序当是牙喉音在前，唇音在后。但花登正宏（1986；另据杨耐思1986：247注⑦）曾据此对《古今韵会举要》前附《礼部韵略七音三十六母通考》进行了研究，并对重纽的消失从理论的高度总结出了这样的规律，重纽的消失先在牙喉音合口发生，然后波及唇音，最后是牙喉音开口。二者矛盾，原因在于，《蒙古字韵》重纽是假的。

　　从语音史的发展可以看出《字韵》与《韵会》重纽的虚假性。据张渭毅（2003：147），南北朝之后，北方音重纽的格局是重三、普三一类，重四、普四一类；南方则是重三、重四不辨，与纯四和普三对立。如此看来，《字韵》、《韵会》的重纽格局倒是与北方音比较一致。但这里最大的障碍是《中原音韵》，因为后者中除齐微唇音外重纽已消失。而从时间上说，基本无重纽的《中原音韵》与重纽保存较完整的《字韵》、《韵会》相去未远，都处于元朝，前后相差仅几十年的时间。而且即使抛开《中原音韵》，其他的文献材料给我们展示的也是一种截然相反的情形。一方面，南北朝之后的大量文献特别是宋代的文献如《集韵》、邵雍（1011—1077）《声音倡和图》、祝泌《皇极经世起数诀》（1241）依然分辨重纽，重三和普三的"等"相同，重四和普四的"等"相同(参张渭毅2003：157)。另一方面，又有大量文献提供了重纽消失的信息。如据罗常培(1933)晚唐五代西北方音不分重纽；据冯燕(1992)后蜀毋昭裔《尔雅音图》中所记龙门音不分重纽；据赖江基(1986、1990)，南宋朱熹不分重纽(参张渭毅2003：154)。而宁忌浮(1992)指出，《五音集韵》时代"重纽"早成为历史陈迹，在编者韩道昭及其学生们的口耳中根本无法分辨出三四等韵的差异。其重纽假象是编撰者因袭等韵图造成的，不是实际语音的记录。而《中原音韵》中则除齐微唇音外重纽的对立已消失。在这样的背景下，如果说《字韵》与《韵会》的重纽还保存得如此完整，那是非常令人怀疑的，其解释只有一个，存古！

(2)喉音恪守喻下凭切、音和门法

与牙音表现最相近的是喉音，严别喻三喻四体现了门法喻下凭切的要求。我们已在上节第六小节有所论证。这里我们还可以使用所谓内部证据法，即用元代的八思巴字文献来提供反证。我们在八思巴字实际应用文献中发现了几例喻三母字"矣"字不作疑母，而是写作喻母。限于篇幅，举一例：

加封兖国复圣公制(著录信息见第二章第二节目录29)第5行第11字是"矣"字，拼作ꡝ(ꡢ)ji(ŋ-)，括号中是《字韵》的拼写形式。

可以看到，例中"矣"字全拼作喻母ꡝ或影母，而没有像《字韵》那样拼作疑母ꡢ，这些反映的就是如《中原音韵》所展示的那样疑、喻、影诸母已经合并为一个零声母。我们认为，这可以印证我们前文的说法，即"矣"等喻三母字拼作疑母是等韵门法要严别喻母三四等及八思巴字拼写规则制约下出现的假象，其声母应该变为零声母。文献材料中出现这几个不合《字韵》的拼写实例，应该是实际语音的反映，也就是说，实际语言中"矣"已变为零声母，所以在拼写中，写作者受实际读法的影响忽视了规范的写法，据实际读音拼作ꡝ。

元人刘鉴《经史正音切韵指南》后附的《总括玉钥匙玄关歌

诀·喉音》："晓喻四音随韵至,法同见等不差参。注曰:晓匣影喻四音随四等韵去,皆是音和。亦如见等无少差参也。"约产生于金代的《解释歌义》中"喉音切字第十一门":"'喻切四中一得一',义曰:喻曰,晓匣影喻四字母为切也。四者,四等也。一者,第一也。又一者,第一为音。如用晓匣影喻中字为切,将四等中第一字为韵,即切本母字第一字,为音和。"晓匣影喻四母的字亦是恪守等第之别,而喻母三、四等之别则又有专门的等韵门法"喻下凭切"一门来规定。所以《字韵》中牙音与喉音在等第区别上都表现得非常整齐,出现了喻三母字并入疑母(而疑母四等字则并入喻四字)、影母独立(自身又有三、四等之别)的现象。与此平行出现的情形是,一等疑母开口字拼写上一律保留疑母,而二等疑母开口字则全作喻母。相应地,影母也是如此,一等拼影,二等作么,三等又作影,四等又作么。非常整齐,或者说过于整齐,我们举例说明。看下表:

	八　寒				十　萧			
	见	溪	疑	影	见	溪	疑	影
一等	gan 干	k'an 看	ŋan 岸	·an 安	gaw 高	k'aw 考	ŋaw 敖	·aw 麈
二等			jan 颜	jan 殷			jaw 聱嗸	jaw 坳
	gèn 间	k'èn 悭			gèw 交	k'èw 敲		
三等	gen 建		ŋen 言	·èn 焉	gew 骄		ŋew 鸮	·ew 妖
四等	gèn 坚	k'èn 牵	jen 妍	jèn 烟	gèw 骁	k'èw 窍	jew 尧	jèw 要

　　由表中可以看出,牙喉音四等区别显然。但认真看一下疑母字的表现,二、四等的全作喻母,应该是演变为零声母了。一等的全作

疑母,我们或许可以推断一等还有部分字尚保留疑母,从而使得一等的拼写保守了一些,拼写形式上全保留了疑母。那三等呢? 难道二等的全变为了零声母,三等就那么整齐地全都保留疑母,而四等字又全都那么整齐地变为零声母吗? 这种过整齐、过于理想、斧凿痕迹过于明显的格局说明了什么? 我们认为,这是明显的人为痕迹,这种格局是八思巴字拼写系统的设计者有意为之的,是一种巧妙的设计。这就是我们所说的"以声别韵"。(参宋洪民 2013)像二等疑母字如八寒的"颜"字,八思巴字拼写形式作ꡕꡦ,与相应的同摄一等字如"干"(八思巴字拼写作ꡎꡦ)归属同一韵类,即韵母相同,都作ꡦ。这样其滋生的 i 介音就只能由声母喻ꡭ来表示了。与之相似的还有喉牙音影母的"殷ꡯꡦ"。这两个可以看作二等喉牙音字的另类。因为在八思巴拼写系统中,滋生出 i 介音的二等喉牙音字的韵母是有专门的拼写形式的,如八寒韵部中就为之专门设立了"ꡤꡦ(Y-)"韵,但与之相拼的声母很少,一般只有喉牙音声母"见溪晓匣"。其主要原因就是疑母和影母分别由喻ꡭ和ꡮꡭ来译写从而归入一等,使得二等的成员减少了(当然,二等还有唇音和齿音,但它们没有滋生介音,并入一等是自然的)。不过,即使"颜ꡭꡦ"、"殷ꡮꡦ"等并入一等也只是形式上的,因为其韵母毕竟不同,这与八思巴字拼写系统是不协调的。但这也是不得已而为之,二等疑母"颜"与影母"殷"若不并入一等而是留在二等与见母等字同韵(指拼写形式上)的话,那其拼写势必作ꡭꡤꡦ、ꡮꡭꡤꡦ,那就很可能与四等的"ꡭꡤꡜꡦ延、ꡮꡭꡤꡜꡦ烟"发生冲突,因为后者韵母的元音部分只能写作"ꡜ"或"ꡙ"。在这儿我们看到影母是会造成冲突的。或由于此,疑、影二母字保持了步调一致,都并入一等,其滋生的 i 介音就只能由声母喻ꡭ和 ꡮꡭ来曲折表示,我们姑称之为"以声别韵"。简言之,三等疑母无论其真实读音如何,字面上统一写作疑母ꡢ,四等疑母则都写作 喻母ꡭ。疑母本身尚且如此,那为其所裹挟的喻母字的拼音也就值得怀疑了。质言之,三等的喻三与疑无论其真实读音如何，字面上统一写作疑母ꡃ，四等的疑母和喻四则都写作喻母ꡗ。这些都与等韵门法密切相关。根据门法须列于不同等第的字，在八思巴字拼写系统中就尽量拼写为不同的韵母，当韵母的区分有困难时，就采取“以声别韵”的特殊手段。

“以声别韵”的特殊手段在u类韵中显得更为有用。因为该类韵只有三等韵母，没有四等，那韵图上列于四等的韵字如一东韵部中的“萦”字（《广韵》属清韵影母），喻四母的融小韵，五鱼韵部的喻四母字余小韵，现在都面临难以拼合的尴尬。当然，理论上讲，可以制作新的韵母。但韵母与元音之间的组配是系统行为，牵一发动全身。就可能性上讲，担当这一韵母的可能拼合形式可以是 ėoŋ，但我们看到，o类韵带韵尾的主要是与a、e类韵发生关系，若与u类韵再产生关联，这种对应就不够整齐，容易出现混乱，再说音值上也相差太大。还有一种可能拼合形式ėėuŋ，但这种组合是不允许出现的，因为八思巴字系统最长的音节就是4个字母，即除掉声母与韵尾，给韵母留下的就只有一个基本元音加一个辅助符号的选择范围，还有，八思巴字系统也不允许同一符号连续出现，所以ėėu也无法使用。这也正是七真韵部三等“君”与重纽四等“均”字无法区别（ėun为三等，四等无法拼合）从而被迫合并的内在原因（另文再谈）。最后，再补充一点，那就是这种韵母即使拼合难度不大也不一定产生，原因是创制后只有两个音节使用，代价太高，尽管《蒙古字韵》中仅对应一两个音节的韵母也出现了几个，但从语言符号讲究经济的角度看，只要有其他出路，最好不要采用这样的做法。那该如何做呢？我们来看一东韵表中的相应内容：

影：·ėuŋ雍　　　　幺：$_{j}$ėuŋ萦（清韵列四）

鱼：’ėuŋ颙（疑钟）荣（云庚）　　喻：jėuŋ融（以东）营（以清）

可以看到，它们的韵母是相同的，声母则依据等第不同加以区别，中古影母三等为影 ·，四等为幺 $_{j}$；中古疑母与喻母三等为 鱼 ’（当然这里是合口),四等为喻 j。等不同则音不同。

正因为在八思巴字拼写系统中,u 类韵母假四等相应韵母形式难以拼合,所以采用以声别韵。同时,因为八思巴字是拼音文字,所以其系统是比较严整的,很注意规则的普适性和一致性,所以一种规则一经确立,即普遍适用而绝少例外。此处的影与幺,喻三与喻四,其后它们所辖韵字的区别就全靠以声别韵[1],《蒙古字韵》等文献的八思巴字拼写中概莫能外。我们还要强调的是,这种情况是发生在八思巴字拼写系统中的,虽然宁忌浮先生说增加了"鱼、幺、合"三母是《七音韵》的首创(宁忌浮 2012:391),但我们认为宋金元时代汉语的主流变化是精简,声母因浊音清化和零声母化而实际数量减少,韵母则因等第混并而趋向简化,在这种背景下,汉语文献中不大可能发生增加声母的现象,倒是从八思巴字拼写系统中寻找答案更为稳妥。质言之,喉音声母增加与《七音韵》无关,而是源于八思巴字拼写系统对等韵门法喻下凭切、音和的恪守。

(3)舌音亦守"音和"门法

舌音的情况呢,约产生于金代的《解释歌义》中"舌上音切字":"'知彻澄娘要切磋,四中三二定音和',义曰:四者,四等。三者,第三也。二者,第二也。如用归知彻澄娘等中字为切,将四等中第二,如陟交嘲,第三字为韵,即[切]本母下字,为音和,如陟鱼猪是也。"知、照二组声母合并了,这就形成了上文所说的知二庄、知三章的对立,也就是正音凭切门法所管的情况。

(4)齿音遵守正音凭切、振救门法

齿音的表现也与等韵门法有密切的联系,这就是正音凭切一门。这在上述庄章之别中有很好的论述,即是指反切上字为照组声母二等字,下字如果是三等或四等韵的字,切出的字也应是二等字。另

---

[1]　当然这里指的是一等字与二等字之间,三等字与四等字之间的区别。

外,还有针对齿头音的振救一门。该门法规定,反切上字为精组声母字而下字却是三等,切出的字应是四等字。其实就是说的精清从心邪五母的三等韵字,在韵图上必须列于四等。这也就是"仙、先"、"萧、宵"同音并标为四等的原因。

(5)唇音遵循等韵"轻重交互"、通广、偏狭门法

A.《蒙古字韵》"谋"等字作微母系遵等韵"轻重交互"门法

从中古到近代汉语的发展进程中,轻、重唇音的分化及其后来的一些纠葛一直受到学界的关注,如王力(1957:111)、唐作藩(2011:86)、赵彤(2015)等。特别是明母三等字与微母的分合更是莫衷一是。这其中的某些看法与对《蒙古字韵》等八思巴字拼写系统的不同认识有着某种关联,如赵彤(2015)。诚然,中古韵图如《七音略》中明明标为明母三等的"谋"等字,到了《蒙古字韵》中却拼作微母,而今天北方方言中则多读作重唇明母。这就往往诱导我们做出这种假设,即"谋"等中古明母三等的一些字,到了元代演变为微母,而后又演变为今天北方方言中的重唇明母(参赵彤2015)。这是否反映了历史真实呢? 我们认为,这应该先对《蒙古字韵》的八思巴字拼写形式进行一番研究后再下结论。我们来看一下《蒙古字韵》出现一等明母与三等微母(含明母)对立的情况。看下表:

《蒙古字韵》明、微母声韵配合示意简表

一东 ᠊ uŋ 韵:

半齿音 半舌音	喉 音	齿 音	牙 音	舌 音	唇 音	
来	匣晓影	心从清精	溪见	泥定透端	明並 帮 明母 ᠊ muŋ 孟	一等
		崇				

续　表

半齿音半舌音	喉　音	齿　音	牙　音	舌　音	唇　音	
		禅书　昌章		娘　彻知	微奉敷非 微　母 ꡦꡟꡃ wuŋ：梦（《七音略》标为明母）	三等

三阳ꡦaŋ韵：

半齿音半舌音	喉　音	齿　音	牙　音	舌　音	唇　音	
来	匣　影	心从清精	疑　溪见	泥定透端	明并滂帮 ꡏꡃ maŋ：茫（唐韵）哤（江韵）	一等 二等
日		禅书船昌章		娘澄彻知	微奉敷非 ꡤꡃ waŋ：妄	三等
	[喻四]喻					

四支ꡞi韵：

半齿音半舌音	喉　音	齿　音	牙　音	舌　音	唇　音	
日　来	[喻三]晓影疑	禅书船昌章	疑群溪见	娘澄彻知	微奉敷非 ꡧ wi：微	三等
	[喻四]晓[影]喻　么		[疑]喻		明并滂帮	假四
	[影]么	邪心从清精	[疑]喻	泥定透端	明并滂帮 ꡏ mi：米	四等

ꡦ ue 韵:

半齿音 半舌音	喉 音	齿 音	牙 音	舌 音	唇 音	
来	匣晓影	心从清精	[疑]群溪见 鱼	泥定透端	明并滂帮	一等
日 来	[喻三]晓影 鱼	禅书船昌 章	[疑]群溪见 鱼	娘澄彻知	明并滂帮 ꡧꡦ mue 糜美	三等
		邪心从清 精				

五鱼 ꡟ u 韵:

半齿音 半舌音	喉 音	齿 音	牙 音	舌 音	唇 音	
来	匣晓影	心从清精	溪见	泥定透端	明并滂帮 ꡏꡟ mu: 木	一等
		生崇初庄				
				微奉敷非 ꡧꡟ wu: 无（微 母） 睦目（明母）		三等

七真 ꡟꡋ 韵:

半齿音 半舌音	喉 音	齿 音	牙 音	舌 音	唇 音	
来	匣晓影	心从清精	溪见	泥定透端	明并滂帮 ꡏꡟꡋ mun: 门	一等

续 表

半齿音 半舌音	喉 音	齿 音	牙 音	舌 音	唇 音	
					微奉敷非 � wun：文	三等

八寒ꡧ韵：

半齿音 半舌音	喉 音	齿 音	牙 音	舌 音	唇 音	
来	匣晓影	心从清精	疑 溪见	泥定透端		一等
	［影］ 幺	生崇初庄	［疑］ 喻	［娘］澄 泥	明並滂帮 ꡏ man 蛮慢	二等
						假二
					微奉敷非 ꡓ wan 万曼	三等

十一尤ꡟꡞ韵：

半齿音 半舌音	喉 音	齿 音	牙 音	舌 音	唇 音	
					明並滂帮 ꡏꡟꡓ muw：母 （明母一等厚韵）	一等
					微 非 ꡓꡟꡓ wuw：谋 （明母三等尤韵）	三等

十二覃‑ɑ̄韵：

半齿音 半舌音	喉音	齿音	牙音	舌音	唇音	
来	匣晓影	心从清精	溪见	泥定透端		一等
	［影］ 幺	生崇初庄	［疑］ 喻	［娘］ 泥		二等
					微奉敷 ᢘ wam：鍐	三等

表例：本表按《韵镜》等韵图方式制图，但为了方便说明问题，四等中必要时标出假二等。其次，表中一般不列韵字，须重点讨论的，则列出部分八思巴字字头的拼写形式及代表韵字，本位有字时，写出其声母。如"非"母列于图上，就代表三等非母处有字。第三，若中古某声母字在《蒙古字韵》中用他声母来译写，在图上则将该声母用"［ ］"括出，其下写出用以代它的声母。如"［疑］"下有"喻"表示《字韵》中该音节中的"疑"母译写作"喻"母。

从表中可以看出，明、微二母在等第配合上呈现为一种互补性搭配，很整齐。沈钟伟先生（2008：100）也注意到了这一点，但他还是认为这源于二者所代表的不同的音值，因而他给微母拟音［ɱ］。《蒙古字韵》喉牙音声母下四等韵母区别严格，而唇舌齿音声母下四等多有混并，原因何在？我们认为，这很可能是元朝人看到了韵图上只有喉牙音声母是一套，四等韵母所拼的声母无对立，处在不同等第的音节其区别完全靠韵母；而唇舌齿音声母都是二套，处在不同等第的音节其区别有不少靠声母就可以互相区别，这样，有一些音节尽管在韵母上不作区分（看似混并），但整个音节仍然是不同音的。如ᢘ mu：木/ᢚ wu：无（微母）睦目（明母），《蒙古字韵》维持"木/目"一三等的区别就是靠的声母在八思巴字拼写系统中的不同写法。而《中原音韵》中，"木睦目"同小韵，是同音字，与微母的"物"小韵形成对立，这就说明，当时北方官话中明母三等的"睦目"不可能变为微母，《蒙古字韵》合"物（微母）"、"睦目（明母）"为一个小韵，完全是着眼于等第，即一等的拼写上作明母，三等的拼写上则作微母（这与等韵门法密切相关，下文再详谈）。这不能反映元代语音演变的真实情形。

如赵彤(2015)所说，王力(1957/1980：114)、邵荣芬(1991[2009]，2005[2009])、唐作藩(2011：86)和平山久雄(2006)都对轻唇化音变的这一所谓例外问题进行了深入探讨，这几位先生的看法都是言之成理、持之有故，在学界基本达成了共识。王力(1957/1980：114)在这个问题的研究上导夫先路，后来邵荣芬(1991[2009]，2005[2009])论之甚详，如邵先生用《经典释文》的材料来印证《切韵》音系，但赵彤先生认为二者基础方音不同，一个是以洛阳话为基础的北方标准音，一个是以金陵话为基础的南方标准音。不过，我们认为，即使《经典释文》的材料不能直接来印证《切韵》音系，但作为一种参证材料来说明历史音变模式是没有问题的，尽管这或许不能作为直接的证据，但也绝不能构成反证。另外，赵文还针对邵先生的论述分析了颜师古《汉书注》和玄应《一切经音义》的音注材料，指出颜师古《汉书注》的音注材料中东三和尤韵明母字的绝大多数仍是用三等字作反切下字或直音字，只有"鍪"字"莫侯反"用一等字作反切下字。但玄应《一切经音义》音注材料中东三和尤韵明母字的绝大多数则是用一等字作反切下字，只是还有一些字仍有三等一读，如"矛"有"莫浮反"，"牧"有"亡福反"，"目"有"莫六反"，"睦"有"亡竹反"，"穆"有"忙竹反"。赵先生指出，颜师古和玄应的材料，"可以说明东三和尤韵的明母字一部分有一等的异读，而并不足以证明这些字在轻唇化音变之前已经全部变为一等"。与此相反，我们则认为这些材料特别是玄应《一切经音义》的音注材料所显示的"东三和尤韵明母字中用一等字作反切下字的占了多数"(赵彤语)，这其实印证了王力、邵荣芬诸先生的结论，即三等明母字变入一等，而不是赵文所说的"这些材料至多可以说明东三和尤韵明母字的一部分有一等的异读"，反倒应该说这些材料至多可以说明东三和尤韵明母字的正处在向一等变化的过程中，还变之未尽，一部分还有三等的异读。因为这些处在变化过程中间阶段的材料本身只能显示变化仍在进行，而不能显示变化的方向，其本身至少是可以作两种解释的。要搞清楚语音变化的方向，要靠对其他材料比如八思巴字韵书《蒙古字韵》等的研究。对这些材料的解读，直接决定了我们对所涉及的历史语音演变过程真实性和现实性的认识，或者说，帮助我们认识所涉及的历史语音演变过程所存在的可能性有多大。如果所设定的某种历史语音演变过程的结果——作为整个演变过程的一极被证明是虚假的，是不存在的，那么相应地也就表明这设定的整个历史语音演变过程是虚假的，是不存在的。我们在这里观察到的结果恰恰是这样的。质言之，要推翻王力、邵荣芬诸先生的结论，现在赵先生的证据还不够充分。

　　如上文所说，赵先生认为最有力的证据就是《蒙古字韵》中的八思巴字表音材料，不过，我们认为这里的材料展示的是一种假象，是遵循等韵门法造成的结果。其他近代韵书、韵图呢，赵先生也指出了这些材料的"性质也不完全一致"，还需要做更为深入的研究。也有些材料呢，则是明确地符合王力、邵荣芬诸先生的看法，如赵文中所举到的《四声等子》《切韵指掌图》等都明确地展示了三等明母字变入一等的变化。《五音集韵》和《切韵指南》也是如此，赵先生也曾指出了这一点。《四声等子》"通摄内一"图"明微"字母三等位置无字，似乎表明东三（钟）的唇音次浊字已经转入一等。"遇摄内三"图"明微"字母三等位置列"无武务媚"。媚字《广韵》几个注音均与此位不合，此处当存疑。《切韵指掌图》则都明确地展示了三等明母字变入一等的变化，如其图四（流摄）将"谋"字列在明母一等，可见《指掌图》吸收了实际语音。《五音集韵》和《蒙古字韵》在"瞢""瘼"等字的声母标注上确实符合等韵门法"轻重交互"门的规定。《五音集韵》东三（钟）和尤的唇音次浊声字都归微母，但是在"瞢"小韵、"瘼"小韵、"谋"小韵下都有一段说明，如"瞢"小韵下的说明：“此上一十一字，形体可以归明，却谟中为切，正按第三互用，违其门法。今昌黎子改于微母，以就俗轻，风丰逢瞢，共同一类。引先人《澄鉴论》云：‘随乡谈无以凭焉，逐韵体而堪为定矣。’正明此义也。”由此可知，口语中这些字是读明母的，为了迎合等韵门法，昌黎子改于微母。但这却与实际语音不一致了。所以《经史正音切韵指南》后附的《总括玉钥匙玄关歌诀·唇音》中加入“前三后一”一项门法以调和这一矛盾。其中说：“轻见重形须切重，重逢轻等必归轻”。“轻重交互”是刘鉴新立的，在《四声等子》中，它是概括在类隔之内的。清人梁僧宝《切韵蒙求》说：“宋人所谓类隔者，本统唇、舌、齿言之。后人专以舌头、舌上为类隔，而重唇、轻唇谓之交互，齿头、正齿谓之互用。此徒分立名目，实非有别法也。”（李新魁《汉语等韵学》页137）大约产生于金代的《解释歌义》中就有“互用”的门法。该书“唇音切字第七门”涉及“互用”门法共有三处：

　　一是“帮非互用稍难明”，义曰：“互用者，是切脚之名。唇音下有三名切字，一名吴楚，二名类隔，三名互用。”

　　二是“前三韵上分帮体”，义曰：“是重中重韵。帮体者，是帮滂並明母中字，在前三韵。所收于平声五十九韵，并上去入声共二百七韵，在于二百七韵之中分一百七十四韵，故名前三韵。如用帮等中字为切，用前三为韵，即切本母下字，为音和。复用帮等中字为切，用后一音为韵，即切非等中字，为互用也。”意即反切上字用帮系字，反切下字为非系字，此为互用。《切韵指南》“通摄内一”图“明微”字母三等位置列“瞢○朦媌”。瞢，《集韵·钟韵》鸣龙切；朦，《集韵·用韵》忙用切。“遇摄内三”图“明微”字母三等位置列“無武务媌”。“流摄内七”图“明微”字母三等位置列“谋○莓媌”，并于上方注“此下二字并入头等”，二字当指“谋莓”。《切韵指南》后附的《总括玉钥匙玄关歌诀·唇音》中说：“唯有东尤非等下，相违不与众同情。重遇前三随重体，轻逢后一就轻声。”注：“重谓重唇音，在第一等名后一,若遇前三等诸母下字为韵,当切出轻唇音,今却是重唇字。如莫浮切谋、莫六切目字之类是也。"可见实际语音中这些字确实读重唇,这与先前的门法规定不合,于是只好在门法中再加入"前三后一"一则,以便使该现象有一个着落。

B.唇音关涉通广、偏狭门法

上文我们讨论"谋"等字标为微母的时候,指出这是轻重交互(前三后一)门法影响的结果。那唇音三、四等的混并(包括重纽中唇音字的混并)是受什么影响呢? 我们认为,等韵门法中通广、偏狭的规定就对《蒙古字韵》唇音格局的形成产生了重要影响。通广门规定,在支脂真祭仙宵等有重纽的韵中,它们的唇牙喉音字列于四等,但它们用列于三等的知、照组及来日纽字为切下字。碰到这种情况,就应在四等出切。与通广相对,偏狭门则规定,切上字也是唇牙喉音字,而下字是东三钟阳鱼蒸等韵中的精组声母和喻四母字的四等字,切出的字应属于三等韵字。(李新魁《汉语等韵学》页142)尽管其内涵很是丰富,但其具体表现则是三等可以通及四等,也就打通了三四等间的壁垒。所以唇音三四等多混并。而关于清、浊分韵现象在等韵学著作中也能找到依据。元人刘鉴《经史正音切韵指南》的卷首"仍在那里'分五音'、'辨清浊'。事实上,到了元代,'五音'有的已经消失了,'清浊'的关系也已发生变动,许多全浊音声母消变为清音(或次清音)。这些都是《切韵指南》保持旧传统的地方"《蒙古字韵》的严守清、浊界限也是其守旧的表现之一。其实,《蒙古字韵》既有守旧之处,也有反映新的语音变化的趋新表现。

第四节　《蒙古字韵》守旧与革新初探

早期韵书如《切韵》更为关注实际发音中的语音上的细微差别,

如《切韵序》中所说:"又支脂鱼虞共为一韵,先仙尤侯俱论是切。"字母之学的兴起与韵图的产生,使大家更多地将注意力集中到等第的区分上。韵图是山三十六字母跟四等构成的横纵经纬网,这个格局不容破坏。由于关注这张经纬网,维护这种格局,所以图的数量可变化,但单张图的横纵搭配格局不能变。受等韵门法影响,恪守等第之别,语音相近的韵中同等第的小韵(指韵图上实际所处的等第)较易合并(现实语音是其合并的依据,其实跨一二等界限的仅有个别韵中的帮组字,跨三四等界限的仅为精、帮组,二三等之间则是不可逾越的鸿沟)。正因为既有韵图经纬网这决不容突破的整体格局,又有反映时音的内在要求,所以《蒙古字韵》就表现出了其特有的守旧与革新融为一体的怪异格局:

> 守旧表现:维护三十六母格局,固守清浊界限(不表现浊音清化。接受疑喻合并,不承认影喻合并),恪守等第之别(喻三喻四区别,疑影各自三四等有别)。
>
> 革新表现:三四等韵合并(《蒙古字韵》一二等的褒包合并);声母上的知照合一(同位者合并,仍守清浊之分),疑喻合一(各自内部仍有三四等之别),非敷合一,泥娘合一。

元人刘鉴《经史正音切韵指南》"交互音"就有记载:"知照非敷递互通,泥娘穿彻用时同,澄床疑喻相连属,六母交参一处穷。"《蒙古字韵》对声母的处理与此相符,由此我们可以推知,作为《蒙古字韵》音系依据的《七音韵》中早就有了与《经史正音切韵指南》"交互音"内容相当的规定。因为就《蒙古字韵》的表现看,该书是趋于保守的,若没有依据,似不敢作这种大胆的改进,质言之,它对汉语声母作了这种大刀阔斧的合并应当是本于《七音韵》。

《蒙古字韵》的标音特点可概括如下:

韵母标类可据实,借韵别声偶为之;小韵跨等须依法,以声别韵未足奇。

说明:若实际语音中已合流,虽不同等,可同韵类,即可标为同一韵母;但,不能同小韵,要用声母的不同来区别二小韵,即以声别韵(如影··êuŋ雍/ㄠ:jêuŋ萦),或借韵别声(如ꡃ虫重)。如第四节中据《字韵》所列"崇"、"虫重"标音示意图(截取部分):

半齿音 半舌音	喉音	齿音	牙音	舌音	唇音	
来	匣晓影	心从清精	溪见	泥定透端	明並滂帮	一等
		崇 ꡃ tšuŋ				
	禅书 昌章		娘 彻知	微奉敷非		三等

图中三等、假二等韵母都与一等相同,打破了等第界限,这反映的是新的语音变化。最为关键的一点是,这些声母的出现都是互补的,即小韵之间的界限从未打破。但富革新精神的《中原音韵》中"崇虫重"同音,若《七音韵》也如此革命,那后继的《蒙古字韵》就要将这两个不同的小韵合并。但它们并未如此革命,"虫重"为了维护小韵的界限,违背实际语音变化,脱离了集体,单独拼作一韵母,从而与三等见组"同韵"(当然是拼写层面的表面现象)。

日	来	[喻三] 晓影 鱼		[疑]群溪见	澄ꡃ (虫重)tšêuŋ		三等

声、韵分开可表述为:

A.韵母方面

韵母拼写突破等第界限的就反映了实际语音上不同等第韵母的

混同；

其中仍有部分小韵的对立则反映等韵门法的制约（反映新变化、不忘旧区别）。如：

借韵别声：崇 tšuŋ/ 虫重 tšêuŋ
以声别韵：影：·êuŋ 雍 / 幺：jêuŋ 萦（清韵列四）
鱼：'êuŋ 颙（疑钟）荣（云庚）/ 喻：jêuŋ 融（以东）
营（以清）

B.声母方面

声母拼写突破五音界限的就反映了实际语音的变化，如：疑、喻,知、章；

固守清浊对立是三十六字母格局的要求：影、喻对立。

下面再将我们讨论过的问题与各著作及其他语音现象的错综关系列一总表如下：

《蒙古字韵》情况		与等韵门法关系是否相合	《七音韵》是否与《蒙古字韵》直接相关	是否符合宁忌浮先生构拟	是否反映最新语音变化	是否受八思巴字特殊拼写规则制约
具体表现	例证					
牙音四等对立	略	√（音和）	√	√	×	×
喉音影、幺分立	略	√（音和）貌离神合	×	×	×声母分化为假；√韵类合并是真	√以声别韵
喻母二分	略	√（喻下凭切）貌离神合	×	×	×声母分化为假；√韵类合并是真	√以声别韵

续　表

《蒙古字韵》情况		与等韵门法关系是否相合	《七音韵》是否与《蒙古字韵》直接相关	是否符合宁忌浮先生构拟	是否反映最新语音变化	是否受八思巴字特殊拼写规则制约
具体表现	例证					
喻三入疑	尤牛同为疑母	√（喻下凭切）	√	√	√是疑母零化，不是喻三变疑	√
晓母细音变形	休 hěiw	×	×	×	×	√
合、匣分立	略	×	×	×	×声母分化为假	√
知二庄、知三章的对立	崇/虫、重	√（正音凭切）	×与门法相合，是知二庄、知三章的对立	×	×韵母区别是假	√借韵别声
齿头音三、四等合并	仙、先合；宵、萧合	√（振救）	√	√	√	×
唇音三、四等混并		√（通广）	×	×	√	×
知、照合并		无关	√	√	√	×
非敷合并		无关	√	√	√	×

第五节　《七音韵》与《蒙古字韵》音系异质论

一、源、流之争

杨耐思、宁忌浮二先生都主张，元代韵书《蒙古字韵》与《古今韵会举要》及韵表《礼部韵略七音三十六母通考》[①]的音系都来源于早佚的音韵学著作《七音韵》(杨耐思1989；又见杨耐思1997：144。另见宁忌浮《〈古今韵会举要〉及相关韵书》页7)。即《七音韵》是源，而《蒙古字韵》则是流。该观点基本已为学界所接受。但近来沈钟伟先生在《蒙古字韵集校》"前言"中提出不同于杨、宁为代表的通行观点(沈称为"现行说法")的新见，他认为《七音韵》晚于《蒙古字韵》，且"《七音韵》就必然是按照《蒙古字韵》制作的"。(页11—12)照此说法，那这两部著作的关系就成了《字韵》是源，而《七音》是流了。

　　沈著在书末再次强调："是《七音韵》以《蒙古字韵》为根据，而不是《蒙古字韵》以《七音韵》为根据。"(页404)并且还列表展示这种关系，今转引其表格如下(表下部虚框中"早期已亡佚韵图(不是《七音韵》)"是笔者据沈著页11叙述文字所补)：

从上表可以看出，沈著将《七音韵》时代推后，使得这本已佚的等韵著作地位陡降，从通行观点中作为《蒙古字韵》的根据——源，一变而成为了其派生物——流。

二、《字韵》、《举要》、《通考》与《七音》是否完全一致

　　客观地讲，沈先生的说法也是持之有故的。他称之为"强硬证

---

① 为行文简洁，《蒙古字韵》、《古今韵会举要》、《礼部韵略七音三十六母通考》与《七音韵》多分别省作：《字韵》、《举要》(或《韵会》)、《通考》与《七音》。

据"的表现之一是,《通考》将奉母药韵字"缚"误注为匣母郭字母韵,这是误读了八思巴字拼写,这个错误在汉语韵书中是解释不通的,只有从对拼音文字八思巴字字形的误识中才能找到合理的答案,即将轻唇音奉母误作二个字母——匣和合口的介音u,这样韵母中就多了合口介音,韵类也就变了。声韵皆误。如沈钟伟《蒙古字韵集校》所指出的,"匣郭·缚"《通考》误作喉浊擦音。这错误只和八思巴字字形有关,无法从汉字字形上找到出错的理由。因此也就是和《蒙古字韵》有关的强硬证据"。(页402)沈著还举到了晓母"胸"字《通考》误作敷母的例子,这也是只和八思巴字字形有关的错误。确如沈先生所说,如果《七音韵》中果真如《通考》那样将奉母药韵字"缚"误注为匣母郭字母韵,那答案只能如沈先生所给出的,"是《七音韵》以《蒙古字韵》为根据,而不是《蒙古字韵》以《七音韵》为根据。"果真如此,那宁忌浮(2012)《重读〈蒙古字韵〉》对《七音韵》的构拟就要修正。不过,沈先生的假设也面临一个困难,那就是《蒙古字韵》的源头如果不是《七音韵》,那其根据是什么? 要给出答复。于是沈先生假设《字韵》根据的是"一个现已亡佚的韵图(不是《七音韵》)"(沈著页11)。其实沈假设的这一韵图就其实质而言还是杨、宁诸先生所说的《七音韵》。不管名称叫什么,反正是《蒙古字韵》编写的依据。那其音系是否就是:

《蒙古字韵》音系-八思巴字拼写规则制约的特殊拼写=该韵图音系

我们认为不是(从沈著来看,沈先生大概的观点当是如此),因为即使排除了那些受八思巴字拼写规则制约的特殊拼写形式,《字韵》中依然有好些无法相容的成分,如澄母字"虫、重"归在 ꡆꡟꡃ éuŋ 韵,与知三章组其他声母字不同;相反,假二等庄组崇母字却与除澄母之外的知三章组其他声母字同归ꡆꡟꡃ uŋ 韵。这不符合汉语史的发展。还有"谋""梦"等字拼作轻唇音微母也不符合语音发展规律。再如止蟹摄合口字中,一等"傀"与三等"妫"字合并,而重纽四等"规"字分立(《中原音韵》该摄喉牙音各等全部合并)。这些现象该如何解释呢? 我们认为,这些都和《七音韵》韵图音系之外的"等韵门法"密切相关(同时,有的也与八思巴字拼写系统的容纳能力有关)。据同时代韵图来看,"等韵门法"应该就作为一个组成部分附录在韵图的书中。看来沈先生也没有彻底解决问题。

其实,宁忌浮《〈古今韵会举要〉及相关韵书》页212、216也指出了沈著中提及的"缚"、"胸"两处错误,且也联想到了八思巴字字形相似的问题,宁先生已意识到《通考》参考了《蒙韵》,但没有引起他对《七音韵》的怀疑。如果仅此两例,那也就无须多谈。但问题没有这么简单,沈著"前言"页18、19又谈到,"吼"、"休"等字因为八思巴字拼写规则制约而出现了一些特殊拼写形式,这些形式的出现又在书写层面上混淆了不同的韵类(宋洪民2013b也指出了这种情况,可参考)。这些就无法用"刊误"来解决了。宁先生在这里采取的做法是将这些全都上推到《七音韵》,利用韵图中"降等"的处理技巧来支持这种拼写,而对之所以"降等"的解释是喉牙音腭化时擦音先行(宁忌浮2012)。但假定的腭化时代过早,有的学者认为不可靠(麦耘2005,秦晔2006:66),沈著也不取这种说法,与宋洪民(2013b)都主张归因于八思巴字拼写规则制约。看来,宁先生在这里很难对沈的责难给出满意的答案。

问题的关键是,《通考》如此安排是否就代表《七音韵》也一定如此。也就是说《韵会》及《通考》是否只有《七音韵》这一个来源。《七音韵》是否要为《举要》及《通考》的每一拼写形式提供根据呢? 这二者在编写时难道就绝对不去参考《蒙古字韵》或《蒙古韵略》之类的八思巴字拼写字表吗? 当时的元朝,蒙古字学可是一门显学,中央与地方专门在学校中推广学习的。而且文人们也已经认可接受了汉字的拼音化表达。从刘辰翁《古今韵会举要序》就可看出南宋遗民对八思巴字拼写实践的欢迎态度。其原因是郑樵以来的汉文化反思思潮，该思潮认为汉文化之衰微当归咎于"以字不以声也"，所以实现汉语的表音书写符号之使用乃是改变国运的第一步。所以宋人入元后对《蒙古字韵》是接受的。基于此，我们认为，《韵会》及《通考》编写时既参考了《七音韵》，也参考了《蒙古字韵》，它们完全有可能将《七音韵》中没有而《蒙古字韵》中出现的音类收录进自己的体系中。

　　其实，《韵会》参考《蒙古字韵》或《蒙古韵略》的例证随处可见。宁忌浮《〈古今韵会举要〉及相关韵书》（页195—209）开列了《韵会》征引《蒙韵》的例证，郑再发（1965）也对此进行了讨论，沈钟伟《蒙古字韵集校》再次讨论这一话题。所以我们可以毫不犹豫地说，《七音韵》与《蒙古字韵》二者都是《韵会》及《通考》编写的依据。

　　那《蒙古字韵》与《七音韵》的关系如何呢？我们认为，就源流关系而论，依然是：《七音韵》是源，而《蒙古字韵》是流。但二者并非完全相同，因为《字韵》在以《七音》字母韵为基本框架来编写时，还受到了众多因素的影响，同时，《七音》本身也是一个融多种元素于一体的复杂综合体，其中包含多个层次。这也再一次说明了《字韵》、《韵会》及《通考》共同来源于同一个韵图——《七音韵》的现行说法是很难动摇的。

三、《七音韵》是部什么韵图

　　如果要对宁先生关于《七音韵》的构拟加以修正，首先要明确《七音韵》的性质及其在韵书、韵图史上的地位。这种探讨，有助于对《七音韵》内容的推断，推断其是固守传统还是勇于革新；同时也可以对宁先生的复原工作加以检验。

　　现存的几种宋金韵图有《韵镜》、《七音略》、《四声等子》、《切韵指掌图》等,元代则有《切韵指南》,明代还出现了极富革新精神的《等韵图经》等。

至于《七音韵》,因为其早佚,所以关于其内容我们只能通过受其影响颇深的《蒙古字韵》、《韵会》及《通考》来推知。至于其革新程度,我们认为不能轻易下结论,因为宋元时期的等韵著作所表现出的革新精神往往是与其固守传统的举措混为一体的,要下一番剥离的功夫才行。这在号称革新的《切韵指掌图》中表现得尤其突出。

其实,我们这里的设想与沈钟伟先生倒有些相同之处,当然他假设在《蒙古字韵》前、后一共出现了两部与之相关的等韵著作,《七音韵》是晚出的派生的,我们没有接受这种看法;但他设想的作为《蒙古字韵》编写根据的"一个现已亡佚的韵图(不是《七音韵》)"(沈著页11),是与我们对《七音韵》的设想比较接近的。他认为,较早的"这个韵图虽然有众多创新内容,其基本排列格式仍然按照传统韵图"(沈著页11)。不过,相对于沈著责难宁先生《七音韵》的构拟过于革新而强行包纳了只跟八思巴字拼写有关的形式(宁的《七音韵》相当于沈的较早韵图),沈先生对《字韵》编写依据的较早韵图的设想或许又有些保守了。因为我们认为,《蒙古字韵》因袭传统韵书韵图的守旧表现不能完全归咎于《七音韵》音系本身,还有《七音韵》书中附录的"等韵门法"对此也负有相当大的责任(当时的等韵著作中都附有"等韵门法",见下节)。基于此,我们认为,《七音韵》一共含有四个层次:

韵图本身包含两个层次:一是表层的七音三十六母、四等的韵图排列格局,这是守旧因素;二是深层的真正代表当时北方官话语音系统的字母韵,这是革新因素,也是其主体。

另外两个层次:《七音韵》书中附有的"等韵门法",可算第三层次,这也是守旧因素;四是书中附有的"交互音",这反映了北方官话语音系统声母的新变化,是革新因素。

这些因素后来都被糅合进了《蒙古字韵》这同一部书中,使其呈现出了新、旧杂糅的怪异格局(当然,《字韵》编写时也受到了蒙古语音系的影响,详后)。

四、《七音韵》的构成

《七音韵》的字母韵是其音系的主体,是革新,这是公认的事实。但除此之外,书中应该还有守旧因素体现最为集中和突出的内容,那就是"等韵门法"。我们之所以作此设定,原因有二:

A. 外部证据。这体现了其时代特点。

《韵镜》、《七音略》之后的韵图有一个共同特点,就是书中附录有"等韵门法",如《四声等子》、《切韵指掌图》、《切韵指南》等概莫能外,而门法在金代等韵著作《解释歌义》中则更有淋漓尽致的发挥。《七音韵》应该也受到时代风气的熏习从而重视"等韵"知识。

B. 内部证据。某些怪异现象只有靠"等韵门法"才能得到合理解释。

如在《蒙古字韵》中,与知三章组字本为一类的澄母字"虫、重"等字,韵母拼写与知三章组的其他声母字不同,归在 ꡦꡟꡃ ėuŋ 韵;相反,庄组的崇母字却与知三章组字拼同一韵母 ꡟꡃ uŋ。从音理上讲,汉语发展史中不该出现这种情形。八思巴字实际文献中"崇"、"重"的一些拼写形式更加让我们怀疑它们区别的真实性。如"重阳万寿宫授杨德荣圣旨碑(至正二十三年,1363,元惠宗)"与"阿难答秦王付李道谦令旨(至元二十年十一月日,1283)"中"崇"、"重"的拼写形式正好倒了个个儿。"崇"拼作 ꡁꡦꡟꡃ tšėuŋ(《字韵》作 ꡁꡟꡃ tšuŋ)多了 ꡦ ė;"重"拼作 ꡁꡟꡃ tšuŋ(《字韵》作 ꡁꡦꡟꡃ tšėuŋ),少了 ꡦ ė。这提示我们这两个字的拼写差异或许并没有真正反映读音区别,所以拼写者才会出现这种拼写错误。这里八思巴字标音的可疑对宁先生《七音韵》的构拟构成了威胁。因为富革新精神的韵图中那些与传统韵图不一致的地方,往往是其大胆反映实际语音勇于革新之处,在宁忌浮先生《七音韵》构拟中表现为:与知三章组字本为一类的澄母"虫、重"等字,宁先生对其的处理与知三章组的其他声母字不同,被单独置于三等;相反,庄组的崇母字却与知三章组字一同升到了一等。如果到头来却发现这些不是真实语音的反映,这就陷于矛盾之中,说明此处《七音韵》的构拟存在问题,与实际不符,《七音韵》的格局在这一点上更可能与传统韵图是一致的,即"崇"在二等,澄母"虫、重"等字也没有被孤立,知三章组的其他声母字没有升到一等,共同处于三等。那该如何解释这种现象呢?"崇""虫"不同韵,守住了假二与三等不同音的底线。《字韵》的格局是人为造成的。这应该是由于庄组崇母字占用了这一八思巴字头ꡑ tšuŋ,澄母字因恪守假二与三等不同音的原则,便只好脱离了"知三章"的群体,退守到了ꡃ ěuŋ韵中,拼作ꡑ tšěuŋ。这种格局的形成是《字韵》恪守等韵门法的证据之一,它遵循的就是门法的"正音凭切"门。正音凭切是指反切上字为照组声母二等字,下字如果是三等或四等韵的字,切出的字也应是二等字。据此,照组声母的假二等字和三等字是严格区分的。再如,《蒙古字韵》中"谋""梦"等字拼作轻唇微母,这是等韵门法"轻重交互"制约的结果,但却造成了假象,遮蔽了语音史演变的真正轨迹。需要用"等韵门法"解释才能得到满意答案的现象还有不少,已另撰文,不赘。

　　基于此,我们设定《七音韵》书中附录有"等韵门法"。内容当与其他韵图中所有的相差不大,暂从他书中摘录部分以示例:

　　　　《四声等子》卷首列有:
　　　　辨音和切字例、辨类隔切字例、辨广通局狭例、辨内外转例、辨窠切门、辨振救门、辨正音凭切寄韵门法例、辨双声切字例、辨迭韵切字例。

约产生于金代的《解释歌义》中的门法记录：

解释歌义壹奋（本）：

帮非互用稍难明……

舌音切字第八门　舌头　端透……类隔名中但切之。

舌上音切字　　……影喻逢第四母中，总随能切可堪依。

牙音切字第九门　　（此章显明牙音为切，不明四等，何也？元（缘）只有音和切也。）

切时若用见溪群，精一迎来一自臻。照类两中一作韵，内三外二自名分。齿中十字俱明二，韵下宽舒顺四亲。如所引文声下促，第三切出即为真。

这当然是因袭传统的因素。另外，我们在《切韵指南》中还发现了反映时音的"交互音"内容，这对解释《蒙古字韵》中的疑、喻母的纠葛、知照声母的合并都很有帮助，它很好地解释了为何保守的七音三十六母声母体系居然能允许反映新的语音变化的疑喻合一（而影母独立）、知照合一出现于其中。我们认为《七音韵》中也有这种内容。因为以《七音韵》为依据的《蒙古字韵》中的声母表现与《切韵指南》中的"交互音"内容非常吻合，如疑、喻合并，知照组声母合并，非敷合一。下面我们先将《切韵指南》中的"交互音"内容转录于此：

交互音：

知照非敷递互通，泥娘穿彻用时同，澄床疑喻相连属，六母交参一处穷。

二者非常一致（只有泥娘表现不同）。再如《指南》中所附的"辨清浊"等对于《字韵》的清、浊严格对立也很能说明问题（如可解释为何疑喻合一而影母仍独立），所以我们认为《七音韵》中也当有此类内容：

> 辨清浊：
>
> 端见纯清与此知，精随照影及帮非；次清十字审心晓，穿透滂敷清彻溪；
>
> 全浊群邪澄并匣，从禅定奉与床齐；半清半浊微娘喻，疑日明来共入泥。

我们现在《七音韵》做这样的处理，有利于解释《字韵》、《通考》、《韵会》中革新与守旧因素并存的格局，因为要将相互矛盾的因素统一于一部著作当中，设定其有多个来源比一源更有助于说明问题。

五、字母韵的历史来源

下面来讨论字母韵。可以说，字母韵的设立是重大创新，但绝非一夜之间的奇思妙想，而是前有所承、水到渠成。先看《切韵指掌图》前附"二十图总目"，限于篇幅，仅列出平声部分（我们认为，其中的代表字可看作是字母韵的雏形）：

一独	二独	三独	四独	五独	六独	七开	八合	九开	十合	十一开	十二合	十三开	十四合	十五合	十六开	十七开	十八开	十九合	二十合
高	公	孤	钩	甘	○	干	官	根	昆	歌	戈	刚	光	觥*	㧁	该	○	傀	○
交	○	○	○	监	○	奸	关	○	○	加	瓜	○	江	肱	庚	○	皆	○	乖
娇	弓	居	鸠	○	金	犍	勬	斤	君	迦	○	薑	○	○	惊	基	○	归	○
骁	○	○	樛	兼	○	坚	涓	○	均	○	○	○	○	扃	经	○	鸡	○	圭

　　* "觥"是梗摄二等字。

从表中可以看到，填入的代表字全是见母字，其原因应该是：

A. 这是字母顺序确定为"始见终日"之后的必然结果;

B. 牙音在"四等俱全"这一点上表现得最为突出,可保证例字最全,少出空阙;

C. "等韵门法""音和"门最喜欢拿牙音为例,四等俱音和。金代《解释歌义》"牙音切字第九门"有言:"此章显明牙音为切,不明四等,何也? 元(缘)只有音和切也。"

D. 在近代汉语史上二等牙喉音滋生介音,从而在舌齿唇并入一等时仍然保持其独立性(后来才与三四等牙喉音合并),较长时间地固守了等第区别。

而《韵会》、《通考》中的字母韵代表字就正好是牙音字,如一东一等"公""孔(见母字阙或太生僻则用溪母字替代)"、三等"贡","弓""拱""供",与《指掌图》比较接近(仅入声搭配差异较大,限于篇幅,不赘。下几表同),后者确实可看作是字母韵的雏形。

当然,二者在韵部分合上还有些差异,我们可以将《四声等子》、《切韵指南》与它们一起比较参照。这两部韵图中都出现了"内外混等"这种跨摄的韵部大调整、大合并,《指掌图》也有"大胆"表现(唐作藩《汉语史学习与研究》页208),但《等子》《指南》合并更彻底。《等子》中,五个纯粹四等韵"齐先萧青添"(举平以赅上去入)已有"先萧添"并入相应的三等韵。《指南》上承《等子》,"先萧添"不再单列韵目名称,此外,青韵也并入了三等清韵中,齐韵也与止摄字相混(见下节)。从《蒙古字韵》推知,《七音韵》字母韵创新性很强,同时代其他韵图中表现出的新的语音变化在《七音韵》中应该有较为集中的反映。

下面我们仿《指掌图》"总目"例,也给《等子》《指南》列出总目。先看《等子》(《等子》中,如唐作藩《四声等子研究》所论,纯粹四等韵"先萧添"已并入三等韵,韵图中不再单列韵目名称,《指南》同,故四等代表字空出以展示其变化。见组无字而其他声母有字者,暂付阙如,并下同,不再注出):

一	二	三	四	五	六	七	八	九	十	十一	十二	十三	十四	十五	十六	十七	十八	十九	二十
公	高	刚	光	孤	钩	该	傀	○	○	根	昆	干	官	歌	戈	絚	舥	甘	○
○	交	江	○	○	○	佳	乖	○	○	○	间	关	加	瓜	○	庚	肱	监	○
弓	娇	姜	○	居	鸠	○	○	畸	归	斤	君	犍	勤	迦	○	惊	○	黔	金
○	○	○	○	穋	鸡	○	○	规	紧	均	坚	涓	○	○	经	扃	○	兼	○

再看《指南》:

一	二	三	四	五	六	七	八	九	十	十一	十二	十三	十四	十五	十六	十七	十八	十九	二十	二十一	二十二	二十三	二十四
公	○	○	○	孤	该	傀	根	昆	干	官	高	歌	戈	刚	光	拖	肱	○	○	钩	○	拿	○
○	江	○	○	皆	娲	○	○	间	关	加	瓜	交	○	○	○	○	○	○	庚	觥	○	缄	○
弓	○	飢	龟	居	○	○	斤	君	犍	勤	娇	迦	○	薑	○	○	兢	○	惊	○	鸠	金	黔
○	○	○	○	鸡	圭	紧	均	○	○	○	○	○	○	○	○	○	○	○	○	洞	樛	○	○

最后再列我们构拟的《七音韵》①:

一独	二开	三合	四开	五开	六开	七合	八独	九开	十合	十一开	十二开	十三合	十四开	十五合	十六开	十七合	十八独	十九独	二十独	二十一开	二十二合	二十三开	二十四合
公	拖	○	刚	光	赀	○	孤	该	○	入声克	根	昆	干	官	高	入声郭矍	钩	甘	○	歌	戈	○	○
○	庚	江	○	○	○	○	佳	乖	○		○	间	关	犍	交		○	缄	○	○	○	嘉	瓜
弓	惊	○	○	○	羁	娲	居	○	○		斤	君	犍	勤	娇		鸠	检	金	○	○	○	迦
○	○	扃	○	○	○	○	○	○	○		○	○	○	○	○		○	○	○	○	○	○	○

梗摄二等"舥"字就违背了"音和"门法而并入一等"公"字母韵。

---

① 《蒙古字韵》有的字母韵不含见组，如假二等庄组与喉音等个别字母韵，我们认为，《字韵》喉音字母韵表现多与"等韵门法"及蒙古语影响有关，并非来源于《七音韵》字母韵，而假二等庄组情况复杂，俟以专文讨论，此不赘。

从几部韵图的大致情形可以看出,我们构拟的《七音韵》字母韵音系与前朝及同代韵图非常接近,前有所承、近有依傍,其韵部合并的革新举措也不是孤立现象,符合其时代特点。其中纯四等与假四等均不单立字母韵,并入相应三等韵,属同一字母韵(见下节),这反映了近代语音史上三四等合流的大势,正是《七音韵》革新的表现。至于《蒙古字韵》中分立拼写,我们认为是受了等韵门法影响所致。

六、《七音韵》字母韵与《蒙古字韵》异同

从《韵会》对《七音韵》内容的引据与转述,我们可以清楚地看到,《七音韵》字母韵的设立确实富于革新精神,如反映三四等合并的,《七音韵》三四等合立一个字母韵,不为四等牙喉另立韵目,与《蒙古字韵》单独立目不同,反映了真实的语音变化,证据是:

证据1:内部证据。宁忌浮《古今韵会举要及相关韵书》(页10)载《韵会》注:

> "今按《七音韵》,清与青皆属京字母韵,韵书析而为二,其失旧矣。如令字……"。宁书同页还引《韵会》批评旧韵将"苹"、"萍"二字分属清、青二韵,按《七音韵》,二者同音,属京字母韵。旧韵"既以一音而分入二韵,又以一义而互相训释,其失弥甚"。

注文中说的是"清"、"青"二韵,绝非仅指这两个字,因为下文举例都是其他字;而且注文中也从未提及这个韵的部分韵字比如舌齿唇音如何,而是作为整体来谈论的。由此看来,《七音韵》"清"、"青"二韵非合不可。从《韵会》注文批评旧"韵书"将《七音韵》中"清与青皆属"的"京字母韵""析而为二"(如"令"字,如"苹"字),可以看出,批评者是从整体上对旧韵书的韵部分合进行评判的,谈的是韵部整体,是整个整个的韵,而不是个别韵字。这对我们认识《七音韵》的字母韵是非常有力的帮助。看我们为该部构拟的韵图:图

第二开（京韵部，二庚开。曾摄并入梗摄，内外混等，下半图有说明。限于篇幅，此处仅列出上半图，今附于此）。

宫								徵								角				二开		
微	奉	敷	非	明	並	滂	帮	娘	澄	彻	知	泥	定	透	端	疑	群	溪	见			
				朋			崩					狞	腾		登				⊙拖	平	一等	拖韵
															等				⊙肖	上		
													邓		嶝				⊙亘	去		
																				入		
					彭	烹	閍		棖	瞠	丁							阬	⊙庚	平	二等	庚韵
					併						打								⊙梗	上		
					併	进				铿	侦					硬			⊙更	去		
																				入		
				明	平	砯	兵		呈	柽	贞					迎	擎	卿	⊙京	平	三等	京韵
				皿			丙			逞									⊙景	上		
				命	病		柄		郑		遉					迎	竞	庆	⊙敬	去		
																				入		
				冥	瓶		并					宁	庭	汀	丁			轻	经	平	四等	
				茗	竝		饼					泞	挺	珽	顶			磬	迥	上		
				暝		聘	摒					甯	定	听	矴			劲		去		
																				入		

说明：

　　表格按七音三十六母、四等格局，每等内分四声。列字依《蒙古字韵》（参考宁先生构拟《七音韵》列字）。图中列出离析《广韵》后得出的新韵名称，如拖韵、庚韵、京韵（举平以赅上去入），并在图上韵字中用外圈标出字母韵代表字（据《通考》字母韵）。

《韵会》对《七音韵》的清青合一非常赞赏。北方官话中该摄牙音二三四等已合并，这是大势，我们从《中原音韵》中"京庚经"同音看得很清楚。但《字韵》却只将舌齿唇合一，另将喉牙音析出，保持对立（至于二等"庚"与四等"经"的纠葛，拟另撰文，此不赘）。这是囿于等韵门法的"音和"门所致（已另撰文）。对此《韵会》也不敢非议，而是亦步亦趋，因为其编者非常迷信汉字表音化的举措，这从刘辰翁序言推崇郑樵之论大约可以推知。

证据2：外部证据。在较早的韵图《四声等子》中，五个纯粹四等韵"齐先萧青添"（举平以赅上去入）已有"先萧添"并入相应的三等韵。唐作藩《四声等子研究》（见唐著《汉语史学习与研究》页204）认为《等子》中"三四等确已混用"，那时代晚些的《七音韵》中三四等无疑当已合并。元代的《切韵指南》上承《等子》，"先萧添"之外，青韵也并入了三等清韵中，齐韵也与止摄字相混。由此可以看出，四等并入三等，是当时北方官话中重要的语音演变，是大势、主流。所以《七音韵》青、清同属京字母韵是符合历史语音演变规律的，同时，也与同时代韵图的创新举措步调一致，没有超前革新，比较可信。至于《韵会》、《通考》京、经的分立也是源于《蒙古字韵》，不赘。

七、《七音韵》构拟示例

看我们构拟的比较复杂的山摄的示意图（为了便于说明问题，表中按《蒙古字韵》格局画出韵部分割线。若要得到《七音韵》韵图，只需把分割线去掉即可）：

宫								徵								角				十三开		
微	奉	敷	非	明	並	滂	帮	娘	澄	彻	知	泥	定	透	端	疑	群	溪	见			
												难	坛	滩	单	豻		看	干	平	一	干
												赧	但	坦	亶			侃	笴	上	等	韵
												难	弹	炭	旦	岸		侃	旰	去		
																				入		
				蛮		攀	班		潺							颜		豻	间	平	二	间
							版		栈	刬	醆					眼			简	上	等	韵
				慢	办	襻			栈		铲					雁			谏	去		
																				入		

鞬韵表（三等・四等，舌唇牙音部分）

														声调	等	韵
踞	翻	蕃				缠		遭		言	乾	愆	鞬⊛	平	三等	鞬韵
晚	饭	反		鸠	缠		展			喭	件		蹇⊛	上		
万	饭	贩		卞	变		骊			彦	健	遣	建⊛	去		
														入		
	眠	蹁	篇	边			年	田	天	颠	妍	牵	坚	平	四等	
		缅	辫			撚	殄	腆	典			遣	茧	上		
		面	片			睍	电	瑱	殿			倪	见	去		
														入		

先并入仙（齿喉音部分）

说明	所含《广韵》韵目	半商	半徵	羽				商										声调	等
		日	来	喻	影	匣	晓	禅	审	床	穿	照	邪	心	从	清	精		
先并入仙			寒		安	寒								珊	残	餐		平	一等
			旱	懒		旱	罕							散	瓒			上	
			翰	烂	按	翰	汉							散		灿	赞	去	
																		入	
				斓	殷	闲			删									平	二等
	山		删			僴			潸									上	
	产		潸		晏	苋			讪									去	
	裥		谏															入	
	仙元	然		焉			轩	鋋	羶		燀	舖						平	三等
	狝阮		辇		偃		幰	善			阐							上	
	线愿				堰		献	缮	扇		碹	战						去	
																		入	
			莲	延	煙	贤							次	先	前	千	笺	平	四等
				演		岘	显						羡	铣	践	浅	剪	上	
			练	衍	宴	见							羡	霰	荐	蒨	荐	去	
																		入	

如上节所谈，三四等合并是当时北方官话的大势。从图上可以看出，三四等韵牙喉音严格对立，这是恪守等韵门法所致，前文已谈，不赘。而三四等韵舌齿唇音韵字的分合，哪些归入以三等为主的字母韵，哪些归入以四等为主的字母韵，则没有明显的规律，或者有清浊分韵的趋势（杨耐思《近代汉语音论》页102）。鉴于此，我们认为，这种复杂格局不是《七音韵》完整展示出来的，而是《蒙古字韵》编写者对前者的误读与改造。

我们认为，《七音韵》的韵图应是将上图中的分割线去掉后的样子。其字母韵代表了新的语音系统，具体表现是：二等韵牙喉音"交"、"间"等产生了-i介音而成为独立的字母韵，而其齿唇音则因不会产生-i介音就归入了相应的一等韵；三四等在《等子》中早已合并，那《七音韵》中其合并当无疑义，但因《蒙古字韵》的编写者要遵循韵图前附的等韵门法，所以三四等的牙喉音就绝不合并，那这些已合并的舌齿唇音该归入哪一边呢？《蒙古字韵》的编写者无所适从，这种清浊分韵的趋势或许是一种临机制宜的做法，因为这也只是一种倾向性，清、浊分韵的界限也并不严格，这应该是《蒙古字韵》的编写者在无所适从的情况下，头脑中又留有《七音韵》前附的"分五音"、"辨清浊"等规定的影响（《切韵指南》前附有，我们认为《七音韵》也当附有相似内容），所以才临时做出了这样的拼写设计。三、四等字（含重纽）在《蒙古字韵》中的等第淆乱，与《七音韵》韵图无关，因为韵图上仅能列出一个代表字。《字韵》当系先据《七音韵》韵图列出框架，后据《平水韵》、《五音集韵》列字，个别字受各种因素的影响而出现等第淆乱，如止摄的重纽三等"祁"字误入与之对立的重纽四等"衹"小韵中，就是因袭了《五音集韵》的错误所致（参宋洪民2012）。

《字韵》与《七音》既保守（注重传统韵图的等第区别），又革新（韵部大刀阔斧地离析合并，部分声母合并）。这种本来相互矛盾的元素能够在一个统一体中和谐共存，这只能依赖于传统韵图的两面性,即以保守的韵图形式来展示新的语音变化,再加上《字韵》编者的误读与改造。这样,《字韵》的矛盾性、异质性与复杂性就能得到一个较为合理的解释。

再来看二等牙喉音是否滋生 -i 介音的问题。沈钟伟《辽代北方汉语方言的语音特征》(《中国语文》2006年第6期)据契丹小字对音材料发现,辽代北方方言中"校"等二等喉牙音字已经产生了腭介音。由此看来,《七音韵》为二等喉牙音单立字母韵,是符合实际语音的。

从《蒙古字韵》"江"、"薑姜"同音,可以推知《七音韵》江、阳二韵牙音归同一字母韵,对这种格局的解释只能有一个:二等韵江韵牙音产生了 -i 介音。这样才能使其能与三等牙音合并。如果说在《四声等子》中还是由"混等"所标志的"宕、江两摄的主要元音已经相同",而"借形"却表明"江阳两韵还有区别(江在二等,阳在三等),只是阳韵照组字借放在同一图形(二等)之中"(唐作藩《汉语史学习与研究》页205),但到了《七音韵》中则实现了江、阳二韵的真正合并("江"、"薑姜"同音,即江、阳二韵牙音归同一字母韵)。由此类推,其他二等韵牙音"交"、"间"等应当也产生了 -i 介音。这样"交"、"间"等字母韵就不会包含二等舌齿唇音了(因为后者不会产生 -i 介音)。这些舌齿唇音就归入了相应的一等韵,其中舌齿音与一等韵在声母上是呈互补分布的,容易合并;真正突破小韵界限进行合并的是唇音,当然有的合并有操之过急、削足适履之嫌,如"贝"、"拜","褒"、"包"的合并。退一步讲,即使《七音韵》的编写时代,二等韵牙音"交"、"间"等尚未产生 -i 介音二等韵尚且完全独立,那对韵图的表面形式并无影响,正如《四声等子》的韵图形式一样(参唐作藩《汉语史学习与研究》页204),同时也不影响字母韵的设立(尽管二种情况下字母韵的内涵不同)。这种情况也不会影响以之为依据的元代编写的《蒙古字韵》。因为《七音韵》表面的韵图形式完全可以作出两种解读:一是二等完全独立,不与一等混淆;二是二等牙喉音产生了-i介音,成为独立的字母韵,二等舌齿唇音并入一等韵。即使《七音韵》真的代表第一种情况,元代编写《蒙古字韵》也完全可以误读出第二种语音格局。当然,因为江韵已经产生了-i介音并与阳韵牙音合并,所以我们倾向于认为《七音韵》中其他二等韵牙音"交"、"间"等应当也产生了-i介音。

是据门法分立还是据实音合并还要看八思巴字拼写系统对汉语韵母的容纳能力,如七真韵合口三等"君"与重纽四等"均"等字就因拼写形式难以区分被迫合并,无法分立(虽然音和门法要求分立)。当然,其合并是有实际语音依据的,这就是《七音韵》的字母韵。我们认为,《字韵》相对于传统韵书的韵部合并要有《七音韵》的字母韵为依据,不敢随便合并;而至于哪些韵部没有依照《七音韵》来合并,则是等韵门法要求分立的缘故。因为合并时不能违背门法(局限于八思巴字拼写规则而违背门法的仅表现于合口韵的少数韵部),而要遵循等韵门法,如守"音和"门法而牙喉不破等(新并入者可放宽要求),守"喻下凭切"而严别喻母三、四等,守"正音凭切"而严守庄组与知三章界限。声母呈互补分布者,合并无冲突;但原先存在等第区别的小韵若声母相同,要合并则要以不违背等韵门法为前提,如喻母三、四等恪守"喻下凭切"而严格区别,影母三、四等守"音和"而相别。这在韵图上有等第标志可以互相区别,即使等第革新调整如《等韵图经》,也可用不同的字母韵来区分,这在汉字代表字表示方法中是不难做到的。而到了《蒙古字韵》中需要用八思巴字母来拼写时,则牵涉到八思巴拼写系统的拼写能力问题,受拼写规则和符号数量的限制,有些语音成分难以表达,只好采用迂曲手段。如一东韵部的假四等韵母难以拼出,只好借用三等韵母的拼写形式,为了不同小韵不致相混,只好采用"以声别韵",即从声母上加以区别,从而增加了鱼、幺等声母,造成了声母影、喻、疑分化的假象(参宋洪民2013a)。

还要提及的是,《七音韵》中的一个匣母,在《字韵》《通考》《韵会》中则分为合、匣二母,其原因何在? 我们认为这源于蒙古语音系统中的辅音和谐(合、匣二母分别拼接洪音与细音);还有《蒙古字韵》将汉语韵母中的复合元音拼作单元音等也是受到了蒙古语语音系统的影响和制约,已另撰文,限于篇幅,不再展开。而晓母"吼""休"等字的拼写形式则受到了蒙语音系与八思巴字拼写规则的双重制约(沈钟伟2015,宋洪民2013b)。

最后再补充一点,那就是喉音影、晓、匣、喻诸母字,首先要遵循等韵"音和"门法,四等要分立不能合并;其次,由于受上述的蒙古语音系的影响和八思巴字拼写规则的制约,出现了不少特殊拼写。这些都是可以得到解释的,已另撰文,限于篇幅,不再展开。

八、《蒙古字韵》的生成

基于上述讨论,我们得出《蒙古字韵》音系是层累生成的这一结论,或称为《蒙古字韵》音系的多源性、多层次性。总结一下,《字韵》音系包含以下组成部分:

1.《七音韵》字母韵是《蒙古字韵》音系的框架基础

2. 韵图七音四等的纵横格局是其重要参照

3. 等韵门法是其始终遵循的韵部分合准则

4. "交互音"是表现声母演变的重要依据

5. 蒙语音系是其拼写原则的重要制约因素

6. 八思巴字拼写规则是其实际标音的谐调与保障(如特殊拼写"惟""遗")

(1)八思巴字拼写系统的容纳能力是其标音的重要前提与保障

(2)八思巴字拼写系统的容纳能力决定了其标音的细化程度与表现力

从汉语语音史的发展来看,《蒙古字韵》音系的性质或说其在语音史上的地位是:

1.《蒙古字韵》承自《七音韵》的字母韵主体音系代表了金元汉语北方官话音系;

2.《蒙古字韵》受等韵门法制约的韵部分合情形是传统韵书韵图音类的曲折反映;

3.《蒙古字韵》拼写受到了蒙古语音系的影响,这是元代语言接触的典型表现;

4.《蒙古字韵》对《韵会》《通考》的影响是其在韵书传承中重要地位的映射;

下面我们将以上讨论的内容以《蒙古字韵》与《七音韵》的关系为中心浓缩为一示意图:

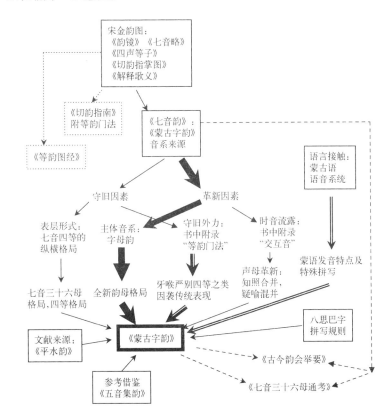

九、《蒙古字韵》音系异质论

由上节的讨论，我们可以说《蒙古字韵》音系是异质的（官音、等韵、蒙语），该论题可称为"《蒙古字韵》音系异质论"；《七音韵》的音系是多层的（表层是七音四等，深层是字母韵代表的官话音系），构成是庞杂的（外加等韵门法、交互音）。我们这样设想《蒙古字韵》与《七音韵》的面貌与关系，其优点是：

A. 避免了《七音韵》的体例在韵书韵图史上显得过于突兀；

B. 避免了将无法兼容的内容在同一维度同一层次上强行塞入同一部著作中。

第四章 《七音韵》韵图研究及构拟

第一节 《蒙古字韵》音系示意图

我们在前文多次提到，杨耐思、宁忌浮二先生都主张，元代韵书《蒙古字韵》与《古今韵会举要》及韵表《礼部韵略七音三十六母通考》的音系都来源于早佚的音韵学著作《七音韵》（杨耐思1989；又见杨耐思1997：144。另见宁忌浮《〈古今韵会举要〉及相关韵书》页7）。即《七音韵》是源，而《蒙古字韵》则是流。正因如此，所以我们对《蒙古字韵》音系的研究，实际就是对《七音韵》的一种研究，而我们对《七音韵》韵图的构拟，则同样是对《蒙古字韵》音系认识的加深。为了使这两方面能更好地统一在一起，我们在下文的研究中就以韵图的形式来展示和讨论《蒙古字韵》的语音系统，这样就可以收到一箭双雕之功效，因为这韵图本身就是《七音韵》的翻板。而当以这种形式进行的对《蒙古字韵》与《七音韵》的探讨完成时，我们再在此基础上构拟纯粹的《七音韵》韵图，这就是本章要完成的任务。下面进行讨论。

如前文多次谈到的，我们设定《七音韵》书中附录有"等韵门法"、"交互音"、"辨清浊"等条目。内容当与其他韵图中所有的相差不大，详见第三节。

下面我们就以韵图形式对《蒙古字韵》与《七音韵》的音系进行探讨。

通　例

韵图体例按近代韵图《四声等子》、《切韵指掌图》《切韵指南》等所呈现的七音三十六母四等的格局,声母顺序按上述近代三种韵图等所呈现出的始见终日、牙喉居两边、中间舌齿唇的格局。

在等第相同的情况下,总是知彻澄与照穿床合一,非敷合一,疑喻合一,泥娘合一。标红的为字母韵代表字,如"公""孔"。

这里的列等据传统韵图如《韵镜》等,二等含假二等,四等含假四等。

若一等与二等或一等与三等重唇音字合并(指突破小韵界限的真正合并),我们认为这在《七音韵》的相应单张韵图中肯定会有"某韵并入某韵"的说明,否则《蒙古字韵》不会如此大胆进行突破等第的合并,且这种合并也有机械类推的简单化表现,如贝、拜合并,褒、包合并等。导致这种不尽符合实际语音的机械类推合并的原因应该是,《七音韵》只说一二等合并,因其保留韵图四等格局还未直面矛盾,故尚可持骑墙之态,而当《字韵》要用表音字母拼写每一小韵时,就再也无法回避这一矛盾了,只好根据《七音韵》看似明白实则细节并不清晰的"指示"来加以合并。

二等并入一等。一等与二等舌齿唇音(有些再加三等轻唇音字)为一字母韵,二等牙喉音为一字母韵。四等并入三等,牙喉音各为一字母韵,舌齿唇分属两字母韵。

三四等合并的,《七音韵》不为四等牙喉另立韵目,以表示其依附合并于三等的语言事实,但同时又拘于等第与门法规定,也标出四等牙喉音的字母韵代表字。这种做法表现出了《七音韵》在守旧与革新间的矛盾与游移。(宁忌浮《古今韵会举要及相关韵书》(页10)载《韵会》注:"今按《七音韵》,清与青皆属京字母韵,韵书析而为二,其失旧矣。如令字……"。宁书同页还引《韵会》批评旧韵将"苹"、"萍"二字分属清、青二韵,按《七音韵》,二者同音,属京字母韵。旧韵"既以一音而分入二韵,又以一义而互相训释,其失弥甚"。由此看来,按《七音韵》"清"、"青"二韵非合不可。)宁书同页所引"令"字注亦然。

图第一独（公韵部，一东独）

文字说明：

东韵三等与钟韵并入东韵一等与冬韵。一等与三等舌齿唇音为一字母韵，三等牙喉音为一字母韵（三等除牙喉音、来日母之外的其他声母字并入一等为同一字母韵，三等剩余部分与假四等字合并为一字母韵）。梗摄部分合口字并入（二等并入一等，三、四等并入三等）。

图中列出离析《广韵》后得出的新韵名称，如公韵、弓韵（举平以赅上去入），并在图上韵字中用外圈标出字母韵代表字（据《古今韵会举要》前附《礼部韵略七音三十六母通考》），如公。我们画上示意性的韵部分割线。

宫								徵								角				一独		
微	奉	敷	非	明	並	滂	帮	娘	澄	彻	知	泥	定	透	端	疑	群	溪	见			
				蒙	蓬							农	同	通	东			空	公◯	平	一等	公韵
				蠓	唪		琫						动	捅	董				孔◯	上	一等	
													洞	痛	冻			控	贡◯	去	一等	
																				入	一等	
																			䚢	平	二等	
				孟														矿		上	二等	
																				去	二等	
																				入	二等	
曹	冯		风					酬	虫	忡	中						穷	穹	弓◯	平	三等	弓韵
	奉		覂						重	宠	冢							恐	拱◯	上	三等	
梦	凤		讽						仲		中						共	恐	供◯	去	三等	
																				入	三等	
																				平	四等	
																				上	四等	
																				去	四等	
																				入	四等	

注：

梗摄合口字为零星并入，且这种跨越韵摄的远距离合并本身就是极富革新精神的举措，故可据实际语音并入相应小韵，暂时突破等第界限与等韵门法的束缚。如梗摄二等"䚢"字就违背了"音和"门法而并入一等"公"字母韵。而作为接受零星韵字的主体韵部，其原有各小韵还是比较严格地固守等第界限、遵循等韵门法。如假二等"崇"字就是因为遵循"正音凭切"门法而不与三等的知三章组字合并。

说明	所含《广韵》韵目		半商	半徵	羽				商											等
			日	来	喻	影	匣	晓	禅	审	床	穿	照	邪	心	从	清	精		
东三与钟并入东一与冬梗摄部分并入	冬	东		笼		翁	洪	薨							鬆	丛	匆	翪	平	一等
		董		笼		蓊	澒	嗊										总	上	
	宋	送		弄		瓮		哄							送	謥	糉		去	
																			入	
	庚						宏	轰			崇								平	二等
	梗																		上	
	敬						横												去	
																			入	
	蒸 钟	东	戎	隆	颙	雍	雄	胸	鱅		舂	充	鍾						平	三等
	肿	董	冗	陇	永	擁		旭					肿						上	
	用	送			詠	雍							種						去	
																			入	
	青	清			融	蒙								松	嵩	从	枞	纵	平	四等
					甬											悚			上	
	径	清			用			敻						颂		从		纵	去	
																			入	

注：

"雄"字《蒙古字韵》归二庚韵部，我们进行了调整，将其归入一东韵部。理由如下：一东韵部所属的韵字基本都是三等字(仅有"复"字属四等)，而二庚韵部所属的这些韵字则基本都是四等字，当然其中包含假四等，但清韵的假四等字在韵图上是列于四等的(只有"雄熊"例外，属东韵三等)。而这里的例外，我们在相关的材料中可以看到是存在歧异的。如在俞昌均《较定蒙古韵略》中，东三韵的"雄熊"与青韵的"荥"组字就不同音，"雄熊"属一东韵部，"荥"组字在二庚韵部。这种分立就与等第之别完全对应起来了。基于此，我们认为，"雄荥"合为一小韵可能存在失误。当然，还有另一例外，那就是"胸诇复"这一字组，它们在《字韵》中淆乱了三四等的界限，在《较定蒙古韵略》中同样不分三四等，全都归并在一东韵部。尽管存在这一例外，但牙喉音在这儿区分三四等的用意是非常显明的。如果合并，那三四等就无从区别了。

图第二开（惊韵部，二庚开）

京韵部

文字说明：

四等牙、喉各守疆界，在此基础上二、四等的牙喉音之外的其他声母字分别并入一、三等。同时《七音韵》要明确提出一等登韵并入二等庚韵，这样一、二等唇音"崩"、"閔"才会如《蒙古字韵》中那样实现真正合并。

宫								徵								角				二开	
微	奉	敷	非	明	並	滂	幫	娘	澄	彻	知	泥	定	透	端	疑	群	溪	见		
					朋		崩					狞	腾		登				拖⊙	一等	拖韵
														等				肯⊙		上	
													邓		嶝				亘⊙	去	
																				入	
					彭	烹	閔		枨	瞠	丁							阬	庚⊙	二等	庚韵
					併						打								梗⊙	上	
					併		进		铿		侦					硬			更⊙	去	
																				入	
				明	平	砯	兵		呈	柽	贞					迎	擎	卿	京⊙	三等	京韵
				皿			丙			逞									景⊙	上	
				命	病		柄			郑	遉					迎	竞	庆	敬⊙	去	
																				入	
				冥	瓶		并					宁	庭	汀	丁			轻	经⊙	四等	与庚韵同
				茗	竝		饼					泞	挺	珽	顶			罄	剄⊙	上	
				暝		聘	摒					甯	定	听	矴				劲⊙	去	
																				入	

说明	所含《广韵》韵目	半商	半徵	羽				商										声调	等
		日	来	喻	影	匣	晓	禅	审	床	穿	照	邪	心	从	清	精		
内外混等	登		楞			恒									僧	层		增	平	一
	等																		上	等
	嶝															赠			去	
																			入	
登并庚	耕　庚					睴	脝		生		鎗	争						平	二
	耿　梗			冷		杏	行		省									上	等
	净　映						行											去	
																			入	
蒸并庚	蒸　清	仍	令		霙		兴	成	声	绳		征						平	三
	拯　静		领		影							整						上	等
	证　劲		令		映		兴	盛	圣	乘	称	政						去	
																			入	
青并清	青		灵	盈	婴	刑	馨						饧	星	情	清	精	平	四
	迥			郢	瘿	胫								醒	静	请	井	上	等
	径			孕	罃									性	净	倩	甄	去	
																			入	

注:

　　"颈"、"劲"属清韵重纽四等。疑母二等字"硬"与喻母四等字同韵。

　　三等平声字母韵代表字《通考》用"京"字,而《字韵》该小韵系上声第一字为"惊"字,今依《通考》列"京"字。

　　三等上声字母韵代表字《通考》用"景"字,而《字韵》该小韵系上声第一字为"警"字,今依《通考》列"景"字。

　　四等去声字母韵代表字《通考》用"劲"字("劲"属清韵重纽四等),而《字韵》该小韵系去声四等第一字为"径"字,今依《通考》列"劲"字。

　　二等庚韵见系字母韵代表字,《韵会》中一律与四等青韵见系相同,用"经"等为目,我们认为这是《韵会》误读了《蒙古字韵》(因为《字韵》中由于拼写系统与正字法的制约，二韵中见系的拼写形式相同了，但并不完全同音）。我们认为，《七音韵》当为二等牙喉音独立，四等牙喉音则并入三等。宁忌浮《古今韵会举要及相关韵书》（页10）载《韵会》注："今按《七音韵》，清与青皆属京字母韵，韵书析而为二，其失旧矣。如令字……"。宁书同页还引《韵会》批评旧韵将"苹"、"萍"二字分属清、青二韵，按《七音韵》，二者同音，属京字母韵。旧韵"既以一音而分入二韵，又以一义而互相训释，其失弥甚"。由此看来，按《七音韵》"清"、"青"二韵非合不可。

三四等合并的，《七音韵》不为四等牙喉另立韵目（证据是："今按《七音韵》，清与青皆属京字母韵，韵书析而为二，其失旧矣。如令字……"宁书同页还引《韵会》批评旧韵将"苹"、"萍"二字分属清、青二韵，按《七音韵》，二者同音，属京字母韵。），以表示其依附合并于三等的语言事实，但同时又拘于等第与门法规定，也标出四等牙喉音的字母韵代表字。这种做法表现出了《七音韵》在守旧与革新间的矛盾与游移。

"婴""瘿"是清韵重纽四等。

图第三合（扃韵部，二庚合）

微	奉	敷	非	明	並	滂	帮	娘	澄	彻	知	泥	定	透	端	疑	群	溪	见			
																				平	一等	
																				上		
																				去		
																				入		
																				平	二等	兄韵
																				上		
																				去		
																				入		
																				平	三等	
																				上		
																				去		
																				入		
																	琼	倾	⦿扃	平	四等	扃韵
																		颎	⦿顷	上		
																				去		
																				入		

上表头：宫（微 奉 敷 非 明 並 滂 帮）｜徵（娘 澄 彻 知 泥 定 透 端）｜角（疑 群 溪 见）｜三合

说明	所含《广韵》韵目		半商 日	半徵 来	喻	影	匣	晓	禅	审	床	穿	照	邪	心	从	清	精		
																			平	一等
																			上	
																			去	
																			入	
	耕	庚				⦿泓													平	二等
		梗																	上	
		映																	去	
																			入	

下表头：羽（喻 影 匣 晓）｜商（禅 审 床 穿 照 邪 心 从 清 精）

	清				雄	兄										平	三
	静															上	等
	劲															去	
																入	
	青				潎	荥										平	四
	迥					迥	诇									上	等
	径															去	
																入	

注：

据《通考》，四等影母位当有"潎"字。

宁先生合"诇""兄"为一，不当。其八思巴字拼写形式不同，有三、四等之别。同时可证开口韵中"馨""兴"合并乃手民误植，非该书原貌。

四等牙喉之外，其他声母字不分等第，同声母者皆合并，包括《蒙古字韵》中独立的三等晓母字，它也与一等合并（《中原音韵》就是如此）。虽然在这里晓母一三等合并了，但《七音韵》只说一三等合并，因其保留韵图四等格局故二者还分属不同等第，尚未真正合并，而当《字韵》要用表音字母拼写每一小韵时，八思巴字的拼写规则却使二者无法实现真正的合并。因为匣、合声母与蒙古语辅音和谐密切相关，晓母也涉及其中。据其规则，晓母三等字韵母中一般要含有字母 ė 以表示其细音性质，这样其韵母就与一等字的韵母不同了，在《七音韵》中实现的合并（归属同一字母韵）就无法落实了，只好重新分开。二庚韵部中晓母三等"怳"（养韵）小韵系（图第五合）跟四支韵部的"麾"小韵系（图第七合）都是这种情形，这里二庚韵部"兄"、"诇"的分合也是如此。

若各等在实际语音中已无区别，已经混并，且八思巴字符号又不够等第区别之用，只够二分，那别出四等，因为受蒙古语辅音和谐规律影响，匣母细音韵母中要有 ė（指四等，匣母无三等）。即《七音韵》中的晓匣母字有些突破了等第之别合并了，但因晓匣母细音字要含 ė，所以《蒙古字韵》中洪、细在拼写上又分开了。

"雄"为三等字，不当与四等"潎荥"等合并，当为手民误合（手民不解"同形异音"之理）。

"雄"字《蒙古字韵》归二庚韵部，我们进行了调整，将其归入一东韵部。理由见一东韵部表下相应说明。

图第四开（冈韵部，三阳开）

文字说明：

　　二等并入一等：二等舌齿唇音与一等为一字母韵（二等知二庄组字并入合口），二等牙喉音为一字母韵。

　　三等并入一等：三等舌齿唇音与一等为一字母韵（假二等庄组字单独为一字母韵），三等牙喉音与假四等字为一字母韵。

　　二等并入三等：二者的牙喉音合并为同一字母韵。

宫								徵								角				四开		
微	奉	敷	非	明	並	滂	帮	娘	澄	彻	知	泥	定	透	端	疑	群	溪	见			
				茫	傍	滂	帮					囊	唐	汤	当	昂		康	冈○	平	一等	冈韵
				莽			榜					曩	荡	曭	党			忼○		上		
					傍	谤						儾	宕	偒	谠			抗	钢○	去		
																				入		
				庬	庞	胮	邦											腔	江○	平	二等	江韵 庄韵
					棒													控	讲○	上		
																			绛○	去		
																				入		
亡	房	芳	方					娘	长	伥	张						强	羌	薑○	平	三等	
网	仿		防						丈	昶	长					仰	勥	繈	繦○	上		
妄	防	访	放					酿	仗	怅	帐					仰	彊		繦	去		
																				入		
																				平	四等	
																				上		
																				去		
																				入		

注：

　　一等上声字母韵代表字《通考》用溪母"肮"字，《字韵》未收此字，故用"忼"字代之。

说明	所含《广韵》韵目	半商	半徵	羽				商											
		日	来	喻	影	匣	晓	禅	审	床	穿	照	邪	心	从	清	精		
内外混等	唐		郎				航								桑	藏	仓	臧	平	一等
	荡		朗		坱		沆								嗓	歮	苍	驵	上	
	宕		阆		盎		吭								丧	藏		葬	去	
																		入	
江并入唐	江					降	肛		霜	床	创	庄							平	二等
	讲					项	傋		爽			抢							上	
	绛					巷				状	浄	壮							去	
																		入	
阳	阳	穰	良		央		香	常	商		昌	章							平	三等
	养	壤	两		鞅		繈	上	赏		敞	掌							上	
	漾	让	亮		快		向	尚	饷		唱	障							去	
																		入	
阳并入唐				阳										详	襄	墙	锵	将	平	四等
				养										橡	想			奖	上	
				漾										相		匠		酱	去	
																		入	

注:

假二等庄组上声字母韵代表字《通考》所用溪母字瓶《字韵》未收，故用"抢"字代之。

"庄"系阳韵庄母假二等字开口字，《七音韵》碍于开、合口之异与真、假二等之别，难以将开口假二等"庄"等字并入到合口真二等"椿"等小韵中去，而"庄"等字又在向合口演变，与一等唐韵字韵母差别太大，所以就单独设立字母韵。

"严以律近，宽以待远"：关于开、合对立之大防（阳韵开口"庄"不与已并入合口的"椿"合并，而留在开口；还有泰韵开口"贝"不与队韵合口"背"合并，而与二等开口"拜"合并），无须突破最小对立的则置于开或合较为自由。

图第五合(光韵部,三阳合)

微	奉	敷	非	明	並	滂	帮	娘	澄	彻	知	泥	定	透	端	疑	群	溪	见			
																			㊉光	平	一等	光韵
																			㊉广	上		
																		旷		去		
																				入		
									幢			椿								平	二等	
																				上		
									撞			戆								去		
																				入		
																	狂	匡		平	三等	
																				上		
																			㊉诳	去		
																				入		
																				平	四等	
																				上		
																				去		
																				入		

说明	所含《广韵》韵目		半商	半徵	羽				商											
			日	来	喻	影	匣	晓	禅	审	床	穿	照	邪	心	从	清	精		
内		唐				汪	黄	荒											平	一
外		荡					晃	慌											上	等
混		宕				汪	攮												去	
等																			入	
江	江					泷				双		淙	窗						平	二
并	讲																		上	等
入	绛																		去	
唐																			入	
	阳				王														平	三
阳	养				往	枉		怳											上	等
并	漾				旺			况											去	
入																			入	
唐																			平	四
																			上	等
																			去	
																			入	

注：

　　匣母细音只有四等、没有三等，晓母则三、四等俱全，细音韵母要含è，在此条件下，三、四等韵母难以区分（八思巴字拼写系统的承受力已经捉襟见肘），于是只好从声母上做文章。"麾"小韵系的声母就采用了s声母sêue（其原因是蒙古语拼写的影响），这个拼写形式没有遇到冲突，是因为四支韵部中三等与一等合并，拼作sue，而在整个汉语语音系统中四等无精组合口，所以sêue的拼写形式在"麾"小韵系借用之前是闲置的。

图第六开（羁韵部，四支开）

宫								徵								角				六开		
微	奉	敷	非	明	並	滂	帮	娘	澄	彻	知	泥	定	透	端	疑	群	溪	见	调	等	韵
																				平	一等	赟韵
																				上		
																				去		
																				入		
																				平	二等	
																				上		
																				去		
																				入		
								尼	驰	缔	知					宜	奇	欹	羁	平	三等	羁韵
																	祁					
								柅	豸	耻	徵					蚁	技	绮	己	上		
								腻	縋	眙	智					义	芰	器	寄	去		
								昵	秩	扶	陟					屹	剧	乞	讫	入		
微	肥	霏	非	弥	陴	纰	卑					泥	啼	梯	低		祇	黓	鸡	平	四等	
尾	陫	斐	匪	渳	婢	諀	妣					祢	弟	体	邸				启	上		
未	狒	费	沸	寐	鼻	嚊	臂					泥	第	替	帝			契	计	去		
				蜜	邲	匹	必					怒	狄	逖	的			喫	吉	入		

注：
　　"吉"为质重纽四等。

说明	所含《广韵》韵目	半商	半徵	羽				商										调	等
		日	来	喻	影	匣	晓	禅	审	床	穿	照	邪	心	从	清	精		
													词	思	慈	雌	赀	平	一等
													兕	徙		此	紫	上	
													寺	赐	字	刺	恣	去	
																		入	

韵																			调	等
									酾	漦	差	莇							平	二等
									屣	士		滓							上	二等
									駛	事	厕	裁							去	二等
			杮						瑟			杮							入	二等
	微	之	脂	支	儿	离	漪		牺	时	絁	鸥	支						平	三等
齐	尾	止	旨	纸	尔	邐	矣	倚	喜	是	弛	齿	纸						上	三等
祭	祭	未	志	至	寘	二	晋	懿	戏	豉	翅	炽	至						去	三等
并			质	迄	日	栗		乙	舳	石	失	尺	炙						入	三等
入				移	伊	奚	醯							西	齐	妻	齑		平	四等
				酏		傒								洗	荠	泚	济		上	四等
				易	缢	系								细	霁	砌	霁		去	四等
				逸	壹	檄								席	悉	疾	七	堲	入	四等

注：

因齐韵并入后，四等精组位置为其所占，止摄三等精组被迫升至一等，不占二三等位置是因为此乃照组固定位置。（蒋冀骋1997）从《蒙古字韵》清、青合并，江、姜合并，傀、妫合并，我们推断《七音韵》字母韵格局是前者合并的根据，由此我们进一步推断《七音韵》产生于金代后期、流行于金元之际。其时资思韵已经形成（孙伯君2009），即止摄精组字元音已变，而庄组及知章组字当在变化过程中，变化尚未完全完成。

支思韵正在产生的过程中。精组应该最先变（孙伯君2009），而其升至一等时其韵母应在变化之中，甚至变化之前（如《切韵指掌图》，见李思敬1994、蒋冀骋1997），其升等原因当为避免与并入该摄的蟹摄齐韵精组字冲突。庄组则因门法限制不能与知章三组字混并，《蒙古字韵》中要别出（《七音韵》是七音三十六母、四等格局，庄组字位于二等，它是归入一等精组字的赀字母韵，还是归入三等的羁字母韵，这仅从韵图上无法判断），故《蒙古字韵》归入赀字母韵。知三章组字变入支思韵当在元代，此时或许正在演变过程中，但同样因《七音韵》七音三十六母、四等格局，该组字处于三等羁字母韵字的包围中，再加上审音者八思巴等人的藏、蒙语背景，他们对汉语中的舌尖元音不敏感，对其与i的区别不甚重视，所以仍将其留在羁字韵中。

我们在《蒙古字韵》中看到四支韵部的ʂʅ韵中只包含精组和庄组两组声母，与《中原音韵》中的"支思韵"不同。与《字韵》格局相同的是《韵会》中的"赀"字母韵。刘晓南先生（2005）认为《韵会》"赀"字母韵的精庄合流反映的是与闽音相关的南系方言的特征，与《中原音韵》的支思独立性质不同。刘先生论证缜密，很有说服力。不过，我们感到疑惑的是，《韵会》为什么在整个语音系统中其他方面没有突出表现出与闽、粤语的一致性，独独在"赀"字母韵上依据南系方言分韵呢？那这样不就导致了整个体系标准的混乱吗？正是基于这个原因，所以我们还是主张不从闽音中寻找答案。那接下来就还得去分析与《韵会》一致的《蒙古字韵》。

如刚才所谈，《蒙古字韵》四支韵部的ſℇ韵中只包含精组和庄组两组声母，设若《字韵》所依据的是北方官话，那这能否看作是支思韵的产生呢？这个问题不是一两句话就能说清楚的。因为学术界对舌尖元音的产生分歧很大。赵荫棠（1936：108）、董同龢（2001：197）、王力（1980：192；1985：258）、竺家宁（1986）、花登正宏（1986）、麦耘（2004）等认为宋元间甚或更早就产生了支思部即舌尖元音，但陆志韦（1946）、李思敬（1994）、蒋冀骋（1997）、金有景（1998）等对此持怀疑态度，认为支思韵的产生不会那么早。其实刘晓南先生也不主张将舌尖元音的产生时代定得太早（见刘晓南2002），所以在探讨《韵会》赀字母韵时他独辟蹊径从南系方言的角度去寻求解释。孙伯君先生（2009）则依据契丹小字的拼写及其与汉字的搭配关系，得出结论说辽代北方汉语中止摄精组字即"资思韵"已完全独立，读为舌尖前元音[ɿ]，而庄章组字即"支师韵"还没有完全变成舌尖后元音[ʅ]。我们认为孙先生的看法值得重视，为支思韵怀疑论者提供了新的证据，即不能将支思韵完全产生的时代定得太早。我们以孙先生结论为依托，认为《蒙古字韵》ſℇ韵中精组字韵母确实与止摄其他声母字有了明显区别，所以别为一韵。那庄组字该如何解释呢？如表二十所示，庄组字之所以从知三章组字中分化出来，其中一个重要原因就是要满足"知三章"与"知二庄"两组声母一定要拼不同韵母的需求。质言之，这里的精庄共韵不能为庄组字是否演变成了所谓的支思韵提供准确信息，因为按八思巴字的拼写系统，即使其韵母尚未演变为舌尖前元音，在八思巴字系统中因要遵守"知三章"与"知二庄"要拼不同韵母的原则，庄组仍然要拼作ſℇ韵；如果其元音变成了[ʅ]，那当然要拼作ſℇ韵，因为这样既满足了声母方面的要求，也与韵母的变化正相符合。当然，这只是一种假设。到底庄组字有没有向支思韵迈进，其读音只能从所拼写的语言即元代汉语本身的语音系统去了解（杨耐思1997：179）。

三四等合并的，《七音韵》不为四等牙喉另立韵目（见京字母韵清与青的讨论），以表示其依附合并于三等的语言事实，但同时又拘于等第与门法规定，也标出四等牙喉音的字母韵代表字。这种做法表现出了《七音韵》在守旧与革新间的矛盾与游移。而《蒙古字韵》则因遵循"等韵门法"而使三、四等牙喉音分立，正因如此，所以在该韵部中《七音韵》的一个"羁"字母韵到了《蒙古字韵》中就是"羁"和"鸡"两个小韵系，八思巴字拼写形式有区别。

图第七合（妳韵部，四支合）

宫								徵								角				七合		
微	奉	敷	非	明	並	滂	帮	娘	澄	彻	知	泥	定	透	端	疑	群	溪	见			
				酶	裴	酷	杯					捼	頹	蓷	硇	桅		恢	傀	平	一等	妳韵
				浼	琲							鎞		腿		頠				上		
				妹	佩	配	背					内	兑	娧	对	硙		块	愦	去		
				默	䫃		北												囯	入		
																				平	二等	
																				上		
																				去		
																				入		
				麋	皮	披	陂		鼖		追					危	逵	亏	妳	平	三等	
				靡	被	䤥	彼									硊	跪	跪	轨	上		
				媚	髲	帔	贲	诿	锤		缀					伪	匮	喟	姽	去		
				密	弼	墙	碧													入		
																	葵	闚	规	平	四等	
																	揆	跬	癸	上		
																	悸		季	去		
																	阒		橘	入		

注：

四等见母入声字母韵代表字"橘"为术韵重纽四等。

三等疑母"危"字与一等疑母"桅"字合并，然后与喻三母"惟"字合并（其声母《蒙古字韵》作ꡖ，即《七音三十六母通考》之鱼母）。

说明	所含《广韵》韵目	半商 日	半徵 来	羽 喻	影	匣	晓	商 禅	审	床	穿	照	邪	心	从	清	精	调	等
内外混等	灰			葵	隈	回	灰							接	摧	崔		平	一等
	贿			蘽	猥	瘣	贿								罪	漼		上	
	队 泰	芮	颣			会	哕							碎	蕞	倅	最	去	
						或												入	
																		平	二等
																		上	
																		去	
																		入	
灰并入脂齐祭并入	微 脂 支			纍	惟	透	麾	垂			吹	锥						平	三等
	尾 旨 纸			累	消		毁	菙	水		捶							上	
	祭 未 至 寘			类	胃	尉	讳	睡	税		吹	贅						去	
						域	洫											入	
	齐			惟		携	嶲						随	眭			剂	平	四等
	荠			唯										髓			嶲	上	
	霁			遗	志	慧	嚖			獝			遂	邃	萃	翠	醉	去	
				聿														入	

注：

　　齐韵精组合口无字，此为止摄假四等字，与一等灰韵字合并。

图第八独（孤韵部，五鱼）

文字说明：

　　三等韵轻唇音及假二等字并入一等。

宫								徵								角				八独		
微	奉	敷	非	明	並	滂	帮	娘	澄	彻	知	泥	定	透	端	疑	群	溪	见			
				模	酺	铺	逋					奴	徒		都	吾		枯	孤	平	一等	孤韵
				姥	簿	普	补					怒	杜	土	睹	五		苦	古	上		
				暮	捕	怖	布					怒	渡	菟	妒	误		袴	顾	去		
				木	暴	扑	卜					讷	独	秃	笃	兀		哭	榖	入		
																				平	二等	
																				上		
																				去		
																				入		
无	扶	敷	跗						除	攄	猪					鱼	渠	墟	居	平	三等	居韵
武	父	抚	甫						伫	楮	貯					语	巨	去	举	上		
务	附	赴	付						箸		著					御	遽	驱	据	去		
目	伏	拂	福						舳	蠢	竹					玉	鞠	麹	菊	入		
																				平	四等	
																				上		
																				去		
																				入		

注：

　　"讷"，臻合一入末泥。今山东沾化方言称不善言谈为"口讷nù"，仍存古音。

说明	所含《广韵》韵目	半商	半徵	羽				商											
		日	来	喻	影	匣	晓	禅	审	床	穿	照	邪	心	从	清	精		
	模		卢		乌	胡	呼							苏	祖	麤	租	平	一等
	姥		鲁		坞	户	虎								粗		祖	上	
	暮		路		恶	護	謣							诉	柞	措	作	去	
	沃屋		禄		屋	縠	熇							速	族	簇	镞	入	
									疏	鉏	初	菹						平	二等
									所	鉏	楚	阻						上	
									疏	助		诅						去	
									缩									入	
	虞鱼	如	胪	盂	於		虚	蜍	书		枢	朱						平	三等
	麌语	汝	吕	羽	伛		许	墅	暑		杵	煮						上	
	遇御	洳	虑	芋	饫		昫	署	恕		处	翥						去	
质	物屋	肉	六	囿	郁		蓄	熟	叔		触	粥						入	
				余									徐	胥		疽	且	平	四等
				与									叙	谞		咀	取	上	
				豫									絮	聚		觑	怚	去	
				育									续	肃	崒	促	蹙	入	

注：

　　“蠢”本为屋韵三等彻母字，《蒙古字韵》中误入庄组“初”小韵系。

图第九开（该韵部，六佳开）

文字说明：

　　"严以律近，宽以待远"

　　关于开、合对立之大防（阳韵开口"庄"不与已并入合口的"椿"合并，而留在开口；还有泰韵开口"贝"不与队韵合口"背"合并，而与二等开口"拜"合并），无须突破最小对立的则置于开或合较为自由。

宫								徵								角				九开		
微	奉	敷	非	明	並	滂	帮	娘	澄	彻	知	泥	定	透	端	疑	群	溪	见	平上去入	一二三四等	该韵／佳韵
												能	臺	胎		皑			该	平	一等	该韵
					倍							乃	殆	歹		恺			改	上		
				眜	僾	沛	贝					奈	大	泰	带	艾			蓋	去		
																				入		
				埋	牌						搋					崖		揩	佳	平	二等	佳韵
				买	罢		摆				鷹					崱		楷	解	上		
				卖	辉	派	拜				虿							効	懈	去		
				陌	白	拍	伯				宅			摘	擖	额		客	格	入		
																				平	三等	
																				上		
																				去		
																				入		
																				平	四等	
																				上		
																				去		
																				入		

说明	所含《广韵》韵目			半商 日	半徵 来	羽 喻	影	匣	晓	商 禅	审	床	穿	照	邪	心	从	清	精		等
佳	灰		咍		来		哀	孩	咍							鳃	裁	猜	栽	平	一等
皆	贿		海					亥	海			茝					在	采	宰	上	一等
并	队	泰	代		赖		蔼	害								赛	载	蔡	再	去	一等
入																				入	一等
代		佳	皆				娃	膗				柴	钗	斋						平	二等
泰		蟹	骇				矮	蟹												上	二等
	夬	卦	怪				隘	邂	謑			眦	差	债						去	二等
		陌	麦				哑	格	赫			赜	栅	责						入	二等
																				平	三等
																				上	三等
																				去	三等
																				入	三等
																				平	四等
																				上	四等
																				去	四等
																				入	四等

图第十合(乖韵部,六佳合)

宫								徵								角				十合		
微	奉	敷	非	明	並	滂	帮	娘	澄	彻	知	泥	定	透	端	疑	群	溪	见			
																				平	一等	
																				上		
																				去		
																				入		
																			乖	平	二等	乖韵
																			掛	上		
															聩			快	卦	去		
																			虢	入		
																				平	三等	
																				上		
																				去		
																				入		
																				平	四等	
																				上		
																				去		
																				入		

注:

　　二等上声字母韵代表字《通考》用"掛"字,但该字为去声,与"卦"同小韵
(《字韵》上声见组皆无字),暂置此以存疑。

说明	所含《广韵》韵目	半商	半徵	羽				商											
		日	来	喻	影	匣	晓	禅	审	床	穿	照	邪	心	从	清	精		
支并入佳																		平	一等
																		上	
																		去	
																		入	
	佳				蛙		怀			衰	衰							平	二等
	蟹										揣							上	
	卦		共				画			帅	嘬							去	
	陌			搋	获	眷		撼										入	
	支																	平	三等
	纸																	上	
	至																	去	
																		入	
																		平	四等
																		上	
																		去	
																		入	

注：
　　"衰"属止摄支韵三等初母字（假二等），"揣"属止摄纸韵字（假二等）。"嘬"属夬韵二等。

图第十一开（克韵部，六佳开）

宫								徵								角				十一开	
微	奉	敷	非	明	並	滂	帮	娘	澄	彻	知	泥	定	透	端	疑	群	溪	见		
																				平	一等 克韵
																				上	
																				去	
												特	式	德				克		入	
																				平	二等
																				上	
																				去	
																				入	
																				平	三等
																				上	
																				去	
																				入	
																				平	四等
																				上	
																				去	
																				入	

说明	所含《广韵》韵目	半商	半徵	羽				商											
		日	来	喻	影	匣	晓	禅	审	床	穿	照	邪	心	从	清	精		
																		平	一等
																		上	
																		去	
	德		勒			黑	刻								塞	贼		则	入	
																		平	二等
																		上	
																		去	
			（职）						色	崱	测	昃						入	

										声	等
										平	三等
										上	
										去	
职										入	
										平	四等
										上	
										去	
										入	

注：

　　《通考》立"黑"字母韵，我们认为，"黑"与"克"同字母韵，其不同是八思巴字匣、合母的特殊拼写规则造成的。

　　或可将九、十一两图合二为一，暂列如下：

宫								徵								角				九开		
微	奉	敷	非	明	並	滂	帮	娘	澄	彻	知	泥	定	透	端	疑	群	溪	见			
												能	臺	胎		皒		开	该	平	一等	该韵
					倍							乃	殆		歹			恺	改	上		
				昧	悖	沛	贝					奈	大	泰	带	艾		磕	蓋	去		
													特	忒	德			克		入		克韵
				埋	牌							搣				崖		揩	佳	平	二等	佳韵
				买	罢		摆	虋								骇		楷	解	上		
				卖	粺	派	拜					蛮				劢			懈	去		
				陌	白	拍	伯				宅	摘		搦		额		客	格	入		
																				平	三等	
																				上		
																				去		
																				入		
																				平	四等	
																				上		
																				去		
																				入		

说明	所含《广韵》韵目			半商	半徵	羽				商											
				日	来	喻	影	匣	晓	禅	审	床	穿	照	邪	心	从	清	精		
佳	灰		咍		来		哀	孩	哈							鰓	裁	猜	栽	平	一等
皆	贿		海					亥	海			苣					在	采	宰	上	
并	队	泰	代		赖		蔼	害								赛	载	蔡	再	去	
入					勒		黑	刻								塞	贼		则	入	
代		佳	皆				娃	膜				柴	钗	斋						平	二等
泰		蟹	骇				矮	蟹												上	
	夬	卦	怪				隘	邂	譮			眦	差	债						去	
		陌	麦				哑	轹	赫			颐	栅	责						入	
											色	崱	测	昃							
																				平	三等
																				上	
																				去	
																				入	
																				平	四等
																				上	
																				去	
																				入	

图第十二开（根韵部，七真开）

文字说明：

三等韵的庄组假二等字并入一等。假四等并入一等。

宫								徵								角				十二开		
微	奉	敷	非	明	並	滂	帮	娘	澄	彻	知	泥	定	透	端	疑	群	溪	见			
														吞					根	平	一等	根韵
																		恳		上		
														褪					艮	去		
																				入		
																				平	二等	
																				上		
																				去		
																				入		
				珉	贫		彬		陈		珍					银	勤		巾	平	三等	巾韵
				愍					紖	辴						听	近		谨	上		
									陣	疢	镇					憖	近		靳	去		
																				入		
				民	频	缤	宾												紧	平	四等	
				泯	牝															上		
							傧													去		
																				入		

注：

三四等合并的，《七音韵》不为四等牙喉另立韵目。

说明	所含《广韵》韵目	半商 日	半徵 来	羽 喻	羽 影	羽 匣	羽 晓	商 禅	商 审	商 床	商 穿	商 照	商 邪	商 心	商 从	商 清	商 精		
	痕				恩	痕												平	一等
	很					狠												上	
	恨					恨												去	
																		入	
	臻								莘			臻						平	二等
																		上	
										榇								去	
																		入	
	欣	真	人	隣	殷		欣	辰	申	神	瞋	真						平	三等
	隐	轸	忍	嶙	隐		衅	肾			矧	轸						上	
	焮	震	刃	遴	檼		衅	慎				震						去	
																		入	
				寅	因	礥								新	秦	亲	津	平	四等
				引											尽	尽		上	
				胤	印								賮	信		亲	晋	去	
																		入	

图第十三合(昆韵部,七真合)

宫								微								角				十三合		
微	奉	敷	非	明	並	滂	帮	娘	澄	彻	知	泥	定	透	端	疑	群	溪	见			
				门	盆	濆	奔						屯	啍	敦			坤	昆	平	一等	昆韵
				悗			本							囷	睡			阃	衮	上		
				闷	坌	喷						嫩	钝	褪	顿			困	睔	去		
																				入		
																				平	二等	
																				上		
																				去		
																				入		
文	汾	芬	分							椿	屯						群	困	君	平	三等	君韵
吻	愤	忿	粉														窘	稛		上		
问	分	溢	粪														郡	攗		去		
																				入		
																		钧		平	四等	
																				上		
																				去		
																				入		

注:

三等平声字母韵代表字见母"君"字,《通考》用四等"钧"字,今依《字韵》列入三等"君"字。

三等上声字母韵代表字《通考》用溪母"稛"字,《字韵》缺,今依《通考》列入。

一等去声字母韵代表字《通考》用溪母"睔"字,《字韵》缺,今依《通考》列入。

说明	所含《广韵》韵目	半商 日	半徵 来	羽 喻	影	匣	晓	商 禅	审	床	穿	照	邪	心	从	清	精		
	魂		论		温	魂	昏							孙	存	村	尊	平	一等
	混				稳	混								损	鳟	忖	撙	上	
	恩		论			恩								巽		寸	捘	去	
																		入	
																		平	二等
																		上	
																		去	
																		入	
文	谆	犉	沦	雲	赟			蕘	醇	唇	春	谆						平	三等
吻	准	蜳		殒	恽					盾	蠢	准						上	
问	稕	闰		韵	醖			训	舜	顺		稕						去	
																		入	
				匀									旬	荀		逡	遵	平	四等
				尹										笋				上	
													徇	峻			僎	去	
																		入	

图第十四开(干韵部,八寒、九先开)

文字说明:

唐作藩《四声等子研究》(见唐著《汉语史学习与研究》页204)在讨论效摄图时谈到:"从例字来看,三四等确已混用",其理由是:"四等没有标韵目,但除了舌音纯用萧筱啸韵字,其他牙唇齿喉音都杂用宵小笑药与萧筱啸字,表明韵母已完全合流。四等的舌齿音字与三等的区别显然是声母的不同,那么牙喉唇音的三四等区别在什么地方呢?从唇音来看,似乎是宵韵的重纽问题,而像《韵镜》一样宵韵还有三四等的区别,但牙喉音的例字虽有宵韵字,但主要是萧韵字,显然已不存在宵韵的重纽问题,因此唇牙喉音的三四等与舌齿音的三四等一样,韵母已实无区别,现在形式上区别开来,只不过是不确切地反映了它的历史来源,这也是《等子》《指南》和《指掌图》一类韵图的保守性的表现。"山摄与效摄都是四等俱全的韵摄,且主要元音相同,可以类比。且这里从山摄看得更清楚,就是唐先生所说的"从唇音来看,似乎是宵韵的重纽问题",在山摄可以祛除这一疑惑,因为山摄三四等唇音的界限已经淆乱,如重纽三等"勉"字已与四等字"缅"字同音。这说明,三四等在《七音韵》与《蒙古字韵》中确已合并,唐先生的说法在这里完全适用。

宫								微								角				十四开			
微	奉	敷	非	明	並	滂	帮	娘	澄	彻	知	泥	定	透	端	疑	群	溪	见				
												难	坛	滩	单	犴		看		干	平	一等	干韵
												赦	但	坦	亶			侃		等	上		
												难	弹	炭	旦	岸		侃		旰	去		
																					入		
				蛮		攀	班		潺							颜			斦	间	平	二等	间韵
							版		栈	刬	醆					眼				简	上		
				慢	办	襻			栈	铲						雁				谏	去		
																					入		
	踏	翻	蕃						缠		遭					言	乾	愆		鞬	平	三等	鞬韵
晚	饭		反					鸠	缱		展					狱	件			蹇	上		
万	饭		贩				变	卞			驴					彦	健	谴		建	去		

（续表，上接前页）

											声调	等
											入	
眠	蹁	篇	边	年	田	天	颠	妍	牵	坚（○）	平	四等
缅	辡			撚	珍	腆	典		遣	茧（○）	上	
面		片		睍	电	瑱	殿		倪	见（○）	去	
											入	

（注：坚、茧、见三字带圆圈标记）

说明	所含《广韵》韵目	半商	半微	羽				商										声调	等
		日	来	喻	影	匣	晓	禅	审	床	穿	照	邪	心	从	清	精		
删并入寒	寒				安	寒								珊	残	餐		平	一等
	旱		懒			旱	罕							散	瓒			上	
	翰		烂		按	翰	汉							散		粲	赞	去	
																		入	
	山 删		斓		殷	闲			删									平	二等
	产 潸				黰	僩			潸									上	
	裥 谏				晏	苋			讪									去	
																		入	
先并入仙	仙 元	然	漣		焉		轩	涎	䄠		燀	饘						平	三等
	狝 阮				偃		幰	善	缮		阐							上	
	线 愿				堰		献	硟				战						去	
																		入	
	先		莲	延	煙	贤							次	先	前	千	笺	平	四等
	铣			演		岘	显						羡	铣	践	浅	剪	上	
	霰		练	衍	宴	见								霰	荐	蒨	箭	去	
																		入	

图第十五合(官韵部,八寒九先合)

微	奉	敷	非	明	並	滂	帮	娘	澄	彻	知	泥	定	透	端	疑	群	溪	见	声	等	韵
				瞒	槃	潘	般						团	湍	端	岏		宽	官	平	一等	官韵
				满	伴							暖	断	疃	短			款	管	上		
				缦	叛	判	半					惯	段	彖	锻	玩			贯	去		
																				入		
																顽			关	平	二等	关韵
																				上		
																			慣	去		
																				入		
									橼							元	眷			平	三等	眷韵
									篆		转					阮	卷	绻		上		
									传		啭					愿	券	挈		去		
																				入		
																	权		涓	平	四等	
																	圈	犬	畎	上		
																	倦		睊	去		
																				入		

注:

　　二等上声字母韵代表字"撰"字,《韵会》归在三等狝韵,《广韵》在删韵,《字韵》在八寒,同《广韵》。今依后者。

说明	所含《广韵》韵目	半商	半徵	羽				商											
		日	来	喻	影	匣	晓	禅	审	床	穿	照	邪	心	从	清	精		
	桓		栾		剜	桓	欢							酸	攒		鑽	平	一等
	缓		卵		惋	缓								算			纂	上	
	换		乱		惋	换	唤							筭	攒	窜	鑽	去	
																		入	
	山　删			顽	弯	还			诠									平	二等
	产　潸				绾	皖				撰								上	
	裥　谏					患				馔	篡							去	
																		入	
	仙　元	堧	挛	袁	鸳		翻	逴		船	穿	专						平	三等
	狝　阮	輭	臠		婉		蠸				舛							上	
	线　愿		恋	院	怨		楦				钏							去	
																		入	
	先			沿	渊	玄							旋	宣	全	诠	镌	平	四等
	铣			兖		泫								选	隽			上	
	霰			掾	朄	县	绚						漩	选				去	
																		入	

图第十六开（高韵部，十萧开）

文字说明：

二等并入一等。一等与二等舌齿唇音为一字母韵，二等牙喉音为一字母韵。四等并入三等，牙喉音各为一字母韵，舌齿唇分属两字母韵。

宫								徵								角				十六开	
微	奉	敷	非	明	并	滂	帮	娘	澄	彻	知	泥	定	透	端	疑	群	溪	见		
				毛	袍		褒					猱	陶	饕	刀	敖			高	平	一等
					抱	胞	宝					脑	道	讨	倒			考	杲	上	
				帽	暴		报						导	套	到	傲		槁	诰	去	
				寞	雹	泺	博					诺	铎	讬		咢		恪	各	入	
				茅	庖		包	铙			嘲					鳌		敲	交	平	二等
				卯	鲍		饱	桡								骹		巧	绞	上	
				貌	鉋	窌	豹	闹	棹		罩					乐		礉	教	去	
							驳									狱		壳	觉	入	
				苗			镳		晁	超	朝						乔	趬	骄	平	三等
					殍		表		肇										矫	上	
				庙													蛴			去	
缚											著	娆			著	虐	噱	却	脚	入	
					飘	漂	飙						迢	挑	貂	尧	翘	蹻	骁	平	四等
				眇	摽	缥	標					嫋	窕	朓	鸟				皎	上	
				妙	嘌	剽							嬥	粜	吊			窍	叫	去	
																				入	

注：

泥娘合一，泥母"猱"与娘母"铙"等字（举平以赅上去入）合并。

		半商	半徵	羽				商											
		日	来	喻	影	匣	晓	禅	审	床	穿	照	邪	心	从	清	精		
肴并入豪　萧并入宵			劳		鏖	号	蒿							骚	曹	操	糟	平	一等
			老		襖	皓	好							嫂	皁	草	早	上	
			嫪		奥	号	耗							喿	漕	操	竈	去	
			落		恶	涸	壑							索	昨	错	作	入	
					坳	肴	虓		梢	巢	抄							平	二等
						佼					炒	爪						上	
					鞘	效	孝		稍		抄							去	
					渥	学												入	
		饶		鸹	妖		嚣	韶	烧		弨	昭						平	三等
											怊								
		扰	爗	天					少			沼						上	
								绍	烧			照						去	
		若	略	药	约		谑	勺	烁		绰			削	嚼	鹊	爵	平	四等
			聊	遥	幺		晓							萧	樵	整	焦	上	
		了	鷕	杳	晶	晓								篠		悄	剿	去	
		料	耀	要										笑		陗	醮	入	

注:

三等去声字母韵代表字《通考》用"挢"字,《字韵》无此字,姑从《通考》。

一等入声字母韵代表字《通考》用"恪"字,《字韵》无此字,姑从《通考》。

三等奉母"缚"字,《字韵》在高韵入声,《通考》归合口"郭"韵。今从《字韵》。

泥娘合一,泥母"猱"与娘母"铙"等字(举平以赅上去入)合并。

图第十七合（郭韵部，十萧合）

宫								徵								角				十七合		
微	奉	敷	非	明	並	滂	帮	娘	澄	彻	知	泥	定	透	端	疑	群	溪	见			
																				平	一等	郭韵
																				上		
																				去		
																		廓	郭	入		
																				平	二等	
																				上		
																				去		
									搦	浊	逴	斲									入		
																				平	三等	矱韵
																				上		
																				去		
																			瓁	钁	入		
																				平	四等	
																				上		
																				去		
																				入		

说明	所含《广韵》韵目	半商 日	半徵 来	羽 喻	影	匣	晓	商 禅	审	床	穿	照	邪	心	从	清	精		
内																		平	一等
外																		上	
混																		去	
等			铎		螣	稴	霍											入	
																		平	二等
觉																		上	
并																		去	
入	觉				荦					朔	泿	妮	捉						入	
铎																		平	三等
																		上	
																		去	
		药		籰	嬳													入	
																		平	四等
																		上	
																		去	
																		入	

图第十八独（钩韵部，十一尤独）

宫								徵								角				十八独		
微	奉	敷	非	明	並	滂	帮	娘	澄	彻	知	泥	定	透	端	疑	群	溪	见	声	等	韵
					裒⊙								头	偷	兜			彄	钩⊙	平	一等	钩韵
				母	部	剖	掊⊙					毂	鈺	斗	蔩			口	考⊙	上		衰韵
				茂		仆						耨	豆	透	鬭			寇	遘⊙	去		钩韵
																				入		
																				平	二等	
																				上		
																				去		
																				入		
谋	浮⊙		不					纽	俦	抽	辀					牛	裘	邱	鸠⊙	平	三等	鸠韵
	妇⊙		缶					粈	纣	丑	肘						舅	糗	九⊙	上		
复		副	富							畜	昼						旧		救⊙	去		
																				入		
				缪		彪										蚪		樛⊙		平	四等	
																蟉			纠⊙	上		
				谬																去		
																				入		

注：

一等上声字母韵代表字《通考》用"考"字，《字韵》无此字，姑从《通考》。

说明	所含《广韵》韵目	半商	半徵	羽				商											
		日	来	喻	影	匣	晓	禅	审	床	穿	照	邪	心	从	清	精		
	侯				讴	侯								撖	鲰		緅	平	一等
	厚				欧	厚	吼							叟		趣	走	上	
	侯				沤	候	寇							瘶		楱	奏	去	
																		入	
									搜	愁	搊	邹						平	二等
									溲		掫							上	
									瘦	骤	簉	皱						去	
																		入	
	尤	柔	刘	尤	忧		休	雠	收		犫	周						平	三等
	有	蹂	柳	有			朽	受	首		醜	帚						上	
	宥	蹂	溜	宥			糗	授	狩		臭	呪						去	
																		入	
	幽			猷	幽								囚	脩	酋	秋	啾	平	四等
	黝			酉	黝									滫			酒	上	
	幼			狖	幼							袖	秀	就		僦		去	
																		入	

图第十九独（甘韵部，十二覃独）

文字说明：

　　二等并入一等。一等与二等舌齿唇音为一字母韵，二等牙喉音为一字母韵。四等并入三等，牙喉音各为一字母韵，舌齿唇分属两字母韵。

微	奉	敷	非	明	並	滂	帮	娘	澄	彻	知	泥	定	透	端	疑	群	溪	见			十九独
微	奉	敷	非	明	並	滂	帮	娘	澄	彻	知	泥	定	透	端	疑	群	溪	见			
												南	覃	贪	耽			龕	甘	平	一等	甘韵
													禫	襑	黕			坎	感	上		
													憺	探	擔			勘	紺	去		
																				入		
																嵒			緘	平	二等	緘韵
																			減	上		
											站					黯		歉	鑒	去		
																				入		
	凡						砭			覘	霑					严			箝	平	三等	箝韵
錽	范						贬			諂						俨	俭	检		上		
	梵	汎					窆			覘						嚴		欠	劍	去		
																				入		
												鮎	甜	添		鍼		谦	兼	平	四等	
													簟	忝	点		歉			上		
												念	磹	掭	店			歉		去		
																				入		

注：

　　此处"严"（疑母）未与喻三母"炎"字合并，反而是喻母三四等"炎、盐"合并，与疑母对立，此处可能是失误。

说明	所含《广韵》韵目	半商	半徵	羽				商											
		日	来	喻	影	匣	晓	禅	审	床	穿	照	邪	心	从	清	精		
咸衔并入覃谈　添并入盐凡	谈　覃		婪		谙	含	憨							毶	蠤	参	簪	平	一等
	敢　感		壈		晻	颔	喊							糁	槧	惨	昝	上	
	阚　勘		滥		暗	憾	憨							三	蹔			去	
																		入	
	衔　咸					咸			襳	谗	搀							平	二等
	槛　豏				黯	豏	喊		掺	湛	搀	斩						上	
	鉴　陷					陷			钐	毚	忏	蘸						去	
																		入	
	凡　盐　严	髯	廉	炎	淹		杴	揬	苫		襜	詹						平	三等
	范　琰　俨	冉	敛		奄		险	剡	陕			飐						上	
	梵　艳　酽	染	殓		裺		险	贍	闪		韂	占						去	
																		入	
	添　盐		㲫	盐	懕	嫌	馦							銛	潜	佥	尖	平	四等
	忝　琰			琰	魇										渐	憸		上	
	㮇　艳			艳	厌											壍	借	去	
																		入	

注：

四等晓母"馦"字、来母"㲫"均未出现。

图第二十独（金韵部，十三侵）

宫								徵								角				二十独		
微	奉	敷	非	明	並	滂	帮	娘	澄	彻	知	泥	定	透	端	疑	群	溪	见			
																				平	一等	
																				上		
																				去		
																				入		
																				平	二等	簪韵
																				上		
																				去		
																				入		
									沉	琛	碪					吟	琴	钦	金	平	三等	金韵
						品	裒		朕								噤		锦	上		
								赁	鸩	闯							魿		禁	去		
																				入		
																				平	四等	
																				上		
																				去		
																				入		

说明	所含《广韵》韵目	日	来	喻	影	匣	晓	禅	审	床	穿	照	邪	心	从	清	精	声调	等
																		平	一等
																		上	
																		去	
																		入	
									森	岑	参	簪（圈）						平	二等
																		上	
									渗		谶	潜（圈）						去	
																		入	
	侵	任	林		音		歆	谌	深			斟						平	三等
	寝	荏	廪		饮			甚	沈	葚	审	枕						上	
	沁	妊			荫			甚				枕						去	
																		入	
				淫	愔								寻	心		侵	祲	平	四等
														伈		寝	浸	上	
																沁	祲	去	
																		入	

注：

1. 此处不为假二等庄组"簪"等字立字母韵，因为我们认为，假二等庄组单立字母韵是《蒙古字韵》受等韵门法"正音凭切"门影响所致。

2. 假四等喉音字"愔""淫"靠声母的变化与相应三等韵字区别开来（"以声别韵"）。

图第二十一开（歌韵部，十四歌开）

宫								徵								角				二十一开		
微	奉	敷	非	明	並	滂	帮	娘	澄	彻	知	泥	定	透	端	疑	群	溪	见			
									舵	佗	多	那				莪		珂	歌	平	一等	歌韵
									柁		舝	娜				我		可	哿	上		
									驮	拖	癉	奈				饿		坷	箇	去		
																		渴	葛	入		
																				平	二等	
																				上		
																				去		
																				入		
																				平	三等	
																				上		
																				去		
																	屵			入		
																				平	四等	
																				上		
																				去		
																				入		

说明	所含《广韵》韵目	半商	半徵	羽				商										声	等
		口	来	喻	影	匣	晓	禅	审	床	穿	照	邪	心	从	清	精		
	歌		罗		阿	何	诃							娑	醝	蹉		平	一等
	哿		攞			荷	歌									瑳	左	上	
	箇		逻			贺								些			佐	去	
	曷	合			遏	曷	喝											入	
																		平	二等
																		上	
																		去	
																		入	
																		平	三等
																		上	
																		去	
																		入	
																		平	四等
																		上	
																		去	
																		入	

图第二十二合（歌韵部，十四歌合）

宫								徵								角				二十二合		
微	奉	敷	非	明	並	滂	帮	娘	澄	彻	知	泥	定	透	端	疑	群	溪	见			
				摩	婆	颇	波					捼		詫	詫	讹		科	戈	戈	平	一等	戈韵
				麼	回		跛						墮	妥	埵			颗	果	果	上		
				磨		破	播					愞	惰	唾		卧		课	过	过	去		
				末	跋	饦	茇						夺	侻	掇			阔	括	括	入		
																					平	二等	
																					上		
																					去		
																					入		
																					平	三等	
																					上		
																					去		
																					入		
																					平	四等	
																					上		
																					去		
																					入		

注：

　　"讹、卧"小韵系在《字韵》中八思巴字标音为ꡁ（以与"我"小韵系的标音ꡃꡁ相区别），韵母为开口一类。这是《字韵》作者对其读音的认识。

说明	所含《广韵》韵目	半商	半徵	羽				商										调	等
		日	来	喻	影	匣	晓	禅	审	床	穿	照	邪	心	从	清	精		
	戈		骡		倭	和								莎	矬			平	一等
	果		裸				火							锁	坐	脞		上	
	过		摞		涴	和	货								座	剉	挫	去	
	曷		捋		斡	佸	豁								撮	繓		入	
																		平	二等
																		上	
																		去	
																		入	
																		平	三等
																		上	
																		去	
																		入	
																		平	四等
																		上	
																		去	
																		入	

图第二十三开（麻韵部，十五麻开）

文字说明：

二等并入一等。一等与二等舌齿唇音为一字母韵，二等牙喉音为一字母韵。四等并入三等，牙喉音各为一字母韵，舌齿唇分属两字母韵。

宫								徵								角				二十三开		
微	奉	敷	非	明	並	滂	帮	娘	澄	彻	知	泥	定	透	端	疑	群	溪	见			
																				平	一等	麻韵
																				上		
																				去		
												纳	达	囵	怛					入		
				麻	爬	葩	巴		茶	姹	夈					牙○			嘉○	平	二等	嘉韵
				马			把			诧						雅○			贾○	上		
				祸		帕	霸				吒					讶○		髂	驾○	去		
					拔		八	雪			霅							楬	戛○	入		
																	伽	佉	迦○	平	三等	迦韵
																				上		
																				去		
鞶	伐		发						辙	撒	哲					纖	竭	楬	訐○	入		
																				平	四等	
					乜															上		
																				去		
				蔑	整	瞥	鳖					涅	姪	铁	室	齧		挈	结○	入		

说明	所含《广韵》韵目	半商 日	半徵 来	羽 喻	羽 影	羽 匣	羽 晓	商 禅	商 审	商 床	商 穿	商 照	商 邪	商 心	商 从	商 清	商 精		
	歌				阿													平	一等
	哿					閜												上	
																		去	
合	曷		刺											齹	截	攃	帀	入	
	麻			鸦	遏	下	鰕		鲝	楂	叉	樝						平	二等
	马			哑		暇	嚇		洒	槎								上	
	祃			亚	暇		睛		嘎	乍	差	诈						去	
洽	黠			轧	黠		黠		杀		察	札						入	
									闍	蛇	车	遮						平	三等
		惹							社	射	轙	者						上	
												柘						去	
月	列	热	列	猎	谒	折	歇		舌		掣							入	
				邪				襄						些			嗟	平	四等
				野				地						写	且		姐	上	
				夜				谢						卸	藉		借	去	
	屑			拽	噎	缬		屑						屑	捷	切	节	入	

注：

　　《蒙古字韵校本》页147指出：疑母失落后，非一等字"前腭介音i突出，被当作声母看待"。这样其二等字除去介音后的所余韵母部分（耿振生称之为"韵基"）就与一等韵母相同了。所以"牙"就被归入一等，同时因其是牙音，又被《通考》等作为字母韵的代表字。一等影母"阿"字，《韵会》在歌韵，宁构拟从之。我们从《蒙古字韵》校本，二韵并存。

　　四等见组舒声无字，只好用"嗟"等充当字母韵代表字。

图第二十四合（瓜韵部，十五麻合）

宫								徵								角				二十四合		
微	奉	敷	非	明	並	滂	帮	娘	澄	彻	知	泥	定	透	端	疑	群	溪	见			
																				平	一	
																				上	等	
																				去		
																				入		
									檛									誇	瓜	平	二	瓜
																瓦		髁	寡	上	等	韵
																		跨		去		
											貃					刖			刮	入		
																	瘑			平	三	瘑
																				上	等	韵
																				去		
											辍					月	臛	阙	厥	入		
																				平	四	
																				上	等	
																				去		
																		阒	块	入		

说明	所含《广韵》韵目	半商	半微	羽				商											
		日	来	喻	影	匣	晓	禅	审	床	穿	照	邪	心	从	清	精	平	一等
																		上	
																		去	
																		入	
	麻			宄	華	華		夜				鏨						平	二等
	马				踝													上	
	祃				搲	化												去	
	黠					滑			刷			苩						入	
				越			韡											平	三等
																	上	
																	去	
	月	蒆	劣				狨	哾	说			歠					拙	入	
																	平	四等
																	上	
																	去	
	屑			悦	抉	穴	血						蚈	雪	绝		蕝	入	

第二节 几个问题的讨论

一、歌诀

如前文所说，上述韵图的体式按近代韵图《四声等子》、《切韵指掌图》《切韵指南》等所呈现的七音三十六母四等的格局，声母顺序按上述近代三种韵图等所呈现出的始见终日、牙喉居两边、中间舌齿唇的格局。

从以上24幅《蒙古字韵》音系示意图中可以看出，一般来说，二等韵多为分水岭，二等开口牙喉音多滋生介音从而独立成韵，而舌唇齿音则归入一等韵中，这样，新形成的一等与二等的分界线就呈现为"凹"字形（看下示意图）。右侧牙音遵循"等韵门法"音和门规定，左侧喉音受制于蒙古语辅音和谐规律，影、幺、鱼、喻等的分立则源于"以声别韵"，"皇""后"等字则因回流词的缘故其八思巴字标音由一等变入三等（当然指拼写形式上）。另外，舌音庄组字与章严格对立（遵循"正音凭切"门法）。三、四等元音多以单代双，而且多有淆乱。总体上看，《蒙古字韵》音系框架来源于《七音韵》，而韵类分合则多受制于"等韵门法"。同时，其拼写形式中也有不少属于蒙古语语音特点的借入。从汉语文献上说，王文郁《新刊韵略》与韩道昭《五音集韵》也是《蒙古字韵》编写的依据和借鉴，后来熊忠的《古今韵会举要》则对《蒙古字韵》亦步亦趋，是其模仿者。我们把这些内容编成如下歌诀：

《字韵》义幽玄，"凹"形显特点。右肩音和门（牙），左肩和谐牵（喉）。幺、喻声别韵，皇元（圆）后降三。庄不与章并（齿），唇轻一等连（唇）。元音单代双，等第三、四粘。《七音》借框架，门法绳丝贯。蒙音多渗入，层累数成篇。文郁道昭后，熊忠步趋前。

半商	半徵	羽				商				宫				徵				角		
						正齿		齿头		轻唇		重唇		舌上		舌头				
日	来	喻	影	匣	晓	床	照	从	精	奉	非	並	帮	澄	知	定	端	疑	见	
																				一等
																				二等
																				三等
																				四等

二、凹字形与凸字形——兼论 ėon 韵

从以上《蒙古字韵》音系示意图中可以看出，一般来说，二等韵多为分水岭，二等开口牙喉音多滋生介音从而独立成韵，而舌唇齿音则归入一等韵中，这样，新形成的一等与二等的分界线就呈现为"凹"字形。三四等关系同此。看下示意图：

一东（凹字形分割线）

半商	半徵	羽				商				宫				徵				角		
		喉音				正齿		齿头		轻唇		重唇		舌上		舌头		牙音		
日	来	喻	影	匣	晓	床	照	从	精	奉	非	並	帮	澄	知	定	端	疑	见	
																				一等
																				二等
																				三等
																				四等

二庚

半商	半徵	羽				商				宫				徵				角		
		喉音				正齿		齿头		轻唇		重唇		舌上		舌头		牙音		
日	来	喻	影	匣	晓	床	照	从	精	奉	非	並	帮	澄	知	定	端	疑	见	一等
																				二等
																				三等
																				四等

二庚合

半商	半徵	羽				商				宫				徵				角		
		喉音				正齿		齿头		轻唇		重唇		舌上		舌头		牙音		
日	来	喻	影	匣	晓	床	照	从	精	奉	非	並	帮	澄	知	定	端	疑	见	一等
																				二等
																				三等
																				四等

三阳

半商	半徵	羽				商				宫				徵				角		
						正齿		齿头		轻唇		重唇		舌上		舌头				
日	来	喻	影	匣	晓	床	照	从	精	奉	非	並	帮	澄	知	定	端	疑	见	
																				一等
																				二等
																				三等
																				四等

三阳合

半商	半徵	羽				商				宫				徵				角		
						正齿		齿头		轻唇		重唇		舌上		舌头				
日	来	喻	影	匣	晓	床	照	从	精	奉	非	並	帮	澄	知	定	端	疑	见	
																				一等
																				二等
					悦															三等
																				四等

四支

因齐韵并入后,四等精组位置为其所占,止摄三等精组被迫升至一等,不占二三等位置是因为此乃照组固定位置。(蒋冀骋1997)

半商	半徵	羽				商				宫				徵				角		
						正齿		齿头		轻唇		重唇		舌上		舌头				
日	来	喻	影	匣	晓	床	照	从	精	奉	非	並	帮	澄	知	定	端	疑	见	
								慈	赀											一等
						蔡	菑													二等
																				三等
								齐	齎											四等

四支合

半商	半徵	羽				商				宫				徵				角		
						正齿		齿头		轻唇		重唇		舌上		舌头				
日	来	喻	影	匣	晓	床	照	从	精	奉	非	並	帮	澄	知	定	端	疑	见	
																				一等
																				二等
				麾																三等
				隳																四等

五鱼

半商	半徵	羽				商				宫				徵				角		
						正齿		齿头		轻唇		重唇		舌上		舌头				
日	来	喻	影	匣	晓	床	照	从	精	奉	非	並	帮	澄	知	定	端	疑	见	
																				一等
																				二等
																				三等
																				四等

六佳

半商	半徵	羽				商				宫				徵				角				
						正齿		齿头		轻唇		重唇		舌上		舌头						
日	来	喻	影	匣	晓	床	照	从	精	奉	非	並	帮	澄	知	定	端	疑	见			
																				平	一等	
			黑	刻																入		
																				平	假二等	
			刞	戾																入		
																					二等	
																					三等	
																					四等	

七真

半商	半徵	羽				商				宫				徵				角		
						正齿		齿头		轻唇		重唇		舌上		舌头		角		
日	来	喻	影	匣	晓	床	照	从	精	奉	非	並	帮	澄	知	定	端	疑	见	
																				一等
																				二等
					欣															三等
				礥																四等

七真合

半商	半徵	羽				商				宫				徵				角		
						正齿		齿头		轻唇		重唇		舌上		舌头		角		
日	来	喻	影	匣	晓	床	照	从	精	奉	非	並	帮	澄	知	定	端	疑	见	
																				一等
																				二等
																				三等
																				四等

八寒九先开口

半商	半徵	羽				商				宫				徵				角	
						止齿		齿头		轻唇		重唇		舌上		舌头			
日	来	喻	影	匣	晓	床	照	从	精	奉	非	並	帮	澄	知	定	端	疑	见
																			一等
																			二等
																			三等
																			四等

八寒九先合口（凸字形分割线）

半商	半徵	羽				商				宫				徵				角	
						正齿		齿头		轻唇		重唇		舌上		舌头			
日	来	喻	影	匣	晓	床	照	从	精	奉	非	並	帮	澄	知	定	端	疑	见
																			一等
																			二等
																			三等
																			四等

十萧

半商	半徵	羽				商				宫				徵				角		
						正齿		齿头		轻唇		重唇		舌上		舌头				
日	来	喻	影	匣	晓	床	照	从	精	奉	非	并	帮	澄	知	定	端	疑	见	
																				一等
																				二等
																				三等
																				四等

十萧合

半商	半徵	羽				商				宫				徵				角		
						正齿		齿头		轻唇		重唇		舌上		舌头				
日	来	喻	影	匣	晓	床	照	从	精	奉	非	并	帮	澄	知	定	端	疑	见	
																				一等
																				二等
																				三等
																				四等

十一尤

半商	半徵	羽				商				宫				徵				角		
						正齿		齿头		轻唇		重唇		舌上		舌头				
日	来	喻	影	匣	晓	床	照	从	精	奉	非	並	帮	澄	知	定	端	疑	见	
																				一等
																				二等
																				三等
																				四等

十二覃

半商	半徵	羽				商				宫				徵				角		
						正齿		齿头		轻唇		重唇		舌上		舌头				
日	来	喻	影	匣	晓	床	照	从	精	奉	非	並	帮	澄	知	定	端	疑	见	
																				一等
																				二等
																				三等
																				四等

十三侵

半商	半徵	羽				商				宮				徵				角		
						正齒		齒頭		輕唇		重唇		舌上		舌頭				
日	来	喻	影	匣	曉	床	照	從	精	奉	非	並	帮	澄	知	定	端	疑	見	
																				一等
																				二等
																				三等
																				四等

十四歌

半商	半徵	羽				商				宮				徵				角		
						正齒		齒頭		輕唇		重唇		舌上		舌頭				
日	来	喻	影	匣	曉	床	照	從	精	奉	非	並	帮	澄	知	定	端	疑	見	
																				一等
																				二等
																				三等
																				四等

十四歌合

半商	半徵	羽				商				宫				徵				角		
						正齿		齿头		轻唇		重唇		舌上		舌头				
日	来	喻	影	匣	晓	床	照	从	精	奉	非	並	帮	澄	知	定	端	疑	见	
																				一等
																				二等
																				三等
																				四等

十五麻

半商	半徵	羽				商				宫				徵				角		
						正齿		齿头		轻唇		重唇		舌上		舌头				
日	来	喻	影	匣	晓	床	照	从	精	奉	非	並	帮	澄	知	定	端	疑	见	
																				一等
																				二等
																				三等
																				四等

十五麻合

半商	半徵	羽				商				宫				徵				角		
						正齿		齿头		轻唇		重唇		舌上		舌头				
日	来	喻	影	匣	晓	床	照	从	精	奉	非	並	帮	澄	知	定	端	疑	见	
																				一等
																				二等
																				三等
																				四等

　　但我们却发现了两幅凸字形图,那就是十五麻韵部合口图和八寒、九先韵部合口图。做简要分析。

　　凸字形:三、四等已合并,按通例,当据门法别出四等牙喉。但拼写形式不合通例,按十五麻韵部的拼写规则来看,八寒、九先的三等韵母当作ᵾen,四等当作ᵾén。但山摄一等合口作on,三等作èon,正好形成凹字形对立,所以采用了这一生僻形式。因为èon这一形式生僻,所以舌齿唇音都没有采用èon这一形式,这样,其使用就局限在了三等的牙喉音上,从而形成了凸字形。 影、喻母因为采用了“以声别韵”的形式(宋洪民2013a),所以从拼写形式上看,其三、四等的韵母是一样的,但因这两类字在韵图上分列于三等和四等,所以《蒙古字韵》中这二者肯定不会同音。至于是用韵母来区别还是用声母来区别,则并不过分计较,只要音节不同就可以了。所以如果认为四等的影、喻母字“渊”“沿”跟四等的牙音“涓”等字韵母相同的话,那从道理上讲,三等的影、喻母字“鸳”“元”就跟四等的牙音“卷”等字韵母相同,只不过这里采取了“以声别韵”的手段罢了。

由于八思巴字拼写能力的限制，在阴、阳性形式的对立上，与等第的对应在个别韵部中有参差之处。如八寒、九先韵部合口中就是一、三等阴、阳对立，二、四等阴、阳对立。看下表：

	十五麻				八寒、九先					
	开口		合口		开口		合口			
	准阳	准阴	准阳	准阴	准阳	准阴	准阳	准阴	准阳	准阴
一等	a		ụa		an				on	
二等		ė				ėn	ụan			
三等	e		ụe		en					ėon
四等		ė		ụė		ėn		ụėn		

八寒、九先合口（凸字形分割线）

半商	半徵	羽				商				宫				徵				角		
						正齿		齿头		轻唇		重唇		舌上		舌头				
日	来	喻	影	匣	晓	床	照	从	精	奉	非	並	帮	澄	知	定	端	疑	见	等
																			官 on	一等
																				二等
拏 ėon	元 ụėn	鸳 ụėn																	卷 ėon	三等
	沿 ụėn	渊 ụėn																	涓 ụėn	四等

三、二等牙喉音已经滋生 -i 介音。

　　《蒙古字韵》中江韵已经产生了 -i 介音并与阳韵牙音合并，我们倾向于认为《七音韵》中其他二等韵牙音"交"、"间"等应当也产生了 -i 介音。先看我们为《七音韵》的山摄构拟的韵图：

图第十四开（干韵部，八寒、九先开）

宫								徵								角				十三开		
微	奉	敷	非	明	並	滂	帮	娘	澄	彻	知	泥	定	透	端	疑	群	溪	见			
												难	壇	滩	单	豻			⃝干	平	一等	干韵
													但	坦	亶			侃	⃝笴	上		
												难	弹	炭	旦	岸			⃝汗	去		
																				入		
				蛮		攀	班		潺							颜			⃝间	平	二等	间韵
							版		栈	划	醆					眼			⃝简	上		
				慢	办	襻			栈	铲						雁			⃝谏	去		
																				入		
	翻		蕃		蹯				缠				遭			言	乾	愆	⃝犍	平	三等	犍韵
晚	饭	反				鶣	缰				展					巘	件		⃝蹇	上		
万	饭		贩			卞	变				骣					彦	健		⃝建	去		
																				入		
				眠	蹁	篇	边					年	田	天	颠	妍		牵	⃝坚	平	四等	
				缅	辫							撚	殄	腆	典			遣	⃝茧	上		
				面		片						睍	电	瑱	殿			倪	⃝见	去		
																				入		

说明	所含《广韵》韵目	半商	半徵	羽				商											
		日	来	喻	影	匣	晓	禅	审	床	穿	照	邪	心	从	清	精		
删	寒				安	寒								跚	残	餐		平	一等
并	旱		懒			旱	罕							散	瓒			上	
入	翰		烂		按	翰	汉							散		粲	赞	去	

第一张图为韵图（字自左至右排列）：

韵	字（自左至右）	声	等
寒		入	
	斓 殷 闲 删	平	二等
山 删	山 删 侧 清	上	二等
产 清	产 清 晏 觅 讪	去	二等
祢 諫	祢 諫	入	二等
先并入仙（仙 元）	仙 元 然 焉 轩 键 廛 煁 馐	平	三等
狝 阮	狝 阮 㸒 辇 偄 幰 善 阐	上	三等
线 愿	线 愿 堰 献 缮 扇 硙 战	去	三等
		入	三等
先	先 莲 延 煙 贤 次 先 前 千 笺	平	四等
铣	铣 演 蚬 显 铣 践 浅 剪	上	四等
霰	霰 练 衍 宴 见 羡 霰 荐 蒨 薦	去	四等
		入	四等

　　从理论上讲，该韵图一、二等（轻唇音涉及三等韵）之间的分合关系我们可以作如下的两种解读；而且即使如上文所说《七音韵》真的代表第一种情况，元代编写《蒙古字韵》时也完全可以误读出第二种语音格局。

半商	半徵	羽	羽	羽	羽	商	商	商	商	宫	宫	宫	宫	徵	徵	徵	徵	角	角	等
						正齿	正齿	齿头	齿头	轻唇	轻唇	重唇	重唇	舌上	舌上	舌头	舌头			
日	来	喻	影	匣	晓	床	照	从	精	奉	非	並	帮	澄	知	定	端	疑	见	
																				一等
																				二等
																				三等
																				四等

半商	半徵	羽				商				宮				徵				角		
						正齿		齿头		轻唇		重唇		舌上		舌头				
日	来	喻	影	匣	晓	床	照	从	精	奉	非	並	帮	澄	知	定	端	疑	见	
																				一等
																				二等
																				三等
																				四等

　　《蒙古字韵》违背旧的韵图格局而大胆进行合并的地方应该都是有《七音韵》作为依据的,而不敢合并的守旧之处则多因遵循等韵门法所致。在这二者之间,《七音韵》当然是反映实际语音的,但《蒙古字韵》的作者却似乎更倾向于遵循等韵门法。我们知道,近代汉语在语音上的大趋势是中古分立的语音单位到了近代大多加以合并,而韵图呢则是代表中古的特点保留了不少近代汉语中实际已不存在的对立与区别。当《蒙古字韵》的作者想尽量表现这些韵图形式(与实际语音并不相符)上的对立与区别时,这儿遇到了一个很大的障碍,那就是八思巴字符号数量不够丰富,不足以展示这么细致的诸多区别,且拼写规则也表现出了一些龃龉。退而思其次,这样《蒙古字韵》的作者就只能依据《七音韵》的字母韵(代表实际语音)对不少韵部加以合并,当然还得尽量考虑不要与等韵门法相冲突。

四、《七音韵》特点试说

　　较之《等子》,《七音韵》有以下特点或者说不同:

（1）立字母韵

该举措是反映实际语音的最有效措施。如从《蒙古字韵》"江"、"薑姜"同音，可以推知《七音韵》江、阳二韵牙音归同一字母韵，对这种格局的解释只能有一个：二等韵江韵牙音产生了-i介音。这样才能使其能与三等牙音合并。

（2）韵部分合更为合理、大胆。主要表现在：

A. 止摄合口"衰"等字与蟹摄"乖"等字共处一图之中，反映了新的实际语音变化。而其他近代韵图如《等子》、《指南》等在止、蟹二摄的分合上本就比较保守，固守此疆彼界，在这个问题上较为开明的《指掌图》虽然二摄界限多有突破，但止摄合口"衰"等字与蟹摄"乖"等字仍分属两韵，未能归并到一图中。

B. 歌、麻分开（《指掌图》亦如此），纠正了《等子》在内外混等上的削足适履的机械做法（何九盈曾批评《等子》）。

C. 将《等子》分立的曾梗摄一等字"肱"、二等字"觥"并入通摄，与"公"小韵系合并。

D. 纠正了《等子》江韵全归开口的做法。

E. 止摄、蟹摄的分合更为合理。当然也有不及《指掌图》之处，如《七音韵》关于开、合对立之大防：泰韵开口"贝"不与队韵合口"背"合并，而与二等开口"拜"合并；还有阳韵开口"庄"不与已并入合口的"椿"合并，而留在开口，无须突破最小对立的则置于开或合较为自由。《指掌图》则泰韵开口"贝"与队韵合口"背"合并，与"杯"属同一小韵系。

F. 一改《等子》入声兼属阳声韵的做法，全部并入阴声韵图。这才有了《等子》宕摄合口的"郭韵部"在《七音》中成为效摄合口的格局。

当然二者的不同也有时间上的因素，并非全是革新与保守的表现。如何九盈曾批评《等子》曾、梗二摄内外混等并为一图是"削足适履",因为当时二者的主要元音并不相同。但到了《七音》的时代,二者的主要元音却真的相同了,因为《蒙古字韵》中登韵的"崩"与庚韵的"閍"已经同小韵,庚三的"惊"与蒸韵的"兢"也已经同音。这种合并也有机械类推的简单化表现,如贝、拜合并(《指掌图》"贝"离开蟹摄归入止摄合口,甚为合理),褒、包合并等。

二者的相同之处:

(1)在形式上都保留了七音三十六母与四等的经纬网格局。

(2)现有的韵摄图表都对旧的韵书韵图体系进行了大胆的归并离析,且多有相合。

《蒙古字韵》对《七音韵》的有些革新没有领会,反而按照等韵门法的要求进行了新的调整,又回到了旧韵图的立场,开了历史的倒车。其原因当然也有《七音韵》的韵图形式与实际语音内容不相一致的地方,因为《七音韵》的韵图形式不少方面并不反映实际语音,是从旧韵图里承袭下来的,而要获取实际语音信息,则要依据字母韵的提示去合并那些形式上分列于不同等第的韵字。

五、《七音韵》存在与否的再思考

关于《七音韵》存在与否的争论,目前大致有这样几种意见:

A. 认为《七音韵》存在。但对该韵图的性质,看法不一:

A1. 认为《七音韵》存在,但对其性质未做详细探讨,代表人物是杨耐思(杨耐思1989;又见杨耐思1997,页144);

A2. 认为《七音韵》存在,且认为该韵图是颇具革新精神的韵图,代表人物是宁忌浮(宁忌浮《〈古今韵会举要〉及相关韵书》页7及宁忌浮2012);

A3. 认为《七音韵》存在,且认为该韵图是比较守旧的韵图,代表人物是(沈钟伟《蒙古字韵集校》"前言"页11)。

B. 认为《七音韵》不存在，持这种观点的有张民权和台湾的李添富（张和李的观点都是在2016年8月21日合肥音韵学会议上口头谈到的）。

A类三种观点都肯定了《蒙古字韵》和传统韵图的紧密联系，这一韵图就是《七音韵》，当然他们对《七音韵》的性质难以达成一致的看法。而李添富和张民权虽然主张《七音韵》并不存在，但就其实质来讲，他们并没有真正否定《蒙古字韵》和传统韵图的紧密联系，他们只是不愿将"七音韵"这一名称仅仅赋予某一特定韵图而已，而是倾向于将"七音韵"视为一种泛称。这样一来，其实他们也可归入A派，即承认《蒙古字韵》音系来自传统韵图或韵书。那到底来自哪一种韵图呢？大致有这样几种可能性：

1. 来自《韵镜》《七音略》一类早期韵图（沈钟伟大致主张此种）；

2. 来自格局相近的《七音韵》或《四声等子》《切韵指南》等一类近代韵图（笔者主张此种，李添富、张民权在实质上与该说法相近）；

3. 来自颇具革新精神的韵图《七音韵》（宁忌浮主张）。

我们经过认真研究后认为，宁先生的主张显得《七音韵》过于革新和超前，而沈先生的主张则又显得《七音韵》过于守旧，我们认为，《七音韵》是与《四声等子》《切韵指南》等格局相近的一类近代韵图，李添富、张民权虽主张《七音韵》不存在，但在实质上并不否认《蒙古字韵》和传统韵图的关联，所以说其看法与我们的观点并不矛盾，甚至还比较接近。所以当前看来，为《蒙古字韵》的语音系统找一个作为其编写依据的韵图，这不仅是合乎情理的，也是符合历史实际的。基于此，我们才在宁忌浮先生构拟的基础上，来尝试对《七音韵》这一近代韵图做出我们的构拟，以期更好地弄清楚《蒙古字韵》的语音性质及其源流纠葛。

第三节 《七音韵》构拟

一、书前附"等韵门法"

(一)《四声等子》

卷首列有：辨音和切字例、辨类隔切字例、辨广通侷狭例、辨内外转例、辨窠切门、辨振救门、辨正音凭切寄韵门法例、辨双声切字例、辨迭韵切字例。

(二)《解释歌义》(约产生于金代)

解释歌义壹卷(本)

帮非互用稍难明,(义曰：互用者,是切脚之名。唇音下有三名切字,一名吴楚,二名类隔,三名互用。)为侷诸师两重轻。信彼理时宗有失,符今教处事无倾。前三韵上分帮体,(义曰："是重中重韵。帮体者,是帮滂并明母中字,在前三韵。所收于平声五十九韵,并上去入声共二百七韵,在于二百七韵之中分一百七十四韵,故名前三韵。如用帮等中字为切,用前三为韵,即切本母下字,为音和。复用帮等中字为切,用后一音为韵,即切非等中字,为互用也。")后一音中立奉形。凡切直须随等次,唯于内转二无名。

舌音切字第八门　舌头

端透为切四一随,定归本位不抛离。若逢四内双三韵,便证都江丁吕基。于四取四同第四,达人视此理无违。齿头两等成其韵,并切音和故莫疑。正齿两中一韵处,内三外二表玄微。更将照等二为韵,类隔名中但切之。

舌上音切字

知彻澄娘要切磋,四中三二定音和。(义曰：四者,四等。三者,第三也。二者,第二也。如用归知彻澄娘等中字为切,将四等中第二,如陟交嘲,第三字为韵,即[切]本母下字,为音和,如陟鱼猪是也。)若将头尾为其韵,类隔从来无喘(舛)讹。齿头两一还同类,两二须归本位窠。正齿只双而作韵,但凭切体不庵婀。舌音为切理幽微,定字之音悉晓知。唯有韵逢影喻四,音和但切勿生疑。知澄祖(组)下事幽微,通重兼轻分有之。影喻逢第四母中,总随能切可堪依。

牙音切字第九门

[此章显明牙音为切,不明四等,何也?元(缘)只有音和切也。]

切时若用见溪群,精一迎来一自臻。照类两中一作韵,内三外二自名分。齿中十字俱明二,韵下宽舒顺四亲。如所引文声下促,第三切出即为真。

齿音切字第十门

头将四内一为韵,四二相违无可呼。四三四四二名振,正音两一还无切,两二二来言必顺。互用皆凭韵次看,已得前悟须归信。精清从类自为亲,在处应知别立身。长子定居高位主,小儿常作下行宾。尊卑品定还依次,相貌形声不辩(辨)真。虽即久来经隔远,始终元(原)是一家人。

正齿音切字例

正音四一不和平,四二两中一自迎。四四四三凭切道,齿头两一又无声。两中二复为凭切,互用幽深以次明。切韵两中一得一,切单韵二一方成。切双韵只还呼一,切韵俱双见二名。已上照穿床等切,细分歌颂显微精。

喉音切字第十一门

喻切四中一得一,(义曰:喻曰,晓匣影喻四字母为切也。四者,四等也。一者,第一也。又一者,第一为音。如用晓匣影喻中字为切,将四等中第一字为韵,即切本母字第一字,为音和。),四双随韵必无失。第三四遇四中三,凭切自然分体质。切韵随时见四名,齿头两等得四一。又将喻内四三切,正齿为音取理实。两一之中外转双,若逢内转三无窒。照中二韵切还凭,自古难明今义出,喻影穿床与照邪。古来学者昧根牙,浮疏岂得超深奥。审谛方能晓互差。凭切定知难作准,见形由自足分拿。因兹剖析玄微后,虹玉随(隋)珠绝额瑕。

七言四韵歌奥

四句幽微理未精,遣余陈义定宗争。音和返教门方立,类隔分三品始成。

问意岂殊江浪覆,答词何异海涛倾。若非和泣朝门侯……(下残)

(三)元人刘鉴《经史正音切韵指南》

分五音

见溪群疑是牙音;

端透定泥舌头音,知彻澄娘舌上音;帮滂并明重唇音,非敷奉微轻唇音;

精清从心邪齿头音,照穿床审禅正齿音;晓匣影喻是喉音,来日半舌半齿音。

辨清浊

端见纯清与此知,精随照影及帮非;次清十字审心晓,穿透滂敷清彻溪;

全浊群邪澄并匣,从禅定奉与床齐;半清半浊微娘喻,疑日明来共入泥。

明等第

端精二位两头居,知照中间次第呼。来晓见帮居四等,日非三等外全无。

交互音

知照非敷递互通,泥娘穿彻用时同。澄床疑喻相连属,六母交参一处穷。

检篇韵法

篇中类出韵中字,韵内分开篇内音。见字求声篇内检,知声取字韵中寻。

"门法玉钥匙目录" 总一十三门

1. 音和门；

2. 类隔门；

3. 窠切门；

4. 轻重交互门；

5. 振救门；

6. 正音凭切门；

7. 精照互用门；

8. 寄韵凭切门；

9. 喻下凭切门；

10. 日寄凭切门；

11. 通广门；

12. 偏狭门；

13. 内外门。

总括玉钥匙玄关歌诀

牙音

切时若用见溪群,四等音和随韵臻。照类两中一作韵,内三外二自名分。

精双喻四为其法,偏狭须归三上亲。来日舌三并照二,广通必取四为真。

舌音

一四端泥三二知,相乘类隔已明之。知逢影喻精邪四,窠切凭三有定基。

正齿两中一韵处,内三外二表玄微。舌头舌上轻分析,留与学人作指归。

唇音

帮非为切最分明,照一须随内外形。来日舌三并照二,广通第四取真名。

精双喻四为其韵,侷狭却将三上迎。轻见重形须切重,重逢轻等必归轻。

唯有东尤非等下,相违不与众同情。重遇前三随重体,轻逢后一就轻声。

齿音

精邪若见一为韵,定向两中一上认。四二相违互用呼,四三还归四名振。

照初却见四中一,互用还归精一顺。逢三遇四尽归初,正音凭切成规训。

照二若逢一四中,只从寄韵三中论。切三韵二不离初,精照昭然真可信。

喉音

晓喻四音随韵至,法同见等不差参。韵三来日连知照,通广门中四上撑。

精喻四时何以辨,当于侷狭第三函。如逢照一言三二,喻母复从三四谈。

若逢仰覆但凭切,玄论分明有指南。

半舌半齿音

来逢四类但音和,日止凭三寄韵歌。全得照初分内外,精双喻四事如何。

广通侷狭凭三等,四位相通理不讹。玄妙欲求端的处,五音该尽更无过。

二、字母韵展示

字母韵的雏形:《切韵指掌图》"二十图总目"

一独	二独	三独	四独	五独	六独	七开	八合	九开	十合	十一开	十二合	十三开	十四合	十五合	十六开	十七开	十八开	十九合	二十合
高	公	孤	钩	甘	○	干	官	根	昆	歌	戈	刚	光	觥*	搄	该	○	傀	○
交	○	○	○	监	○	姦	关	○	○	加	瓜	○	江	肱	庚	皆	○	○	乖
娇	弓	居	鸠	○	金	犍	勷	斤	君	迦	○	○	薑	○	惊	○	基	归	○
骁	○	○	樛	兼	○	坚	涓	○	均	○	○	○	扃	经	○	○	鸡	圭	○
暠	○	古	苟	敢	○	笴	管	頣	袞	哿	果	颃	广	矿	○	改	○	○	○
绞	○	○	减	简	○	柬	假	寡	○	讲	○	耿	解	○	○	○	○	○	丫
矫	拱	举	久	检	锦	塞	卷	谨	○	○	○	繈	犷	○	景	○	纪	诡	○
皎	○	○	纠	孅	○	茧	畎	紧	○	○	○	○	囧	颈	○	○	○	癸	○
告	贡	故	构	绀	○	旰	贯	艮	睔	个	过	钢	桄	○	亘	盖	○	脍	○
教	○	○	○	鉴	○	谏	惯	○	○	驾	○	○	绛	○	更	懈	○	○	怪
○	供	据	救	剑	禁	建	眷	靳	攮	○	○	彊	诳	○	敬	○	记	贵	○
叫	○	○	○	兼	○	见	绢	呁	○	○	○	○	○	劲	○	计	○	季	○
各	谷	谷	减	阁	○	葛	括	减	骨	葛	括	各	郭	虢	减	葛	○	骨	○
觉	○	○	夹	○	○	戛	劀	○	○	戛	劀	○	觉	国	格	夹	○	○	劀
脚	菊	菊	讫	劫	急	揭	厥	讫	亥	揭	厥	脚	矍	○	殛	○	讫	亥	○
○	○	○	吉	頬	○	结	玦	吉	橘	结	玦	○	○	郹	激	○	吉	橘	○

* "觥"是梗摄二等字。

《四声等子》部目(仅列出平声部分,下同)

一	二	三	四	五	六	七	八	九	十	十一	十二	十三	十四	十五	十六	十七	十八	十九	二十
公	高	刚	光	孤	钩	该	傀		○	根	昆	干	官	歌	戈	絚	觥	甘	○

续 表

一	二	三	四	五	六	七	八	九	十	十一	十二	十三	十四	十五	十六	十七	十八	十九	二十
○	交	江	○	○	○	佳	乖	○	○	○	○	间	关	加	瓜	庚	肱	监	○
弓	娇	姜		居	鸠			畸	归	斤	君	犍	勤	迦	○	惊	○	黔	金
○	○	○	○	○		樛	鸡			规	紧	均	坚	涓	○	经	局	兼	○

《切韵指南》部目：

一	二	三	四	五	六	七	八	九	十	十一	十二	十三	十四	十五	十六	十七	十八	十九	二十	二十一	二十二	二十三	二十四
公	○	○	孤	该	傀	根	昆	干	官	高	歌	戈	刚	光	掴	肱	○	钩	○	弆	○		
○	江	○		皆	娲	○	○	间	关	交	加	瓜	○	○	○	庚	觵	○	缄	○			
弓	○	飢	龟	居	○	○	斤	君	犍	勤	娇	迦	○	董	兢	○	惊	○	鸠	金	黚	黔	
○	○			鸡	圭	紧	均	○	○	○	洞	樛											

构拟《七音韵》：

一独	二开	三合	四开	五合	六开	七合	八独	九开	十合	十一开	十二开	十三合	十四开	十五合	十六开	十七合	十八独	十九独	二十独	二十一开	二十二合	二十三开	二十四合
公	掴		刚	光	赀		孤	该	○	入声	根	昆	干	官	高	入声	钩	甘		歌	戈	○	
○	庚	江			佳	乖		○	间	关	交	加				缄				嘉	瓜		
弓	惊		羁	妨	居		克	斤	君	犍	勤	娇	郭		鸠	检	金						
○	○	扃																					

注：

1. 梗摄二等"觥"字就违背了"音和"门法而并入一等"公"字母韵；

2.《蒙古字韵》有的字母韵不含见组，如假二等庄组与喉音等个别字母韵，我们认为，《字韵》喉音字母韵表现多与"等韵门法"及蒙古语影响有关，并非来源于《七音韵》字母韵，而假二等庄组情况复杂，俟以专文讨论，此不赘。

从几部韵图的大致情形可以看出,我们构拟的《七音韵》字母韵音系与前朝及同代韵图非常接近,前有所承、近有依傍,其韵部合并的革新举措也不是孤立现象,符合其时代特点。其中纯四等与假四等均不单立字母韵,并入相应三等韵,属同一字母韵(见下节),这反映了近代语音史上三四等合流的大势,正是《七音韵》革新的表现。至于《蒙古字韵》中分立拼写,我们认为是受了等韵门法影响所致。

三、韵图

表　例

在等第相同的情况下,总是知彻澄与照穿床合一,非敷合一,疑喻合一,泥娘合一。

标红的为字母韵代表字,如"公""孔"。

这里的列等据传统韵图如《韵镜》等,二等含假二等,四等含假四等。

三四等合并的,《七音韵》不为四等牙喉另立韵目。

图中列出离析《广韵》后得出的新韵名称,如公韵、弓韵(举平以赅上去入),并在图上韵字中用外圈标出字母韵代表字(据《古今韵会举要》前附《礼部韵略七音三十六母通考》),如⊙公。

图第一独

微	奉	敷	非	明	並	滂	帮	娘	澄	彻	知	泥	定	透	端	疑	群	溪	见	一独		
宫								徵								角						
				蒙	蓬							农	同	通	东			空	（公）	平	一等	公韵
				矇	唪		琫						动	捅	董				（孔）	上		
													洞	痛	冻			控	（贡）	去		
																				入		
																		觥		平	二等	
				孟														矿		上		
																				去		
																				入		
瞢	冯		风					醁	虫	忡	中						穷	穹	（弓）	平	三等	弓韵
	奉	覂							重	宠	冢							恐	（拱）	上		
梦	凤		讽						仲		中						共	恐	（供）	去		
																				入		
																				平	四等	
																				上		
																				去		
																				入		

说明	所含《广韵》韵目	半商 日	半徵 来	羽 喻	影	匣	晓	商 禅	审	床	穿	照	邪	心	从	清	精	等
内外混等 钟并入东冬 庚耕部分并入	冬 东				翁	洪	薨							鬆	丛	匆	蓯	平 一等
	董		笼		蓊	澒											总	上
	宋 送		弄		瓮	哄								送		謥	糉	去
																		入
	庚					宏	轰			崇								平 二等
	梗																	上
	敬					横												去
																		入
	蒸 钟 东	戎	隆	颙	雍	雄	胸	鏞	春		充	鍾						平 三等
	肿 董	冗	陇	永	擁			尰										上
	用 送			詠	雍							種						去
																		入
	青 清			融	縈								松	嵩	从	枞	纵	平 四等
				甬										悚				上
	径			用			夐						颂		从		纵	去
																		入

图第二开

宫								徵								角				二开		
微	奉	敷	非	明	並	滂	帮	娘	澄	彻	知	泥	定	透	端	疑	群	溪	见		等	韵
					朋		崩					狞	腾		登				㧒◯	平	一等	拖韵
															等			肯◯		上		
													邓		嶝				亘◯	去		
																				入		
					彭	烹	閍		棖	瞠	丁							阬	庚◯	平	二等	庚韵
					併						打								梗◯	上		
					併		进		锃		侦					硬			更◯	去		
																				入		
				明	平	砅	兵		呈	柽	贞					迎	擎	卿	京◯	平	三等	京韵
				皿			丙			逞									景◯	上		
				命	病		柄		郑		遉					迎	竟	庆	敬◯	去		
																				入		
				冥	瓶		并					宁	庭	汀	丁			轻	经	平	四等	
				茗	竝		饼					泞	挺	斑	顶			磬	刭	上		
				暝		聘	摒					甯	定	听	矴				劲	去		
																				入		

说明	所含《广韵》韵目	半商	半徵	羽				商											
		日	来	喻	影	匣	晓	禅	审	床	穿	照	邪	心	从	清	精		
内外混等	登		楞			恒									僧	层		增	平	一等
	嶝																	上	
																赠			去	
																		入	
登并庚	耕庚				覼	行	脝		生		鎗	争						平	二等
	耿梗		冷			杏			省									上	
	诤				映	行												去	
																		入	
蒸并清	蒸清	仍	令		霙		兴	成	声	绳		征						平	三等
	拯静		领		影							整						上	
	证劲		令		映		兴	盛	圣	乘	称	政						去	
																		入	
青并清	青		灵	盈	嘤	刑	馨						饧	星	情	清	精	平	四等
	迥			郢	瘿	胫								醒	静	请	井	上	
	径			孕	鎣									性	净	倩	甏	去	
																		入	

图第三合

宫								徵								角				三合		
微	奉	敷	非	明	並	滂	帮	娘	澄	彻	知	泥	定	透	端	疑	群	溪	见			
																				平	一等	
																				上		
																				去		
																				入		
																				平	二等	
																				上		
																				去		
																				入		
																				平	三等	
																				上		
																				去		
																				入		
																	琼	倾	⊙扃	平	四等	扃韵
																颍			⊙颖	上		
																				去		
																				入		

说明	所含《广韵》韵目		半商	半徵	羽				商											
			日	来	喻	影	匣	晓	禅	审	床	穿	照	邪	心	从	清	精	平	一等
																			上	
																			去	
																			入	
	耕	庚				泓														平	二等
		梗																		上	
		映																		去	
																			入	
		清					雄	兄												平	三等
		静																		上	
		劲																		去	
																			入	
		青				濙	荥													平	四等
		迥				迥		诇												上	
		径																		去	
																			入	

图第四开

微	奉	敷	非	明	並	滂	帮	娘	澄	彻	知	泥	定	透	端	疑	群	溪	见	四开		
				茫	傍	滂	帮					囊	唐	汤	当	昂		康	冈⊙	平	一等	冈韵
				莽			榜					曩	荡	曭	党				杭⊙	上		
					傍		谤					儾	宕	傥	谠	枊		抗	钢⊙	去		
																				入		
				庬	庞	胮	邦											腔	江⊙	平	二等	江韵
					棒													控	讲⊙	上		
																			绛⊙	去		
																				入		
亡	房	芳	方					娘	长	伥	张						强	羌	薑	平	三等	
网		仿	昉						丈	昶	长					仰	彊		繦	上		
妄	防	访	放					酿	仗	怅	帐					仰			彊	去		
																				入		
																				平	四等	
																				上		
																				去		
																				入		

说明	所含《广韵》韵目	半商	半徵	羽				商											
		日	来	喻	影	匣	晓	禅	审	床	穿	照	邪	心	从	清	精		
内		唐	郎			航								桑	藏	仓	臧	平	一等
外		荡	朗		块	沆								嗓	奘	苍	驵	上	
混		宕	阆		盎	吭								丧	藏		葬	去	
等																		入	
江	江					降	肛		霜	床	创	庄(○)						平	二等
并	讲					项	慃		爽			抢(○)						上	
入	绛					巷				状	𢪇	壮(○)						去	
唐																		入	
阳	阳	穰	良		央		香	常	商		昌	章						平	三等
阳	养	壤	两		鞅		响	上	赏		敞	掌						上	
	漾	让	亮		怏		向	尚	饷		唱	障						去	
																		入	
阳	阳			阳									详	襄	墙	锵	将	平	四等
并	养			养									橡	想			奖	上	
入	漾			漾									相		匠		酱	去	
唐																		入	

图第五合

宫								徵								角				五合		
微	奉	敷	非	明	並	滂	帮	娘	澄	彻	知	泥	定	透	端	疑	群	溪	见			
																			㊉光	平	一等	光韵
																			㊉广	上		
																		旷		去		
																				入		
									幢		椿									平	二等	
																				上		
									撞		戆									去		
																				入		
																	狂	匡		平	三等	
																				上		
																			㊉诳	去		
																				入		
																				平	四等	
																				上		
																				去		
																				入		

说明	所含《广韵》韵目	半商	半徵	羽				商											
		日	来	喻	影	匣	晓	禅	审	床	穿	照	邪	心	从	清	精		
内外混等		唐			汪	黄	荒											平	一等
		荡				晃	慌											上	
		宕			汪	攩												去	
																		入	
江并入唐	江			泷						双	淙	窗							平	二等
	讲																	上	
	绛																	去	
																		入	
阳并入唐	阳			王														平	三等
	养			往	枉		悦											上	
	漾			旺			况											去	
																		入	
																		平	四等
																		上	
																		去	
																		入	

图第六开

宫								徵								角				六开		
微	奉	敷	非	明	並	滂	帮	娘	澄	彻	知	泥	定	透	端	疑	群	溪	见			
																				平	一等	赀韵
																				上		
																				去		
																				入		
																				平	二等	
																				上		
																				去		
																				入		
								尼	驰	缔	知					宜	奇	敧	(羁)	平	三等	羁韵
								柅	豸	耻	徵					蚁	技	绮	(己)	上		
								腻	緻	眙	智					义	芰	器	(寄)	去		
								昵	秩	抶	陟					屹	剧	乞	(讫)	入		
微	肥	霏	非	弥	陴	纰	卑					泥	啼	梯	低		祇	黯	鸡	平	四等	
尾	陫	斐	朏	渳	婢	諀	妣					祢	弟	体	邸			启		上		
未	狒	费	沸	寐	鼻	嚊	臂					泥	第	替	帝			契	计	去		
				蜜	邲	匹	必					怒	狄	邃	的			噢	吉	入		

说明	所含《广韵》韵目	半商	半徵	羽				商											
		日	来	喻	影	匣	晓	禅	审	床	穿	照	邪	心	从	清	精		
													词	思	慈	雌	赀	平	一等
													兄	徙	此		紫	上	
													寺	赐	字	刺	恣	去	
																		入	
								醹	簁		差	苗						平	二等
									厜	士	溠							上	
									驶	事	厕	截						去	
			栵						瑟			栉						入	
	微 之 脂 支	儿	离			漓	牺	时	絁		鸱	支						平	三等
	尾 止 旨 纸	尔	逦	矣	倚		喜	是	弛		齿	纸						上	
齐祭并入	未 志 至 寘	二	詈		懿		戏	豉	翅		炽	至						去	
	质 迄	日	栗		乙		黐	石	失		尺	炙						入	
	齐			移	伊	奚	醯							西	齐	妻	齎	平	四等
	荠			酏		徯								洗	荠	泚	济	上	
	霁			易	缢	系								细		砌	霁	去	
				逸	壹	檄							席	悉	疾	七	膝	入	

图第七合

宫								徵								角				七合		
微	奉	敷	非	明	並	滂	帮	娘	澄	彻	知	泥	定	透	端	疑	群	溪	见			
				醅	裴	醅	杯					捼	頹	推	磓	峞		恢	傀	平	一等	妫韵
				浼	琲							餒		腿	頧				領	上		
				妹	佩	配	背					内	兑	娧	对	磑		塊	愦	去		
				默	蓏		北												国	入		
																				平	二等	
																				上		
																				去		
																				入		
				麋	皮	披	陂		鬐		追					危	逵	亏	妫	平	三等	
				靡	被	諀	彼									硊	跪	跪	轨	上		
				媚	髲	帔	贲	诶	锤		缀					伪	匮	喟	媿	去		
				密	弼	堛	碧													入		
																	葵	闚	规	平	四等	
																	揆	跬	癸	上		
																	悸		季	去		
																	闃		橘	入		

说明	所含《广韵》韵目	半商	半徵	羽				商											
		日	来	喻	影	匣	晓	禅	审	床	穿	照	邪	心	从	清	精		
内外混等 灰并入脂 齐祭并入	灰			巍	隈	回	灰							捼	推	崔		平	一等
	贿			蒍	猥	瘣	贿								罪	漼		上	一等
	队泰	芮	颣			会	吵							碎	蕞	倅	最	去	一等
						或												入	一等
																		平	二等
																		上	二等
																		去	二等
																		入	二等
	微脂支			蘽	惟	逶	麾	垂			吹	锥						平	三等
	尾旨纸			累	洧	委	毁	蓶	水			捶						上	三等
	祭未至寘			类	胃	尉	讳	睡	税		吹	赘						去	三等
						域	洫											入	三等
	齐				惟	携	畦						随	睢		剂		平	四等
	荠				唯									嶲		皲		上	四等
	霁			遗	恚	慧	嘒						遂	邃	萃	翠	醉	去	四等
				聿			獝											入	四等

图第八独

宫								徵								角				八独		
微	奉	敷	非	明	並	滂	帮	娘	澄	彻	知	泥	定	透	端	疑	群	溪	见			
				模	酺	铺	逋					奴	徒		都	吾		枯	(孤)	平	一等	孤韵
				姥	簿	普	补					怒	杜	土	睹	五		苦	(古)	上		
				暮	捕	怖	布					怒	渡	菟	妒	误		裤	(顾)	去		
				木	暴	扑	卜					讷	独	秃	笃	兀		哭	(縠)	入		
																				平	二等	
																				上		
																				去		
																				入		
无	扶	敷	跗						除	擳	猪					鱼	渠	墟	(居)	平	三等	居韵
武	父	抚	甫						伫	楮	贮					语	巨	去	(举)	上		
务	附	赴	付						箸		著					御	遽	驱	(据)	去		
目	伏	拂	福						触	蓄	竹					玉	鞠	麹	(菊)	入		
																				平	四等	
																				上		
																				去		
																				入		

说明	所含《广韵》韵目	半商	半徵	羽				商											
		日	来	喻	影	匣	晓	禅	审	床	穿	照	邪	心	从	清	精		
	模		卢		乌	胡	呼							苏	徂	麤	租	平	一等
	姥		鲁		坞	户	虎								粗		祖	上	
	暮		路		恶	護	謼							诉	柞	措	作	去	
沃	屋		禄		屋	彀	熇							速	族	簇	镞	入	
									疏	鉏	初	葅						平	二等
									所	齟	楚	阻						上	
									疏	助		詛						去	
									缩									入	
	虞 鱼	如	胪	盂	於		虚	蜍	书		枢	朱						平	三等
	麌 语	汝	吕	羽	伛		许	墅	暑		杵	煮						上	
	遇 御	洳	虑	芋	饫		昫	署	恕		处	翥						去	
质	物 屋	肉	六	囿	郁		蓄	熟	叔		触	粥						入	
				余									徐	胥		疽	且	平	四等
				与									叙	谞	咀	取		上	
				豫									絮		聚	觑	怚	去	
				育									续	肃	崒	促	蹙	入	

图第九开

宫								徵								角				九开		
微	奉	敷	非	明	並	滂	帮	娘	澄	彻	知	泥	定	透	端	疑	群	溪	见			
												能	臺	胎		皅		开	该○	平	一等	该韵
					倍							乃	殆		歹			恺	改○	上		
				昧	愆	沛	贝					奈	大	泰	带	艾		磕	蓋○	去		
																				入		
				埋	牌							摠				崖		揩	佳○	平	二等	佳韵
				买	罢		摆					扈				骇		楷	解○	上		
				卖	粺	派	拜					虿				劢		廨	懈○	去		
				陌	白	拍	伯					宅		摘	揢	额		客	格○	入		
																				平	三等	
																				上		
																				去		
																				入		
																				平	四等	
																				上		
																				去		
																				入		

说明	所含《广韵》韵目			半商	半徵	羽				商											
				日	来	喻	影	匣	晓	禅	审	床	穿	照	邪	心	从	清	精		
佳	灰		咍		来	哀	孩	咍								鳃	裁	猜	栽	平	一等
皆	贿		海				亥	海		茝							在	采	宰	上	
并	队	泰	代		赖	蔼	害									赛	载	蔡	再	去	
入																				入	
哈		佳	皆			娃	膎					柴	钗	斋						平	二等
泰		蟹	骇			矮	蟹													上	
	夬	卦	怪			隘	邂	譮				眦	差	债						去	
		陌	麦			哑	轹	赫				赜	栅	责						入	
																				平	三等
																				上	
																				去	
																				入	
																				平	四等
																				上	
																				去	
																				入	

图第十合

微	奉	敷	非	明	並	滂	帮	娘	澄	彻	知	泥	定	透	端	疑	群	溪	见			
																				平	一等	
																				上		
																				去		
																				入		
																			乖	平	二等	乖韵
																			掛	上		
																聵		快	卦	去		
																			聩	入		
																				平	三等	
																				上		
																				去		
																				入		
																				平	四等	
																				上		
																				去		
																				入		

说明	所含《广韵》韵目	半商	半徵	羽				商											
		日	来	喻	影	匣	晓	禅	审	床	穿	照	邪	心	从	清	精		
支																			平	一等
并																			上	
入																			去	
佳																			入	
	佳			蛙	怀				衰		衰								平	二等
	蟹										揣								上	
	卦		夬			画			帅		嘬								去	
	陌			掝	获	砉			撼										入	
	支																		平	三等
	纸																		上	
	至																		去	
																			入	
																			平	四等
																			上	
																			去	
																			入	

图第十一开

宫								徵								角				十一开		
微	奉	敷	非	明	並	滂	帮	娘	澄	彻	知	泥	定	透	端	疑	群	溪	见			
																				平	一等	克韵
																				上		
																				去		
														特	忒	德			(克)		入		
																				平	二等	
																				上		
																				去		
																				入		
																				平	三等	
																				上		
																				去		
																				入		
																				平	四等	
																				上		
																				去		
																				入		

说明	所含《广韵》韵目	半商	半徵	羽				商											
		日	来	喻	影	匣	晓	禅	审	床	穿	照	邪	心	从	清	精		
																		平	一等
																		上	
																		去	
	德		勒			黑	刻							塞	贼		则	入	
																		平	二等
																		上	
																		去	
	（职）								色	崱	测	昃						入	
																		平	三等
																		上	
																		去	
	职																	入	
																		平	四等
																		上	
																		去	
																		入	

图第十二开

宫								徵								角				十一开		
微	奉	敷	非	明	並	滂	帮	娘	澄	彻	知	泥	定	透	端	疑	群	溪	见			
														吞					根○	平	一等	根韵
																		恳○		上		
														褪					艮○	去		
																				入		
																				平	二等	
																				上		
																				去		
																				入		
				珉	贫		彬		陈		珍					银	勤		巾○	平	三等	巾韵	
				愍					紖	䫴						听	近		谨○	上		
									阵	犾	镇					慭	近		靳○	去		
																				入		
				民	频	缤	宾													平	四等	
				泯	牝													紧		上		
							傧													去		
																				入		

说明	所含《广韵》韵目	半商	半徵	羽	羽	羽	羽	商	商	商	商	商	商	商	商	商	商		
		日	来	喻	影	匣	晓	禅	审	床	穿	照	邪	心	从	清	精		
臻并入痕　殷并入真	痕				恩	痕												平	一等
	很					狠												上	
	恨					恨												去	
																		入	
	臻								莘			臻						平	二等
																		上	
											榛							去	
																		入	
	欣真	人	隣		殷		欣	辰	申	神	瞋	真						平	三等
	隐轸	忍	嶙		隐			肾	矧			轸						上	
	焮震	刃	遴		楒		衅	慎				震						去	
																		入	
				寅	因	礥								新	秦	亲	津	平	四等
				引											尽		尽	上	
				胤	印								赟	信		亲	晋	去	
																		入	

图第十三合

宫								徵								角				十二合		
微	奉	敷	非	明	並	滂	帮	娘	澄	彻	知	泥	定	透	端	疑	群	溪	见			
				门	盆	溃	奔						屯	暾	敦			坤	昆⃝	平	一等	昆韵
				悃			本						囷	瞳				阃	衮⃝	上		
				闷	垩	喷						嫩	钝	褪	顿			困	睔⃝	去		
																				入		
																				平	二等	
																				上		
																				去		
																				入		
文	汾	芬	分							椿	屯						群	困	君⃝	平	三等	君韵
吻	愤	忿	粉														窘		稇⃝	上		
问	分	溢	粪														郡		攟⃝	去		
																				入		
																			钧	平	四等	
																				上		
																				去		
																				入		

说明	所含《广韵》韵目	半商 日	半徵 来	羽 喻	羽 影	羽 匣	羽 晓	商 禅	商 审	商 床	商 穿	商 照	商 邪	商 心	商 从	商 清	商 精		
文					温	魂	昏							孙	存	村	尊	平	一等
并	混				稳	混								损	鐏	忖	撙	上	
入	慁		论		愠	慁								巽		寸	焌	去	
谆																		入	
																		平	二等
																		上	
																		去	
																		入	
	文谆	犉	沦	雲	赟		薰	醇		唇	春	谆						平	三等
	吻准	蜳		殒	恽					盾	蠢	准						上	
	问稕	闰		韵	酝		训		舜	顺		稕						去	
																		入	
				匀									旬	荀		逡	遵	平	四等
				尹										笋				上	
													徇	峻	僎			去	
																		入	

图第十四开

宫								徵								角				十三开		
微	奉	敷	非	明	並	滂	帮	娘	澄	彻	知	泥	定	透	端	疑	群	溪	见			
												难	壇	滩	单	豣		看	干⃝	平	一等	干韵
												赧	但	坦	亶			侃	笴⃝	上		
												难	弹	炭	旦	岸		侃	旰⃝	去		
																				入		
				蛮		攀	班		潺							颜		豜	间⃝	平	二等	间韵
							版		栈	划	醆					眼			简⃝	上		
				慢	办		扮		栈	铲						雁			谏⃝	去		
																				入		
	蹯	翻	蕃						缠				遭			言	乾	愆	鞬⃝	平	三等	鞬韵
晚	饭		反						缠		鸼			展		喊	件		寋⃝	上		
万	饭		贩				卞				变			㞛		彦	健	谴	建⃝	去		
																				入		
				眠	蹁	篇	边					年	田	天	颠	妍		牵	坚	平	四等	
				缅	辬							撚	殄	腆	典			遣	茧	上		
				面		片						唸	电	瑱	殿			倪	见	去		
																				入		

说明	所含《广韵》韵目	半商	半徵	羽				商											
		日	来	喻	影	匣	晓	禅	审	床	穿	照	邪	心	从	清	精		
删	寒				安	寒								跚	残	餐		平	一等
并	旱		懒			旱	罕							散	瓒			上	
入	翰		烂		按	翰	汉							散		粲	赞	去	
寒																		入	
先			斓		殷	闲			删									平	二等
并	山　删					偘			清									上	
入	产　清				晏	苋			讪									去	
仙	祸　谏																	入	
	仙　元	然			焉		轩	铤	膻			煇	馔					平	三等
	狝　阮	煗	𦳝		偃		幰		善		阐							上	
	线　愿				堰		献	缮	扇			碾	战					去	
																		入	
	先	先	莲	延	煙	贤							次	先	前	千	笺	平	四等
	铣				演	岘	显							铣	践	浅	剪	上	
	霰		练	衍	宴	见								羡	霰	荐	蒨	去	
																		入	

图第十五合

宫								徵								角				十四合		
微	奉	敷	非	明	並	滂	帮	娘	澄	彻	知	泥	定	透	端	疑	群	溪	见			
				瞒	槃	潘	般						团	湍	端	岏		宽	○官	平	一等	官韵
				满	伴							暖	断	疃	短			款	○管	上		
				缦	叛	判	半					愫	段	象	锻	玩			○贯	去		
																				入		
																顽			○关	平	二等	关韵
																				上		
																			○慣	去		
																				入		
								椽								元	○卷			平	三等	卷韵
								篆			转					阮		绻	○卷	上		
								传			啭					愿		券	○𤩾	去		
																				入		
																	权		消	平	四等	
																	圈	犬	畎	上		
																	倦	睊	眴	去		
																				入		

说明	所含《广韵》韵目	半商	半徵	羽				商											
		日	来	喻	影	匣	晓	禅	审	床	穿	照	邪	心	从	清	精		
元并入仙	桓		奱		剜	桓	欢							酸	攒		鑽	平	一等
	缓		卵		惋	缓								算			纂	上	
	换		乱		惋	换	唤							筭	攒	窜	鑽	去	
																		入	
先并入仙	山　删			顽	弯	还						跧						平	二等
	产　潸				绾	睆				◯撰								上	
	襕　谏					患				馔	篡							去	
																		入	
	仙　元	壖	挛	袁	鸳		翾	遄		船	穿	专						平	三等
	狝　阮	堧	脔	远	婉				蜎		舛							上	
	线　愿		恋	院	怨		楥				钏							去	
																		入	
	先			沿	渊	玄							旋	宣	全	诠	镌	平	四等
	铣			兖		泫								选	隽			上	
	霰			掾	䩤	县	绚					漩	选					去	
																		入	

图第十六开

宫								徵								角				十五开		
微	奉	敷	非	明	並	滂	帮	娘	澄	彻	知	泥	定	透	端	疑	群	溪	见			
				毛	袍		褒					猱	陶	饕	刀	敖			(高)	平	一等	高韵
					抱	胞	宝					脑	道	讨	倒			考	(杲)	上		
				帽	暴	脬	报					桡	导		到	傲		犒	(诰)	去		
				寞	雹	泺	博					诺	铎	讬		咢		恪	(格)	入		
				茅	庖		包	铙			嘲					鏊		敲	(交)	平	二等	交韵
				卯	鲍		饱				桡					齩		巧	(绞)	上		
				貌	鉋	窆	豹		棹		罩	闹				乐		礐	(教)	去		
							驳									狱		壳	(觉)	入		
				苗			镳		晁	超	朝						乔	趫	(骄)	平	三等	骄韵
					殍		表		肇										(矫)	上		
				庙							召						峤		(轿)	去		
缚									著	姹	著					虐	噱	却	(脚)	入		
					瓢	漂	飙						迢	祧	貂	尧	翘	蹺	(骁)	平	四等	
				眇	醥	缥	褾					嫋	窈	脁	鸟				(皎)	上		
				妙	骠	剽							藋	粜	吊			窍	(叫)	去		
																				入		

说明	所含《广韵》韵目	半商	半徵	羽				商											
		日	来	喻	影	匣	晓	禅	审	床	穿	照	邪	心	从	清	精		
肴并入豪　萧并入宵	豪		劳		整	号	蒿							骚	曹	操	糟	平	一等
	皓		老		襖	皓	好							嫂	皁	草	早	上	
	号		嫪		奥	号	耗							髞	漕	操	灶	去	
	铎		落		恶	涸	壑							索	昨	错	作	入	
	肴				坳	肴	虓		梢	巢	抄							平	二等
	巧					佼					炒	爪						上	
	效				靿	效	孝		稍		抄							去	
	觉				渥		学											入	
	宵	饶		鸮	妖		嚣	韶	烧		弨	昭						平	三等
	小	扰	燎		夭				少			沼						上	
	笑							绍	烧			照						去	
	药	若	略	药	约		谑	勺	烁		绰			削	皭	鹊	爵	入	
	萧		聊	遥	幺		晓							萧	樵	鍫	焦	平	四等
	筱		了	鷕	杳	皛	晓							篠		悄	剿	上	
	笑		料	耀	要									笑	诮	陗	醮	去	
																		入	

图第十七合

宫								微								角				十六合		
微	奉	敷	非	明	並	滂	帮	娘	澄	彻	知	泥	定	透	端	疑	群	溪	见			
																				平	一等	郭韵
																				上		
																				去		
																		廊	郭	入		
																				平	二等	
																				上		
																				去		
								搦	浊	逴	斲									入		
																				平	三等	獲韵
																				上		
																				去		
																		躩	矍	入		
																				平	四等	
																				上		
																				去		
																				入		

说明	所含《广韵》韵目	半商 日	半徵 来	羽 喻	羽 影	羽 匣	羽 晓	商 禅	商 审	商 床	商 穿	商 照	商 邪	商 心	商 从	商 清	商 精	声	等
内外混等																		平	一等
																		上	一等
																		去	一等
	铎				膜	褄	霍											入	一等
																		平	二等
觉并入铎																		上	二等
																		去	二等
	觉		华						朔	泥	妮	捉						入	三等
																		平	三等
																		上	三等
																		去	三等
	药			籰	嬳													入	四等
																		平	四等
																		上	四等
																		去	
																		入	

图第十八独

宫								徵								角				十七独		
微	奉	敷	非	明	並	滂	帮	娘	澄	彻	知	泥	定	透	端	疑	群	溪	见		等	韵
							㒸						头	偸	兜			彄	钩	平	一等	钩韵哀韵
			掊	母	部	剖						敤		黈	斗	藕		口	苟	上		
				茂		仆						耨	豆	透	鬪			寇	遘	去		
																				入		
																				平	二等	
																				上		
																				去		
																				入		
谋	浮		不					纽	俦	抽	輈					牛	裘	邱	鸠	平	三等	鸠韵
	妇		缶					糅	紂	丑	肘						舅		九	上		
复		副	富							畜	昼					旧			救	去		
																				入		
					缪	彪										蚪	璆			平	四等	
																蟉		纠		上		
					谬															去		
																				入		

说明	所含《广韵》韵目	半商	半徵	羽				商											
		日	来	喻	影	匣	晓	禅	审	床	穿	照	邪	心	从	清	精		
	侯				讴	侯								撒	鲰		緅	平	一等
	厚				欧	厚	吼							叟		趣	走	上	
	候				沤	候	蔻							瘶		輳	奏	去	
																		入	
									搜	愁	搊	邹						平	二等
									溲			掫						上	
									瘦	骤	簉	皱						去	
																		入	
	尤	柔	刘	尤	忧		休	雠	收		犫	周						平	三等
	有	蹂	柳	有			朽	受	首		醜	帚						上	
	宥	蹂	溜	宥			齅	授	狩		臭	呪						去	
																		入	
	幽			烌	幽								囚	脩	酋	秋	啾	平	四等
	黝			酉	黝									滫			酒	上	
	幼			狖	幼								袖	秀	就		僦	去	
																		入	

图第十九独

宫								徵								角				十八独		
微	奉	敷	非	明	並	滂	帮	娘	澄	彻	知	泥	定	透	端	疑	群	溪	见			
												南	覃	贪	耽			龛	甘	平	一等	甘韵
													禫	襑	黕			坎	感	上		
													憺	擮	擔			勘	绀	去		
																				入		
																嵒			缄	平	二等	缄韵
																			减	上		
											站					黯		歉	鉴	去		
																				入		
	凡						砭		霑	觇						严	箝			平	三等	箝韵
錽	范						贬			谄						俨	俭		检	上		
	梵	汎					窆			觇						酽		欠	剑	去		
																				入		
												鲇	甜	添		鎌		谦	兼	平	四等	
													簟	忝	点			歉		上		
												念	磹	掭	店			歉		去		
																				入		

说明	所含《广韵》韵目	半商	半徵	羽				商											
		日	来	喻	影	匣	晓	禅	审	床	穿	照	邪	心	从	清	精		等
咸衔并入覃谈　添并入盐凡	谈覃		婪		谙	含	憨							毵	蚕	参	簪	平	一等
	敢感		壈		晻	颔	喊							糁	鏨	惨	昝	上	
	阚勘		滥		暗	憾								三	暂			去	
																		入	
	衔咸						咸			機	諵	搀						平	二等
	槛豏					黯		喊		掺	湛	搀	斩					上	
	鉴陷						陷			铲	赚	忏	蘸					去	
																		入	
	凡盐严	髯	廉	炎	淹		杴		苫		襜	詹						平	三等
	范琰俨	冉	敛		奄		险	剡	陕			貼						上	
	梵艳酽	染	殓		淹			赡	闪		韂	占						去	
																		入	
	添		鲦	盐	懕	嫌	馦							铦	潜	金	尖	平	四等
	忝			琰										憸	渐			上	
	㮇			艳	厌											壍	僭	去	
																		入	

图第二十独

宫								微								角				十九独		
微	奉	敷	非	明	並	滂	帮	娘	澄	彻	知	泥	定	透	端	疑	群	溪	见			
																				平	一等	
																				上		
																				去		
																				入		
																				平	二等	
																				上		
																				去		
																				入		
									沉	琛	碪					吟	琴	钦	⦿金	平	三等	金韵
						品	稟		朕							噤			⦿锦	上		
								赁	鸩	闯							⦿辞		⦿禁	去		
																				入		
																				平	四等	
																				上		
																				去		
																				入		

说明/明	所含《广韵》韵目	半商 日	半徵 来	羽 喻	羽 影	羽 匣	羽 晓	商 禅	商 审	商 床	商 穿	商 照	商 邪	商 心	商 从	商 清	商 精		
																		平	一等
																		上	
																		去	
																		入	
									森	岑	篸	簪						平	二等
																		上	
									渗		濈	譖						去	
																		入	
	侵	任	林		音		歆	谌	深			斟						平	三等
	寝	佳	廪		饮			甚	沈	甚	审	枕						上	
	沁	妊			荫			甚				枕						去	
																		入	
				淫	愔								寻	心		侵	祲	平	四等
														伈		寝	浸	上	
																沁	浸	去	
																		入	

注：

此处不为假二等庄组"簪"等字立字母韵，因为我们认为，假二等庄组单立字母韵是《蒙古字韵》受等韵门法"正音凭切"门影响所致。

假四等喉音字"愔""淫"靠声母的变化与相应三等韵字区别开来（"以声别韵"）。

图第二十一开

宫								徵								角				二十开		
微	奉	敷	非	明	並	滂	帮	娘	澄	彻	知	泥	定	透	端	疑	群	溪	见			
												那	舵	佗	多	莪		珂	歌	平	一等	歌韵
												娜	柁		嚲	我		可	哿	上		
												奈	驮	拖	癉	饿		坷	箇	去		
																		渴	葛	入		
																				平	二等	
																				上		
																				去		
																				入		
																				平	三等	
																				上		
																				去		
																	嶻			入		
																				平	四等	
																				上		
																				去		
																				入		

说明	所含《广韵》韵目	半商	半徵	羽				商											
		日	来	喻	影	匣	晓	禅	审	床	穿	照	邪	心	从	清	精		
		歌	罗		阿	何	诃								蒫	醝	蹉	平	一等
		哿	攞			荷	歌									瑳	左	上	
		箇	逻			贺								些			佐	去	
	合	曷			遏	曷	喝											入	
																		平	二等
																		上	
																		去	
																		入	
																		平	三等
																		上	
																		去	
	月																	入	
																		平	四等
																		上	
																		去	
																		入	

图第二十二合

宫								徵								角				二十一合		
微	奉	敷	非	明	並	滂	帮	娘	澄	彻	知	泥	定	透	端	疑	群	溪	见			
				摩	婆	颇	波					挼		詫		讹		科	㊍戈	平	一等	戈韵
				糜	叵		跛						堕	妥	埵			颗	㊝果	上		
				磨		破	播						愞	惰	唾	卧		课	㊂过	去		
				末	跋	钹	癹						夺	侻	掇			阔	㊼括	入		
																				平	二等	
																				上		
																				去		
																				入		
																				平	三等	
																				上		
																				去		
																				入		
																				平	四等	
																				上		
																				去		
																				入		

说明	所含《广韵》韵目	半商	半徵	羽				商											
		日	来	喻	影	匣	晓	禅	审	床	穿	照	邪	心	从	清	精		
	戈		骒		倭	和									莎	矬			平	一等
	果		裸			祸	火								锁	坐	脞		上	
	过		摞		涴	和	货									座	剉	挫	去	
	曷		捋		斡	佸	豁										撮	繓	入	
																			平	二等
																			上	
																			去	
																			入	
																			平	三等
																			上	
																			去	
																			入	
																			平	四等
																			上	
																			去	
																			入	

注：

"讹、卧"小韵系在《字韵》中八思巴字标音为ꡁ（以与"我"小韵系的标音ꡖꡁ相区别），韵母为开口一类。这是《字韵》作者对其读音的认识。

图第二十三开

宫								微								角				调	等	韵
微	奉	敷	非	明	並	滂	帮	娘	澄	彻	知	泥	定	透	端	疑	群	溪	见			
																				平	一等	麻韵
																				上		
																				去		
												纳	达	闼	怛	—				入		
				麻	爬	葩	巴		茶	姹	夆					牙○			嘉○	平	二等	嘉韵
				马			把			诧						雅○			贾○	上		
				祃		帕	霸				吒					迓○		髂	驾○	去		
					拔		八	霅										楬	夏○	入		
																	伽	佉	迦○	平	三等	迦韵
																				上		
																				去		
韤	伐	发							撤	撇	哲					钀	竭	揭	讦○	入		
																				平	四等	
				乜																上		
																				去		
				蔑	蹩	瞥	鳖					涅	姪	铁	室	孽		擎	结○	入		

说明	所含《广韵》韵目	半商	半徵	羽				商											
		口	来	喻	影	匣	晓	禅	审	床	穿	照	邪	心	从	清	精		
	歌				阿													平	一等
	哿						闉											上	
																		去	
	合　曷		剌												躜	攃	帀	入	
	麻				鸦	遐	煆		鲝	槎	叉	樝						平	二等
	马				哑	下			洒	槎		鲊						上	
	祃				亚	暇	嚇		嗄	乍	差	诈						去	
	洽　黠			轧	黯		瞎		杀			察					札	入	
								阇	蛇		车	遮						平	三等
			惹						社		蜡	者						上	
										射		柘						去	
	月	热	猎		谒		歇	折	舌			掣						入	
				邪									裹	些			◯嗟	平	四等
				野								◯她		写	◯且		姐	上	
				夜								谢		卸	◯精	◯借		去	
	屑			揳	噎	缬								屑	捷	切	節	入	

图第二十四合

宫								徵								角				二十三合		
微	奉	敷	非	明	並	滂	帮	娘	澄	彻	知	泥	定	透	端	疑	群	溪	见			
																				平	一等	
																				上		
																				去		
																				入		
											橻							詫	瓜	平	二等	瓜韵
																瓦		髁	寡	上		
																			跨	去		
											豽					刖			刮	入		
																	瘸			平	三等	瘸韵
																				上		
																				去		
											辍					月	劂	阙	厥	入		
																				平	四等	
																				上		
																				去		
																		阕	玦	入		

说明	所含《广韵》韵目	半商	半徵	羽				商											
		日	来	喻	影	匣	晓	禅	审	床	穿	照	邪	心	从	清	精	平	一等
																		上	
																		去	
																		入	
	麻				窊	华	华		莸	＾		鏊						平	二等
	马						蹂											上	
	祃					搲	化											去	
	黠					滑			刷			苗						入	
				越			鞢											平	三等
																		上	
																		去	
	月	蕘	劣				狨	啜	说		歠	拙						入	
																		平	四等
																		上	
																		去	
	屑			悦	抉	穴	血						蛶	雪	绝		蕝	入	

参 考 文 献

一、韵书、韵图

（金）韩道昭著，宁忌浮校订　1992　《校订五音集韵》，中华书局。

（元）黄公绍、熊忠著，宁忌浮整理　2000　《古今韵会举要》，中华书局。

李新魁　1982　《韵镜校证》，中华书局。

（元）刘鉴　1981　《经史正音切韵指南》，艺文印书馆《等韵五种》影印明弘治
　　九年思宜重刊本。

（宋）司马光　1986　《宋本切韵指掌图》，中华书局。

佚名　1981　《四声等子》，艺文印书馆《等韵五种》影印明弘治九年思宜重
　　刊本。

照那斯图、杨耐思　1987　《蒙古字韵校本》，民族出版社。

郑　樵　1995　《七音略》，载于《通志·二十略》，中华书局。

卓从之　2002　《中州乐府音韵类编》，《续修四库全书》本（据国家图书馆藏明
　　刻本影印），上海古籍出版社。

二、论著

阿　伦　2007　《回鹘式蒙古文文献中汉字的蒙文转写特点研究》（蒙古文），内
　　蒙古师范大学硕士论文。

包力高　2009　《八思巴字与回鹘式蒙古文的语音对应》，第16届人类学与民
　　族学世界大会·八思巴字专题会议论文（昆明）。

北京大学中国语言文学系语言学教研室编　2003　《汉语方音字汇》第二版重
　　排本，语文出版社。

蔡美彪　2011　《八思巴字碑刻文物集释》，中国社会科学出版社。

陈鑫海　2008　《〈蒙古字韵〉韵母系统研究》，北京大学硕士论文。

丹金达格巴　1959　《〈蒙文启蒙〉诠释》，收录于内蒙古语言文字研究所编《蒙

古语文研究资料》第一版修订版。

道　布　1983　《回鹘式蒙古文文献汇编》(蒙古文)，民族出版社。

道　布　1984/2005　《回鹘式蒙古文研究概况》，原载《中国民族古文字研究》362—373页，中国社会科学出版社1984年版。又收入《道布文集》119—130页，上海辞书出版社2005年版。

道　布、照那斯图　1993、1994/2005　《河南登封少林寺出土的回鹘式蒙古文和八思巴字圣旨碑考释》，《民族语文》1993年第5期、第6期，1994年第1期。又收入《道布文集》199—237页，上海辞书出版社2005年版。

范文凤　2007　《〈等韵学〉音系研究》，厦门大学硕士学位论文。

冯　蒸　1992　《〈尔雅音图〉音注所反映的宋初四项韵母音变》，载程湘清主编《宋元明汉语研究》510—578页，山东教育出版社。

冯　蒸　2001　《论〈切韵指掌图〉三/四等对立中的重纽和准重纽——兼论〈指掌图〉重纽和准重纽与〈蒙古字韵〉的关系》，载《语言》第二卷，首都师范大学出版社。

嘎日迪　2006　《中古蒙古语研究》，辽宁民族出版社。

龚煌城　2004　《汉藏语研究论文集》，北京大学出版社。

龚煌城　2005　《十二世纪末汉语的西北方音(声母部分)》，《西夏语言文字研究论集》，民族出版社。

哈斯巴根　2009　《忽必烈汗牛年圣旨的颁发年代》，第16届人类学民族学世界大会(ICAES 2009)·"八思巴字及其渊源、演化和影响"专题会议论文(昆明)。

何九盈　1987/2002　《上古主要元音的构拟》，此为《古韵通晓》(中国社会科学出版社1987)第五章第三节，又收入何九盈《音韵丛稿》，商务印书馆2002年版。

何九盈　2000　《中国古代语言学史(第2版)》，广东教育出版社。

呼格吉勒图、萨如拉编著　2004　《八思巴字蒙古语文献汇编》，内蒙古教育出版社。

[日]花登正宏　1979　《蒙古字韵札记》，日本《中国语学》第226期。

[日]花登正宏　1986　《〈礼部韵略七音三十六母通考〉韵母考》，载中国音韵学研究会编《音韵学研究》第二辑234—248页，中华书局。

忌　浮　2007　《重读〈论龙果夫《八思巴字和古官话》〉》，载耿振生主编《近代官话语音研究》45—50页，语文出版社。

江　荻　2002　《藏语语音史研究》，民族出版社。

蒋冀骋　1997　《舌尖前元音产生于晚唐五代说质疑》,《中国语文》第5期。

赖江基　1986　《从〈诗集传〉的叶音看朱熹音的韵系》,《音韵学研究》第二辑,中华书局。

李　荣　1956　《切韵音系》,科学出版社。

李崇兴、祖生利、丁　勇　2009　《元代汉语语法研究》,上海教育出版社。

李得春　1998　《韩文与中国音韵》,黑龙江朝鲜民族出版社。

李含茹　2009　《苍南蛮话语音研究——论接触引发的方言语音演变》,复旦大学硕士学位论文。

李思敬　1994　《从吴棫所描写的某些南宋俗音音值证〈切韵指掌图〉的列等》,《音韵学研究》第三辑,中华书局1994年版。

李新魁　1983　《汉语等韵学》,中华书局。

李新魁　1983　《中原音韵音系研究》,中州书画社。

李新魁　1994　《李新魁语言学论集》,中华书局。

陈章太、李如龙　1991　《闽语研究》,语文出版社。

刘镇发　2009　《从音系的角度看官话方言在元明以后增生的浊声母和次浊声母》,《语言研究》第1期。

[苏]龙果夫　1959　《八思巴字与古汉语》,科学出版社。

鲁国尧　1992、1993/1994　《〈卢宗迈切韵法〉述评》,《中国语文》1992年第6期、1993年第1期,又收入《鲁国尧自选集》,河南教育出版社1994年版。

陆志韦　1946　《释〈中原音韵〉》,燕京学报第31期,又收入《陆志韦近代汉语音韵论集》,商务印书馆1988年版。

陆志韦　1946　《记徐孝〈重订司马温公等韵图经〉》,发表于《燕京学报》,又收入《陆志韦近代汉语音韵论集》,商务印书馆1988年版。

陆志韦　1985　《陆志韦语言学著作集(一)》,中华书局。

罗常培　1959　《论龙果夫的〈八思巴字和古官话〉》,《中国语文》12月号。

罗常培　1933　《唐五代西北方音》,中央研究院历史语言研究所单刊甲种之十二。

罗常培、蔡美彪编著　1959/2004　《八思巴字与元代汉语(增订本)》,中国社会科学出版社。

[法]马伯乐著,聂鸿音译　2005　《唐代长安方言考》,中华书局。

麦　耘　2005　《"〈韵会〉有前腭声母说"商榷》,复旦大学《语言研究集刊》第二辑,上海辞书出版社。

聂鸿音　1998　《回鹘文〈玄奘传〉中的汉字古音》,《民族语文》第6期。

宁继福　1985　《中原音韵表稿》,吉林文史出版社。

宁忌浮　1964　《〈中原音韵〉二十五声母集说》,《中国语文》第5期,又收入《宁忌浮文集》,吉林人民出版社2010年版。

宁忌浮　1992　《五音集韵的"重纽"假象》,载胡竹安、杨耐思、将绍愚主编《近代汉语研究》225—234页,商务印书馆。

宁忌浮　1997　《古今韵会举要及相关韵书》,中华书局。

宁忌浮　2010　《宁忌浮文集》,吉林人民出版社。

宁忌浮　2012　《重读〈蒙古字韵〉》,《传统中国研究集刊》九、十合辑。

钱曾怡　2008　《钱曾怡汉语方言研究文选》,山东大学出版社。

乔全生　2008　《晋方言语音史研究》,中华书局。

秦　晔　2006　《〈蒙古字韵〉声母及介音的几个问题》,北京大学硕士论文。

清格尔泰　1991　《蒙古语语法》,内蒙古人民出版社。

瞿霭堂、劲　松　2000　《汉藏语言研究的理论和方法》,中国藏学出版社。

邵荣芬　1963　《敦煌俗文学中的别字异文和唐五代西北方音》,《中国语文》第3期。

邵荣芬　1979　《汉语语音史讲话》,天津人民出版社。

邵荣芬　1982/2008　《切韵研究》,中国社会科学出版社1982年版,又中华书局2008年校订本。

邵荣芬　1997　《邵荣芬音韵学论集》,首都师范大学出版社。

邵循正　1982　《语言与历史——附论〈马可·波罗游记〉的史料价值》,见《邵循正先生蒙元史论著四篇》,载《元史论丛》第一辑,中华书局。

沈钟伟　2006　《辽代北方汉语方言的语音特征》,《中国语文》第6期。

沈钟伟　2015　《蒙古字韵集校》,商务印书馆。

宋洪民　2010　《八思巴字译写汉语元音时以单代双现象考察》,载《中国音韵学——中国音韵学研究会南昌国际研讨会论文集》,江西人民出版社。

宋洪民　2012　《〈蒙古字韵〉、〈韵会〉重纽虚假现象研究》,载《第11届国际汉语音韵学会议论文集》,九州出版社。

宋洪民　2013a　《八思巴字拼写系统中的"影、疑、喻"三母》,《民族语文》第1期。

宋洪民　2013b　《〈古今韵会举要〉因袭〈蒙古字韵〉浅析》,《汉语史学报》第十三辑。

宋洪民　2014　《从八思巴字文献材料看〈蒙古字韵〉的性质与地位》,《语文研究》第4期。

宋洪民等　2015　《蒙古字韵"ꡤꡜ ɣiw 后"类晓匣母字性质试析》,《古汉语研究》第 1 期。

宋洪民　2016　《八思巴字资料与蒙古字韵》,商务印书馆。

宋洪民、张红梅　2005　《沾化方言与普通话词义差异比较研究》,群言出版社。

孙伯君　2004　《黑水城出土等韵抄本〈解释歌义〉研究》,甘肃文化出版社。

孙伯君　2010　《西夏新译佛经陀罗尼的对音研究》,中国社会科学出版社。

唐作藩　2001　《汉语史学习与研究》,商务印书馆。

唐作藩　2011　《汉语语音史教程》,北京大学出版社。

王　力　1980　《汉语史稿》,中华书局。

王　力　1987　《汉语语音史》,《王力文集》第十卷,山东教育出版社。

王硕荃　2002　《古今韵会举要辨证》,河北教育出版社。

[日]尾崎雄二郎　1962　《大英博物馆蒙古字韵札记》,日本《人文》第 8 集,又载《中国音韵史的研究》,日本创文社 1980 年版。

[日]武内康则著,聂鸿音译　2012　《契丹语和中古蒙古语文献中的汉语喉牙音声母》,《满语研究》第 2 期。

萧启庆　2007　《元代的通事和译史:多元民族国家中的沟通人物》,收入萧启庆《内北国而外中国:蒙元史研究》,中华书局。

杨剑桥　1996　《汉语现代音韵学》,复旦大学出版社。

杨耐思　1981　《中原音韵音系》,中国社会科学出版社。

杨耐思　1984/1997　《汉语"知、章、庄、日"的八思巴字译音》,《音韵学研究》第一辑,中华书局 1984 年版。又载杨耐思《近代汉语音论》75—86 页,商务印书馆 1997 年版。

杨耐思　1986　《近代汉语"京、经"等韵类分合考》,载中国音韵学研究会编《音韵学研究》第二辑 220—233 页,中华书局 1986 年版。又载杨耐思《近代汉语音论》87—104 页,商务印书馆 1997 年版。

杨耐思　1989/1997　《〈韵会〉〈七音〉与〈蒙古字韵〉》,原载吕叔湘等著《语言文字学术论文集》,知识出版社 1989 年版。又载杨耐思《近代汉语音论》129—145 页,商务印书馆 1997 年版。

杨耐思　1997　《八思巴字汉语声类考》,载杨耐思《近代汉语音论》181—187 页,商务印书馆 1997 年版。

杨耐思　2004　《八思巴字汉语译写中的一个特例》,《语言科学》第 1 期。

喻世长　1984　《〈蒙古秘史〉中圆唇元音的汉字表示法》,《中国语言学报》第 2 期。

张渭毅　2003　《魏晋至元代重纽的南北区别和标准音的转变》,《语言学论丛》第二十七辑。

赵　彤　2015　《轻唇化音变两个例外的解释》,《语言科学》第1期。

赵荫棠　1936　《中原音韵研究》,商务印书馆。

赵荫棠　1957　《等韵源流》,商务印书馆。

正　月　2010　《古蒙古文外来语借词转写体系研究》,中国社会科学院博士后研究工作报告。

郑　光　2013　《〈蒙古字韵〉研究》,民族出版社。

郑再发　1965　《蒙古字韵跟八思巴字有关的韵书》,台湾大学文史丛刊。

照那斯图　1980　《论八思巴字》,《民族语文》第1期37—43页。

照那斯图　1990、1991　《八思巴字和蒙古语文献I研究文集》(1990),《八思巴字和蒙古语文献II文献汇集》(1991),日本东京外国语大学アシア・アフリカ言语文化研究所(东京外国语大学亚非语言文化研究所)。

照那斯图　1999　《蒙古文和八思巴字元音字母的字素分析》,《民族语文》第3期6—11页。

照那斯图　2000　《释蒙古字韵总括变化之图》,载社科院老干部工作局编《中国社会科学院老年科研基金成果汇编(论文、研究报告)》第一卷(1999—2000)上册(北京)361—370页。

照那斯图　2004　《也孙铁木儿皇帝鼠年三月圣旨》,《民族语文》第5期。

照那斯图　2004　《〈蒙古字韵〉拾零》,《语言科学》2004年第2期。

照那斯图　2007　《八思巴字蒙古语文献的语音系统》,《民族语文》第2期44—51页。

照那斯图、杨耐思　1984　《八思巴字研究》,载《中国民族古文字研究》374—392页,中国社会科学出版社。

照那斯图、杨耐思　1987　《蒙古字韵校本》,民族出版社。

中国大百科全书编纂委员会　1988　《中国大百科全书·语言文字卷》,中国大百科全书出版社。

Zhongwei Shen(沈钟伟)　2008　*Studies on the Menggu Ziyun*(《蒙古字韵研究》). Institute of Linguistics, Academia Sinica.("中研院"语言学研究所《语言暨语言学》专刊甲种之十六)

图书在版编目(CIP)数据

《蒙古字韵》音系及相关文献研究/宋洪民著. —
上海：上海古籍出版社,2023.12
ISBN 978-7-5732-0982-5

Ⅰ.①蒙… Ⅱ.①宋… Ⅲ.①蒙古语(中国少数民族
语言)—韵书—研究 Ⅳ.①H212.1

中国国家版本馆CIP数据核字(2023)第234841号

《蒙古字韵》音系及相关文献研究

宋洪民 著

上海古籍出版社出版发行

（上海市闵行区号景路159弄1-5号A座5F 邮政编码201101）

（1）网址：www.guji.com.cn

（2）E-mail：guji1@guji.com.cn

（3）易文网网址：www.ewen.co

上海惠敦印务科技有限公司印刷

开本890×1240 1/32 印张10.75 插页2 字数269,000

2023年12月第1版 2023年12月第1次印刷

ISBN 978-7-5732-0982-5

H·273 定价：68.00元

如有质量问题，请与承印公司联系